Bernd Hamacher

Johann Wolfgang von Goethe

Bernd Hamacher

Johann Wolfgang von Goethe

Entwürfe eines Lebens

Umschlagabbildung: Johann Heinrich Wilhelm Tischbein:
Goethe am Fenster der römischen Wohnung am Corso, 1787.
© Freies Deutsches Hochstift – Frankfurter Goethe-Museum (David Hall).

Umschlaggestaltung: Peter Lohse, Büttelborn

Die Deutsche Nationalbibliothek verzeichnet diese Publikation
in der Deutschen Nationalbibliografie;
detaillierte bibliografische Daten sind im Internet über
http://dnb.d-nb.de abrufbar.

© 2010 by WBG (Wissenschaftliche Buchgesellschaft), Darmstadt
Die Herausgabe dieses Werks wurde durch
die Vereinsmitglieder der WBG ermöglicht.
Redaktion: Mechthilde Vahsen, Düsseldorf
Satz: Janß GmbH, Pfungstadt
Gedruckt auf säurefreiem und alterungsbeständigem Papier
Printed in Germany

Besuchen Sie uns im Internet: www.wbg-wissenverbindet.de

ISBN 978-3-534-21561-4

Inhalt

1
„Es gibt keine Individuen"

Ein Mann steht am Fenster und sieht hinaus. Der leere Raum liegt im Dämmerlicht, nur ein Fensterflügel ist geöffnet, draußen ist es hell, sonnig vermutlich, vielleicht heiß, so heiß, dass man sich gerne in die Kühle des Zimmers mit seinem gekachelten Fußboden zurückzieht. Der Blick fällt auf das Haus gegenüber; was der Betrachter unten auf der Straße sehen mag, bleibt uns verborgen. Der Mann am Fenster selbst ist lässig gewandet, Beinkleid und Frisur à la mode, die Füße in bequemen Pantoffeln.

Viele kennen dieses hier in der Titelei reproduzierte Aquarell und wissen, dass es Johann Wolfgang von Goethe zeigt, festgehalten von Johann Heinrich Wilhelm Tischbein in der Wohnung, die Goethe am römischen Corso im Jahr 1787 mit ihm teilte. Ein intimes Bild, das uns Einblick in Privates gewährt und doch nichts preisgibt. Goethe kehrt uns den Rücken zu – er fühlt sich sicher, von unseren Blicken nicht bedroht, wendet sich aber auch von uns ab. Es fällt leicht, uns ihm zu nähern, ihm vielleicht die Hand auf die Schulter zu legen oder uns gar an seine Stelle zu denken. Und doch sehen und wissen wir nichts – wir kennen sein Gesicht nicht, nicht den Ausdruck, den es in diesem Moment zeigt, und wir wissen nicht, was er sieht. Wir sehen die Welt mit seinen Augen und sind doch blind, leben mit ihm und kennen ihn nicht. Das Bild lädt zur Identifizierung ein und schließt uns gleichzeitig unbarmherzig aus. Wir sind mit Goethe eng vertraut, und wir sind ihm völlig gleichgültig.

Wer also war Goethe? Weshalb ist er für unsere Kultur immer noch so bedeutsam, dass sein Name im Ausland die deutsche Kultur repräsentieren kann? Oder ist das nur mehr ein Relikt aus vergangenen Zeiten? Dass seine Werke in den Regalen von Buchhandlungen und bürgerlichen Haushalten ebenso stehen wie auf den Lehrplänen und Lektürelisten von Schule und Universität, verdeckt den Abgrund an Fremdheit, der heutige Leserinnen und Leser von ihm trennt. Gerade der Umstand, dass das Leben keines Schriftstellers, ja kaum eines Menschen so umfassend dokumentiert sein dürfte wie dasjenige Goethes, lässt den interessierten Blick häufig hilflos schielen: Das eine Auge fließt über vor Detailwissen über das von Tag zu Tag rekonstruierte Leben[1] oder Goethes Wort für Wort erschlossene Sprache.[2] Das klassische Bild, das im anderen Auge entsteht, bleibt blass und ohne Kontur, ein steinernes Monument, totes Bildungsgut. Normalerweise kann das menschliche Auge, zur Not mit Hilfsmitteln, das Schielen so weit korrigieren, dass ein einheitliches Bild im Gehirn entsteht. Den schielenden Blick auf Goethe indes halten – wenn überhaupt – nur Spezialisten aus; allen anderen kann man es nicht verdenken, wenn sie die Augen, die kein räumliches, lebendiges Bild erfassen können, früher oder später schließen und kein Blick mehr auf Goethe fällt. Vielleicht lohnt es sich ja auch gar nicht mehr hinzusehen, vielleicht kennt man ihn ja im Schlaf? Dieses Buch versteht sich als Einladung, die Augen zu öffnen, Goethe vor dem Bildungstod zu retten und neu sehen und lesen zu lernen, aber ohne gegen die drohende Fehlsichtigkeit einfach eine akademische Brille reichen zu wollen: „Wer durch Brillen sieht, hält sich für klüger als er ist" (FA I 10, S. 384). Durch solche Zitate (auch wenn sie, wie hier, aus dem Mund einer Romanfigur, nämlich Wilhelm Meister, stammen) scheint Goethe der heutigen Zeit denkbar fern gerückt, und doch erweisen sich gerade solche vermeintlichen Kuriositäten oft auf überraschende Weise aktuell, aber anders als im Sinne einer platten Fortschritts- oder Modernitätskritik, für die Goethe oft genug (auch) in Anspruch genommen wird.

Das Wissen um Goethe, die Goethe-Wissenschaft, blühte, nur scheinbar paradox, in dem Moment auf, als die leibliche Genealogie Johann Wolfgang von Goethes erloschen war: Mit dem Tod des letzten Enkels, Walther Wolfgang von Goethe, am 18. April 1885 fielen Wohnhaus, Sammlungen, literarischer Nachlass und die gesamte sonstige Hinterlassenschaft durch dessen Vermächtnis an die Großherzogin Sophie von Sachsen, die das Erbe als nationale Aufgabe begriff, für Wissenschaft und Öffentlichkeit zugänglich machte und für seine editorische Erschließung sorgte. Als Vertrauensmann der Großherzogin fungierte der österreichische Germanist Wilhelm Scherer,

---

[1] Vgl. Robert Steiger/Angelika Reimann: Goethes Leben von Tag zu Tag. Eine dokumentarische Chronik. 8 Bde. München u. a. 1982–1996.

[2] Vgl. Goethe-Wörterbuch. Hrsg. von der Berlin-Brandenburgischen Akademie der Wissenschaften, der Akademie der Wissenschaften in Göttingen und der Heidelberger Akademie der Wissenschaften. Bd. 1 ff. Stuttgart u. a. 1978 ff.

der den bedeutendsten germanistischen Lehrstuhl im deutschen Kaiserreich in Berlin innehatte und die noch junge wissenschaftliche Disziplin entscheidend prägte. Aus seinem Briefwechsel mit Erich Schmidt, der als erster Leiter des Goethearchivs in Weimar vorgesehen war und nach Scherers frühem Tod dessen Lehrstuhlnachfolger wurde, erfährt man viel über die Wissenschaftspolitik der Zeit und über die zufälligen Umstände, von denen das Bild Goethes damals und mit weitreichenden Folgen lange darüber hinaus bestimmt war. Am 7. Juni 1885 schrieb Scherer an Schmidt:

> Sie müssen, wenn sich unsere Hoffnungen verwirklichen, nie vergessen, daß wir uns für die Goetheausgabe und die sonstigen Goethepublikationen in den Dienst einer *Frau* gestellt haben. Ihr zu dienen, das ist der Preis, den wir zahlen, damit wir Goethes Nachlaß zum Frommen der Wissenschaft in die Hand bekommen. Diese Frau nun, eine sehr charaktervolle, entschieden wollende Frau, wird von keiner Sorge mehr bedrängt, als daß Dinge zu Tage kommen könnten, welche anstößig wären. Zwei Hefte Erotica und Priapeia hat sie sofort secretiert: sie sollen einem Geheimarchiv aufbehalten werden. Und mehrfach betonte sie, man möchte Männer zu Mitarbeitern wählen, deren Discretion man sicher wäre. Ich hatte von der Sache schon gehört und nahm schnell meine Resolution: *ich gab ihr Recht.* Sie würde unerschütterlich sein in diesem Punkte; sie wankend machen zu wollen, würde nichts nützen und mich, wenn ichs versuchte, verdächtig machen. Ich beteuerte ihr, daß ich kaum neugierig wäre nach jenen verbotenen Dingen. Da konnte sie denn nicht umhin, anzudeuten, daß doch künstlerisch gar bedeutende Sachen darunter wären. Ich bin überzeugt, ich würde auf dem Wege, ihr recht zu geben, mehr erreichen als durch Gegendemonstrationen. Hiermit also müssen Sie, müssen wir alle rechnen. Das Tagebuch darf in die Weimarer Ausgabe gewiß nicht aufgenommen werden[³], und ich würde in einer solchen Sache mich ganz mit der Großherzogin identifizieren, die Sache auf mich nehmen, wie Bismarck die Wünsche des Kaisers auf sich nimmt, gleichviel ob er sie mißbilligt.⁴

---

³ Damit sind nicht Goethes Tagebücher, sondern das gleichnamige Gedicht aus dem Jahr 1810 gemeint (vgl. FA I 2, S. 843–849), das in der Weimarer Ausgabe noch 1910 nur zensiert erscheinen konnte (vgl. WA I 5/II, S. 345–352); erst im Nachtragsband 1914 wurde der originale Wortlaut, im Variantenapparat versteckt, mitgeteilt (vgl. WA I 53, S. 561 f.).

⁴ Wilhelm Scherer – Erich Schmidt: Briefwechsel. Mit einer Bibliographie der Schriften von Erich Schmidt hrsg. von Werner Richter und Eberhard Lämmert. Berlin 1963, S. 208 f.

Obwohl also manche Facetten des Goethe-Bildes fehlten und dieses viel homogener präsentiert wurde, als es der Quellenlage entsprochen hätte, hatten bereits die ersten Goethe-Forscher ihre liebe Not mit dem erwähnten schielenden Blick. Kurz nach der Jahrhundertwende, 1901, zog der bedeutende Goethe-Biograph Richard M. Meyer ein erstes Resümee: „Wer ist ‚Goethe‘? eine Abstraktion, die den Dichter des ‚Werther‘ und des ‚Tasso‘ und der ‚Pandora‘ in eine unmögliche Einheit bringt. Was aber sollen wir anderes thun? Mit den Milliarden von Einzeleindrücken, die auf uns losstürmen, können wir nicht rechnen. Es ist Nothwehr, daß wir sie auf große Durchschnittsziffern bringen."[5] Wenn wir uns über einhundert Jahre später immer noch fragen, wer Goethe war, so sprechen wir damit, damals wie heute, eine Frage nach, die er sich selbst am Ende seines Lebens gestellt hatte. Daher lohnt es sich, die Antwort zu hören, die er (vom Weimarer Prinzenerzieher Frédéric Soret nach einem Gespräch vom 17. Februar 1832, rund fünf Wochen vor Goethes Tod, auf Französisch aufgezeichnet) darauf gab:

> Was bin ich selbst? Was habe ich getan? Ich habe alles, was ich gehört, beobachtet habe, gesammelt, benutzt. Meine Werke sind von Tausenden verschiedenen Individuen genährt, Unwissenden und Weisen, Geistreichen und Dummköpfen. Die Kindheit, das reife Alter, das Greisentum, alle haben mir ihre Gedanken, ihre Fähigkeiten, ihre Seinsart dargeboten, ich habe oft die Ernte gesammelt, die andere gesät hatten. Mein Werk ist das eines Kollektivwesens und trägt den Namen Goethe.[6]

Dies war bei ihm indes nicht erst eine Alterseinsicht. Bereits am 7. Mai 1781 schrieb er an den Schweizer Theologen Johann Caspar Lavater: „Ich heise Legion, du thust Vielen wohl wenn du mir wohlthust." (FA II 2, S. 348) In der Bibel, im Markus-Evangelium, antwortet der Teufel auf die Frage Jesu, wie er heiße: „Legion heiße ich, denn unser ist viel." (Markus 5, 9) Die identifikatorische Nennung des Teufelsnamens durch Goethe, sein Bekenntnis zu einer multiplen Identität und die damit verbundene Vorstellung dämonischer Besessenheit war eine Provokation des religiösen Adressaten, die heute

---

[5] Richard M. Meyer: Die Sprache und ihr Richter. In: Die Nation 19, No. 6, 8. November 1901, S. 90–93, hier S. 92.

[6] Meine Übersetzung nach: Goethes Gespräche. Eine Sammlung zeitgenössischer Berichte aus seinem Umgang. Auf Grund der Ausgabe und des Nachlasses von Flodoard Freiherrn von Biedermann ergänzt und hrsg. von Wolfgang Herwig. 5 Bde. Zürich u. a. 1965–1987. Bd. III/2. 1972, S. 839.

auch ohne religiösen Hintergrund noch nachklingt und zuweilen eine verblüffende Aktualität beweist. In welchem Ausmaß und in wie elementarer
Weise, das zeigten unlängst ausgerechnet neueste Erkenntnisse in der Gene-
tik, gemäß denen sich die Wissenschaft von der Idee verabschieden müsse,
dass das Genom ein zu Beginn des Lebens festgelegter, unveränderlicher
Bauplan des Menschen sei. Vielmehr seien die Erbanlagen in ständigem
Wandel begriffen. „Die Erkenntnislage wirft auch philosophische Grundfragen auf wie die nach der genetischen und somit biophysikalischen Identität des Menschen – und verlangt womöglich radikal andere Antworten."[7]
Auf die Frage nach der biologischen Identität des Individuums erhalte man
eine angeblich „bestürzende Antwort: Ich bin viele".[8] Bestürzend ist das im
Hinblick auf Goethe nur dann, wenn man – wie allerdings die große Mehr-
zahl der Biographen – auf der Suche „nach einer bestimmenden Konstante
im Lebensprozeß Goethes"[9], einem unverlierbaren Wesenskern ist. Um
Goethes aus der poetischen Selbstbeobachtung gewonnene Einsicht in die
multiple Struktur der Persönlichkeit für seine Biographie produktiv machen zu können, muss man sich indes von einem guten Teil seiner Selbststilisierungen und Leserlenkungen befreien und mit Goethe gegen Goethe argumentieren – mit dem multiplen Ich gegen den stabilen Identitätspolitiker.

Das bedeutet nun keineswegs, das andere Auge zu schließen und nur
mehr heterogene Details wahrzunehmen. Wenn das Gesamtbild nicht mehr
das eines einheitlichen Individuums, sondern eines „Kollektivwesens" ist,
kann nicht nur gezeigt werden, woraus sich dieses Wesen speist, welche Einflüsse es verarbeitet, welche Kontexte relevant sind. Vielmehr läuft der produktive Strom nicht nur aus der Vergangenheit und Gegenwart in das produktive kollektive Ich hinein, sondern auch wieder aus diesem hinaus in die
Zukunft. Darauf soll in diesem Buch der Schwerpunkt liegen. Kindheit, Erwachsenenalter, Greisentum können in kollektiver Gestaltung und Ausprä-
gung aus Goethes Werk entnommen werden. Da mit seinem Leben dasjenige von „Tausenden verschiedenen Individuen" geschildert wird, lässt sich
mit Hilfe dieser von ihm selbst gegebenen Antwort auf die Frage „Wer war

---

[7] Ulrich Bahnsen: Erbgut in Auflösung. In: Die Zeit Nr. 25, 12. 6. 2008, S. 33 f.,
hier S. 33.
[8] Ebd., S. 34.
[9] Theo Buck: „Der Poet, der sich vollendet". Goethes Lehr- und Wanderjahre.
Köln 2008, S. 1.

Goethe?" auch die zweite Einstiegsfrage beantworten, warum er für unsere Kultur noch immer bedeutsam sein könnte. Früher wurde damit eine unmittelbare Vorbildhaftigkeit Goethes für den Menschen schlechthin behauptet. Der Philosoph und Soziologe Georg Simmel etwa formulierte 1913: „Wir empfinden seine Entwicklung als die typisch menschliche – [...] in gesteigerteren Maßen und klarerer Form zeichnet sich an ihm, in und unter all seinen Unvergleichlichkeiten, die Linie, der eigentlich jeder folgen würde, wenn er sozusagen seinem Menschentum rein überlassen wäre."[10] Von einer solchen Vorbildhaftigkeit der Entwicklung Goethes kann nicht mehr gesprochen werden, nicht nur deswegen, weil bereits Goethe selber wusste, dass niemand, auch er nicht, „seinem Menschentum rein überlassen" ist. Goethes Leben und sein gestaltetes Leben im Werk können aber als Spiegel einer spezifisch modernen Individualität dienen und sind von ihrem Problemgehalt her und in ihren eher fragwürdigen Zügen noch für das begonnene 21. Jahrhundert repräsentativ. Wenn die heutige Genforschung zu der Erkenntnis gelangt: „Ich bin viele", so bedeutet das: Jeder ist der Teufel, jeder ist Goethe. Die Rekonstruktion des Problemgehalts ermöglicht es, Goethes Werk als Krisenmanagement zu verstehen und sein Leben als Problemgeschichte der Moderne neu zu schreiben. Die Werke bearbeiten Probleme, die das Leben aufwirft, und zwar nicht nur Goethes Leben, sondern grundsätzlich und in Teilbereichen jedes Leben in der modernen Welt der Gegenwart. „Es gibt keine Individuen", so notierte sich Friedrich Wilhelm Riemer, ein langjähriger Mitarbeiter, einen Ausspruch Goethes aus dem Jahr 1806. „Alle Individuen sind auch genera: nämlich dieses Individuum oder jenes, welches du willst, ist Repräsentant einer ganzen Gattung."[11]

Im Unterschied zu älteren, vor allem in den 1910er und 20er Jahren entwickelten problemgeschichtlichen Verfahren geht es hier weniger um eine Darstellung der Auseinandersetzung mit den ewigen Grundfragen der Menschheit wie etwa Liebe oder Tod. Vielmehr geht es um lebensgeschichtliche Fragen, die im Zuge der gesellschaftlichen Modernisierungsprozesse auftauchen und uns darum heute noch betreffen. Der Beginn von Goethes schriftstellerischer Wirksamkeit um 1770 fällt in eine Zeit umfassender Modernisierungsschübe, die sich auch sprachlich ausprägen: Begriffe, die über lange Zeit eine relativ stabile Bedeutung besaßen, verändern diese in ver-

---

[10] Georg Simmel: Goethe. Leipzig 1913, S. 263.
[11] Goethes Gespräche, Bd. II, S. 166.

gleichsweise kurzer Zeit oder werden mehrdeutig. Erst seit jener Zeit ist
Mehr- oder Vieldeutigkeit überhaupt ein relevantes Kriterium poetischer
Texte, in früheren Jahrhunderten wäre das als Zumutung empfunden wor-
den. Deshalb ist die Beschäftigung mit Goethe in vielerlei Hinsicht beson-
ders ergiebig, und deswegen lassen sich historisches und gegenwärtiges
Interesse an seiner Person und an seinem Werk unmittelbar verknüpfen.

Generationen von Leserinnen und Lesern Goethes ist es so ergangen, wie
man es in Tischbeins Aquarell unmittelbar ins Bild gesetzt empfinden kann.
Goethe lebte in vielen bürgerlichen Haushalten gleichsam zur Untermiete,
man wusste, was er geschrieben hatte, und lebte damit. Doch eigentlich
lebte man nicht mit ihm und seinen Werken, sondern mit den eigenen Vorstellungen, die man sich davon bildete, den Vermutungen, wie sein Gesicht
wohl ausgesehen und was er draußen in der Welt erblickt habe, was seine
Weltansicht in ganz wörtlichem Sinne gewesen sein mochte.[12] Für heutige
Leserinnen und Leser ist eine solche Intimität, die um ihre Fremdheit nicht
weiß, ihrerseits fremd geworden. Nun ist es umgekehrt: Wir gehen zumeist
von einer Situation der Fremdheit aus und wissen nicht um die Intimität.
Vielleicht fühlt man sich inzwischen als ungebetener Gast und möchte sich
diskret wieder aus dem Zimmer entfernen, weiß man doch gar nicht, wem
man sich dort hinterrücks genähert hat. Dass wir tatsächlich aufgrund unserer gegenwärtigen kulturellen Situation die Welt noch immer – und gerade heute – mit den Augen jenes Unbekannten betrachten, unser Leben in
vielen Zügen den Modellen seiner Lebensentwürfe folgt, erscheint völlig un-
glaubwürdig. Selbst der Germanistik ist das Bewusstsein darum, wie sehr
sie noch heute methodisch bis in die Wissenschaftssprache hinein von diesem ihrem Gegenstand geprägt ist, weitgehend verloren gegangen. Diese
Prägung resultiert daraus, dass sie als Wissenschaftsdisziplin im 19. Jahrhundert in wesentlichen Teilen aus der Goethe-Forschung hervorgegangen
war und Goethe jahrzehntelang zu ihrem wichtigsten Forschungsgegen-
stand gemacht hatte. Unzählige Bücher wurden über Goethe geschrieben –
über sein Leben, über seine Werke, über Leben und Werk. Unzählige Male
wurde damit das unternommen, woran er selbst gescheitert war: Das Pro-

---

[12] Wie wenig diese Frage nach seiner Weltansicht abschließend geklärt ist, zeigt
sich schon daran, dass sie neuerdings noch einmal umfassend thematisiert wurde;
vgl. Wolf von Engelhardt: Goethes Weltansichten. Auch eine Biographie. Weimar
2007.

jekt, sein Leben zu erzählen, sollte das Zentrum seines gesamten Schaffens bilden, den Kern, um den herum sich sowohl seine Werke als auch sein Leben selbst gruppieren sollten, doch dieses Projekt wurde – mit guten Gründen – abgebrochen bzw. umgestaltet. Daher ist es an der Zeit, auch in der biographischen Darstellung, der Darstellung von Leben und Werk, eine Umgestaltung vorzunehmen. Es lohnt sich, im kühlen Zimmer zu verweilen und dem Fremden zuzuhören, der nur mit sich selbst zu sprechen scheint und uns dabei doch erzählt, was es draußen in der Welt, im Leben der Menschen, zu sehen gebe. Nicht nur von seinem Leben und von seinen Weltansichten wird man etwas erfahren, sondern aus seinen Lebensentwürfen manches über das Leben des modernen Menschen überhaupt. An Voraussetzungen braucht man dazu nicht mehr als die Fähigkeit, den Herzschlag zu spüren oder den eigenen Atem bewusst wahrzunehmen. Noch die kompliziertesten Strukturen des Lebens und der Welt werden von Goethe aus solchen elementaren Körpererfahrungen aufgebaut und immer wieder auf sie zurückbezogen.

2
Entwürfe erschriebenen Lebens:
Das autobiographische Projekt

Also noch einmal: Wer war Goethe? War er „unter allen Schriftstellern der unschreibseligste", wie er in einem Brief vom 7. Dezember 1808 meinte (WA IV 20, S. 240)? Dieses verblüffende Geständnis zeigt bereits, dass man seine Selbstaussagen nicht unbesehen übernehmen darf und zumindest der Kontext zu berücksichtigen ist (in diesem Fall geht es darum, dass Goethe ab einem bestimmten Zeitpunkt fast nur noch diktierte und kaum noch eigenhändig schrieb). Gleichwohl müssen sich alle Antworten, die bisher von der biographischen und literaturgeschichtlichen Forschung auf die Frage nach seiner Person gegeben wurden – und alle Antworten, die darauf noch jemals gegeben werden können –, mit Goethes eigenen Antwortversuchen auseinandersetzen. Denn er entwarf in seiner Autobiographie ein Modell der Lebensbeschreibung, dem nicht nur Goethe-Biographien, sondern die Biographien unterschiedlichster Persönlichkeiten – häufig unausgesprochen oder sogar unbewusst – folgen oder verpflichtet sind. Im Vorwort zu *Dichtung und Wahrheit* (1811) fingiert er eingangs den „Brief eines Freundes". Anlass ist seine soeben erschienene Werkausgabe im Cotta-Verlag:

> Wir haben, teurer Freund, nunmehr die zwölf Teile Ihrer dichterischen Werke beisammen, und finden, indem wir sie durchlesen, manches Bekannte, manches Unbekannte; ja manches Vergessene wird durch diese Sammlung wieder angefrischt. Man kann sich nicht enthalten, diese zwölf Bände, welche in Einem Format vor uns stehen, als ein Ganzes zu betrachten, und man möchte sich daraus gern ein Bild des Autors und seines Talents entwerfen. Nun ist nicht zu leugnen, daß für die Lebhaftigkeit, womit derselbe seine schriftstellerische Laufbahn begonnen, für die lange Zeit die seit dem verflossen, ein Dutzend Bändchen zu wenig scheinen müssen. Eben so kann man sich bei den einzelnen Arbeiten nicht verhehlen, daß meistens besondere Veranlassungen dieselben hervorgebracht, und sowohl äußere bestimmte Gegenstände als innere entschiedene Bildungsstufen daraus hervorscheinen, nicht minder auch gewisse temporäre moralische und ästhetische Maximen und Überzeugun-

gen darin obwalten. Im Ganzen aber bleiben diese Produktionen immer un-
zusammenhängend; ja oft sollte man kaum glauben, daß sie von demselben
Schriftsteller entsprungen seien. (FA I 14, S. 11)

Aus dieser Forderung nach der Einheit des Subjekts und seiner Lebensgeschichte samt deren kontinuierlicher oder zumindest sinnvoll nachvollzieh-
barer Entwicklung leitete nun Goethe ein für seine Zeit durchaus neuartiges
Programm der Lebensbeschreibung, der Autobiographie ab. In der Tradition der Bekenntnisliteratur von Augustin bis Rousseau, aus der die moderne Autobiographie hervorgegangen ist, standen Gewissenserforschung
und Rechtfertigung des Subjekts im Vordergrund. Nun aber, bei Goethe,
ging es um die Bearbeitung des modernen Problems, dass Lebensverläufe
diskontinuierlich werden, man sich in anderen Situationen findet, als man
das noch vor kurzem geglaubt hatte, und seine Zukunft kaum noch länger-
fristig zu planen vermag:

> Ich unterzog mich [...] sogleich der vorläufigen Arbeit, die größeren und
> kleineren Dichtwerke meiner zwölf Bände auszuzeichnen und den Jahren
> nach zu ordnen. Ich suchte mir Zeit und Umstände zu vergegenwärtigen,
> unter welchen ich sie hervorgebracht. Allein das Geschäft ward bald be-
> schwerlicher, weil ausführliche Anzeigen und Erklärungen nötig wurden,
> um die Lücken zwischen dem bereits Bekanntgemachten auszufüllen. Denn
> zuvörderst fehlt alles woran ich mich zuerst geübt, es fehlt manches Ange-
> fangene und nicht Vollendete; ja sogar ist die äußere Gestalt manches Voll-
> endeten völlig verschwunden, indem es in der Folge gänzlich umgearbeitet
> und in eine andere Form gegossen wurde. Außer diesem blieb mir auch
> noch zu gedenken, wie ich mich in Wissenschaften und andern Künsten be-
> müht, und was ich in solchen fremd scheinenden Fächern sowohl einzeln als
> in Verbindung mit Freunden, teils im Stillen geübt, teils öffentlich gemacht.
> Alles dieses wünschte ich nach und nach zu Befriedigung meiner Wohl-
> wollenden einzuschalten; allein diese Bemühungen und Betrachtungen
> führten mich immer weiter: denn indem ich jener sehr wohl überdachten
> Forderung zu entsprechen wünschte, und mich bemühte, die innern Regun-
> gen, die äußern Einflüsse, die theoretisch und praktisch von mir betretenen
> Stufen, der Reihe nach darzustellen; so ward ich aus meinem engen Privat-
> leben in die weite Welt gerückt, die Gestalten von hundert bedeutenden
> Menschen, welche näher oder entfernter auf mich eingewirkt, traten hervor;
> ja die ungeheuren Bewegungen des allgemeinen politischen Weltlaufs, die
> auf mich wie auf die ganze Masse der Gleichzeitigen den größten Einfluß
> gehabt, mußten vorzüglich beachtet werden. Denn dieses scheint die Haupt-
> aufgabe der Biographie zu sein, den Menschen in seinen Zeitverhältnissen
> darzustellen, und zu zeigen, in wiefern ihm das Ganze widerstrebt, in wie-

fern es ihn begünstigt, wie er sich eine Welt- und Menschenansicht daraus
gebildet, und wie er sie, wenn er Künstler, Dichter, Schriftsteller ist, wieder
nach außen abgespiegelt. Hiezu wird aber ein kaum Erreichbares gefordert,
daß nämlich das Individuum sich und sein Jahrhundert kenne, sich, in wie-
fern es unter allen Umständen dasselbe geblieben, das Jahrhundert, als welches sowohl den willigen als unwilligen mit sich fortreißt, bestimmt und
bildet, dergestalt daß man wohl sagen kann, ein Jeder, nur zehn Jahre früher
oder später geboren, dürfte, was seine eigene Bildung und die Wirkung nach
außen betrifft, ein ganz anderer geworden sein. (FA I 14, S. 12–14)

Mit der Verbindung von Chronologie und Analyse sowie der multiperspektivischen Einbettung des Menschen in unterschiedliche Kontexte seiner Umwelt schließt Goethe an zeitgenössische medizinisch-biologische Theorien
von einer ,Lebenskraft' oder einem ,Bildungstrieb' des Organismus an, der
sich in der Interaktion von Ich und Umwelt erhalte. Obwohl damit zwar auf
dem Stand der anthropologischen Forschung seiner Zeit, aber keineswegs originell, hat Goethe durch die prägnanten Formulierungen und die Wirkungs-
kraft seiner Autobiographie ein Raster geschaffen, das noch für die heutige
Biographieschreibung gültig ist, und zwar für die wissenschaftliche und die
populäre gleichermaßen. In analoger Weise bietet Goethes Leben, und zwar
vor allem in der Form, in der er es selbst in seinem Werk erschrieben hat, eine
Blaupause für paradigmatische Lebensverläufe des modernen Menschen.
,Entwürfe eines Lebens' – das meint Goethes eigene Entwürfe seines Lebens
und die Entwürfe, die Goethes Biographen bisher von seinem Leben zeichne-
ten. Das meint aber auch, dass in Goethes Leben und Werk die Baupläne cha-
rakteristischer moderner Lebensverläufe enthalten sind. So wie er selbst in
seinen botanischen Forschungen geltend machte, dass im Pflanzenkeim alle
Stadien der späteren Pflanzenentwicklung von der Grundform des Blattes
über die Blüte zur Frucht bereits enthalten seien. Selbst scheiternde moderne
Lebensläufe können dieses Scheitern bei Goethe vorgezeichnet finden, was in
der Rezeptionsgeschichte bislang eher verdrängt wurde oder zumindest im
Hintergrund blieb und nicht in das populäre Goethebild Eingang fand. ,Goe-
the' ist daher nicht nur ein Sammelbegriff für ein Kollektivwesen, wie er es
selbst am Ende seines Lebens auf den Punkt brachte. ,Johann Wolfgang von
Goethe' ist der Name der effektivsten Biographiemaschine der deutschen
Kulturgeschichte, die noch immer produktiv ist und weiter Lebensläufe aus
sich generiert – von gewöhnlichen und außergewöhnlichen Menschen, und
zwar beiderlei Geschlechts, wenn auch mehr Männern als Frauen.

Bevor er gegen Ende seines Lebens einen musterhaften Lebenslauf kon-
zipierte, richtete sich Goethe selbst an unterschiedlichen historischen und
literarischen Mustern und Vorbildern aus. Als zentrale Herausforderung für
die Lebensbeschreibung nennt er in seinem autobiographischen Programm
neben der Einheit des Ichs die Vermittlung von Subjekt und Geschichte,
„Individuum" und „Jahrhundert". Dies war für die damalige Zeit eine neu-
artige, mit der Entwicklung eines Geschichtsbewusstseins im modernen
Sinn im späten 18. Jahrhundert erst auftauchende Herausforderung, der sich
Goethe seit der Zeit des sogenannten Sturm und Drang, seit *Götz von Berlichingen*, gegenübersah. Die Renaissance wurde im 18. Jahrhundert als die
Epoche gedeutet, in der das große, geschichtsmächtige, geniale und/oder
tragisch an und in seiner Zeit scheiternde Individuum auf der historischen
Bühne erschien. Solche Individuen stellte Goethe dann auch nach und nach
auf die Bühne des Theaters: Götz von Berlichingen, Faust, Egmont, Tasso.
Welche Relevanz die identifikatorische Aneignung großer Renaissance-Ge-
stalten für sein eigenes Leben und für die Lebensbeschreibung überhaupt
barg, zeigt schlaglichtartig ein weniger bekanntes Beispiel, Goethes kommentierte Übersetzung der Autobiographie des Florentiner Goldschmieds
Benvenuto Cellini (1500–1571) aus dem Jahr 1803. In der Vita des Renais-
sance-Künstlers zeigten sich wider Erwarten so viele unverständliche und
fremdartige Aspekte, dass Goethe sich gehalten sah, diese in einem separa-
ten geschichtlichen „Anhang" dergestalt hermeneutisch zu erhellen, dass die
Wechselwirkungen zwischen „Individuum" und „Jahrhundert" sinnfällig
wurden, die später die historische Konzeption im Vorwort von *Dichtung
und Wahrheit* begründeten. Die darin greifbare musterhafte Lebenskon-
zeption charakterisierte der bereits erwähnte Goethe-Biograph Richard M.
Meyer wie folgt: Goethe „faßte [...] sich hier als die künstlerische Persönlichkeit auf, die gleichsam nur soweit sie produziert, schafft, wirkt, ein wahres Leben hat; die aber freilich auch in der organischen Reihe ihrer künstlerischen Lebensäußerungen ein zweites, höheres, lückenloses Leben führt
und hinterläßt. *‚Dichtung und Wahrheit' ist die Geschichte dieses höheren
Lebens,* und die Erzählung des eigentlichen Lebenslaufs dient nur als Unter-
lage."[1]

[1] Richard M. Meyer: Einleitung. In: Goethes Sämtliche Werke. Jubiläums-Aus-
gabe in 40 Bdn. In Verbindung mit Konrad Burdach u. a. hrsg. von Eduard von der
Hellen. Bd. 22: Dichtung und Wahrheit, 1. Teil. Mit Einleitung und Anmerkungen

Auf sein eigenes Leben bezogen, löste Goethe diese Konzeption indes nicht vollständig ein. Die selbst gestellten Aufgaben und die Probleme der modernen Individualität erwiesen sich als zu gravierend, um einfach auf einer höheren Ebene des Werkes aufgelöst zu werden und damit gleichzeitig sein Leben als größtes Kunstwerk zu schaffen, wie es lange Zeit ein Topos der Goethe-Forschung war. In der Chronologie der Ereignisse und der Entstehungsgeschichte der Werke kam Goethe in *Dichtung und Wahrheit* nicht über die Abreise nach Weimar 1775 hinaus. Über die Gründe wird noch zu reden sein. Hier von einem ‚Scheitern' Goethes zu sprechen, wäre ein Tabu gewesen, und so wurde das Goethe'sche Biographieprojekt von den Goethe-Biographen fortgeschrieben. Goethe selbst ordnete noch seine letzte Werkausgabe, die „Ausgabe letzter Hand", gerade nicht entstehungsgeschichtlich, sondern systematisch: nach Gattungen, Themen und Genres. Er verweigerte also dezidiert den genetischen, entstehungsgeschichtlichen Zusammenhang, den er mit seiner Autobiographie eigentlich herstellen wollte. Alle Gesamtdarstellungen zu Goethes Leben und Werk leiden letztlich an dem fundamentalen Mangel, dieses ‚Scheitern' – das eben gerade kein persönliches oder künstlerisches Versagen darstellt, sondern von Goethe produktiv gewendet wurde – nicht ernst genommen und für die Biographieschreibung fruchtbar gemacht zu haben. Es wurde so getan, als könne man selbstverständlich Goethe übertrumpfen, nämlich das schreiben, was er selbst aus guten Gründen letztlich doch nicht bzw. nur bis zu einer gewissen Grenze schreiben konnte oder wollte. Das ist natürlich legitim, doch über Alternativen sollte nachgedacht werden.

Vor dem Hintergrund solcher Überlegungen wird in diesem Buch eine innovative biographische Darstellungsform entwickelt, die weder der Chronologie von Leben und Werk folgt noch Entwicklung und Kontinuität auflöst oder preisgibt. Damit wird auch der Einsicht Rechnung getragen, dass eine Biographie nicht finalistisch auf den Tod hin erzählt werden soll.[2] Dies gilt im Fall Goethes ganz besonders, wie sich abschließend zeigen wird. Die Gliederung verbindet daher Chronologie und Problemorientierung: Nach

von Richard M. Meyer. Stuttgart und Berlin o. J. [1903], S. V–XXVI, hier S. IX (Hervorhebung im Original gesperrt).

[2] Vgl. Günter Blamberger: Poetik der Biographie. Über Konstruktionsprinzipien von Lebensgeschichten. In: Der Mensch als Konstrukt. Festschrift für Rudolf Drux zum 60. Geburtstag. Hrsg. von Rolf Füllmann u. a. Bielefeld 2008, S. 359–371.

der Darstellung des autobiographischen Gesamtrahmens und einem expo-
sitorischen Panorama des literarischen Krisenmanagements des modernen
Lebens werden die Themen in der Reihenfolge behandelt, in der sie in
Goethes Lebenslauf und Lebensstationen in den Vordergrund traten. Die
einzelnen Werke, die in diesen Kapiteln im Hinblick auf die Lebensentwürfe
erschlossen werden, stammen jedoch aus unterschiedlichen Lebensphasen.
So entsteht eine mehrfache Perspektivierung: Die erste Ebene bildet das
Leben, in dessen Verlauf bestimmte repräsentative Themenkomplexe hervortreten. Nicht Goethes Leben an sich ist repräsentativ, aber sein vielfäl-
tiger Problemgehalt. Die konkrete und unterschiedliche Gestaltung von
Themen und Problemen wird dann auf der zweiten Ebene in Längs- und
Querschnitten durch das Gesamtwerk untersucht. Die dritte Ebene bildet
die Rückwirkung dieser literarischen Gestaltungen auf den weiteren Verlauf
des Lebens. Die Auswahl der herangezogenen Texte ist durch diese spezifische Optik auf Goethes Lebensentwürfe gesteuert.

3
Herkunft und Anfänge – Lebens- und Karrieregestaltung

Inwiefern Goethes Leben zu einem paradigmatisch modernen Leben werden konnte, ja geradezu werden musste, lässt sich im Blick auf seine Herkunft veranschaulichen – und damit in einem ersten Anlauf der Bogen von der Musterhaftigkeit zur Einzigartigkeit schlagen. In älteren Darstellungen stand statt einer Erklärung häufig die Verehrung, auch hierin, wie so oft, mehr oder weniger uneingestanden Goethe selbst folgend: „Hab ich dir das Wort / Individuum est ineffabile / woraus ich eine Welt ableite, schon geschrieben?" (FA II 2, S. 300). Diese Maxime aus einem Brief an Lavater (vermutlich vom 20. September 1780), deren Herkunft unklar ist und die daher durchaus von Goethe selbst geprägt sein könnte, besagt, dass das Individuum unaussprechlich, sein Wesen nicht in Worte zu fassen sei. Entsprechend verfuhren dann viele Goethe-Darstellungen, wenn es um das Wesen des Dichters ging. Noch 1955 schrieb Günther Müller: „Wir kennen den Stammbaum Goethes bis ins sechzehnte Jahrhundert [...]. Aber die Geburt des Genius läßt sich aus den Bedingungen des Erbgangs so wenig ableiten wie aus den geschichtlichen Zuständen. Sie gehört in das Mysterium des Tatsächlichen als eine Tatsache, die wir nicht weiter erklären, die wir nur ehrfürchtig feststellen können."[1]

Ganz so unerklärlich ist das ‚Phänomen‘ Goethe – individuelle Anlagen hin, Genius her – indes nicht.[2] Vielmehr wird sein Auftreten durch ein spezifisches sozialgeschichtliches Bedingungsgefüge ermöglicht. Um die Mitte des 17. Jahrhunderts lebte in Thüringen ein Hufschmied namens Geede, die Schreibung von Namen variierte zu jener Zeit noch, und in dieser Form ist die thüringische Lautung ausgedrückt. Sein Sohn ging als Schneidergeselle auf die Wanderschaft, zwölf Jahre lang, und kam auch nach Paris und Lyon. 1686

---

[1] Günther Müller: Kleine Goethebiographie. 3., stark überarbeitete Aufl. Bonn 1955, S. 7.

[2] Vgl. zum Folgenden Karl Eibl: Die Entstehung der Poesie. Frankfurt a. M. u. a. 1995, S. 46–53.

unterschrieb er nach der Heirat mit der Tochter eines Zunftmeisters das Gesuch um das Bürgerrecht der Stadt Frankfurt am Main mit Friedericus Georg Göthé. Nicht nur an den Stationen seiner Gesellentour, auch an der Schreibung des Namens ist die Orientierung am Vorbild Frankreich, der damals maßgeblichen europäischen Kulturnation, und damit seine Aufstiegsambition erkennbar. Seine zweite Frau, die er 1705 heiratete und für die es ebenfalls die zweite Ehe war, hatte von ihrem Mann einen Gasthof mit Weinhandlung in der besten Lage Frankfurts, auf der Zeil, geerbt. Göthé wurde zum Weinspekulanten, was sehr lukrativ war und ihm ein beträchtliches Vermögen zuführte. Zudem war das Gasthaus Haltestelle des Postkutschen-Linienverkehrs der sogenannten „Ordinari-Post", also des ‚normalen' Postverkehrs, bei dem die Passagiere aller Stände gleich behandelt wurden. Wirtshaus und Postkutsche waren Orte sozial riskanter Begegnungen – riskant deshalb, weil die Standesgrenzen stabil waren und es für den nicht vorgesehenen stände- und klassenübergreifenden Austausch keine durch Erziehung weitergegebenen sicheren Verhaltensprogramme gab. Im Schankraum und erst recht in der Kutsche ließ sich ein solches riskantes Aufeinandertreffen nicht immer verhindern. Auf dem Theater wurden derlei Ereignisse üblicherweise als Komödienszenen dargestellt.

Göthé hatte auf dem ‚zweiten Bildungsweg' bzw. durch eine kluge Heirat die Weichen gestellt, um das Handwerkermilieu zu verlassen und sozial aufzusteigen. Als Wirt stand er ohnehin durch seine vielfältigen Begegnungen bereits potenziell außerhalb des Sozialgefüges. Dass er weiter nach Höherem strebte, erkennt man daran, dass sein Sohn Johann Caspar nach der Schule nicht in eine Handwerkslehre gegeben, wie es der konventionellen zunftbürgerlichen Laufbahn entsprochen hätte, sondern auf das Gymnasium in Coburg geschickt wurde. Damit war die Voraussetzung für die Juristenlaufbahn geschaffen, den höchsten Aufstieg in der Ständehierarchie, der einem Nichtadligen möglich war. 1730 nahm Johann Caspar Goethe – nun bereits in dieser teils wieder eingedeutschten, teils (durch die Umlautschreibung) latinisierten Form der Namensschreibung – sein Studium auf und folgte dem stereotypen Schema für höhere Staatsdiener. „Der Studienort mußte Leipzig sein, die teuerste und vornehmste der Universitäten, und das Fach mußte die Rechtswissenschaft sein, das teuerste, vornehmste und karriereträchtigste der Fächer."[3] Danach wurden drei ‚Praktika' absolviert, deren Orte ebenfalls feststanden, nämlich an den drei Brennpunkten der Rechtspflege im Deutschen

---

[3] Eibl: Die Entstehung der Poesie, S. 48.

Reich: dem Reichskammergericht in Wetzlar, dem Ständigen Reichstag in Regensburg und dem Reichshofrat in Wien. Darauf folgte die sogenannte ‚Kavalierstour' nach Italien mit Rückweg über Paris und Straßburg. 1741, im Alter von 31 Jahren, kehrte er mit der besten erreichbaren Ausbildung nach Frankfurt zurück. 1742 erwarb er durch Kauf den Titel eines ‚Kaiserlichen Rates' und heiratete 1748 Catharina Elisabeth Textor, die älteste Tochter des Stadtschultheißen. Damit war jedoch seine Karriere unversehens zu Ende, der erhoffte weitere Aufstieg blieb aus. Johann Caspar Goethe wurde ‚Rentier' bzw. Privatier, das heißt, er lebte vom väterlichen Vermögen und ging im Übrigen seinen Interessen nach. Die österreichische Kaiserin Maria Theresia hatte nämlich inzwischen den Kurs ihres Vorgängers Karls VII. geändert, so dass dem „Kaiserlichen Rat" keinerlei kaiserliche diplomatische Geschäfte übertragen wurden und der Titel ein bloßer Ehrentitel blieb, was bei seinem Erwerb noch nicht absehbar gewesen war. Andererseits war der Aufstieg in der Hierarchie der Stadt durch die Familie seiner Frau blockiert.

Dennoch wollte er, dass sein am 28. August 1749 geborener Sohn Johann Wolfgang dieselbe Karriere durchliefe wie er selbst. Einzelne Stationen sind denn auch erkennbar: Der Sohn musste nach Leipzig, um Jura zu studieren, also aus der altväterlichen Reichsstadt ins ‚Klein-Paris', ins Zentrum der Aufklärung und der Rokoko-Kultur, die freilich ihre Blüte bereits hinter sich hatte. Johann Wolfgang hätte Göttingen als die damals modernste Universität bevorzugt und als Fach die Philologie, nahm jedoch in Leipzig die vielfältigen, wenn auch teilweise überlebten kulturellen Traditionen auf, die ein Element der Basis für seine spätere Geisteswelt und Bildungsbreite ausmachten. Ohne seine Herkunft zu verleugnen, wandelte er sich dennoch vom Frankfurter Stadtbürger zum Leipziger Weltbürger. 1768 erlitt er einen Blutsturz, vermutlich infolge einer Tuberkulose-Erkrankung, und musste das Studium vorläufig abbrechen. Seine lebensbedrohliche Erkrankung wird gelegentlich auch als allgemeines Krisensymptom gedeutet. Goethe kehrte zunächst nach Frankfurt zurück. Im folgenden sogenannten „Frankfurter Intervall", seinen anderthalb Genesungsjahren, kam er durch den Kreis um Susanna Katharina von Klettenberg, eine Freundin seiner Mutter, in Kontakt mit hermetischen, alchimistischen und pietistischen Lehren, die eine Basis für die nächste ‚Neuerfindung' seiner Individualität bildeten.[4]

---

[4] Vgl. Rolf Christian Zimmermann: Das Weltbild des jungen Goethe. Bd. 1: Elemente und Fundamente. 2., durchges. u. erw. Aufl. München 2002.

1770 setzte er sein Studium in Straßburg fort und legte dort auch sein Lizen-
ziat ab. Es folgte die erste der obligatorischen weiteren Stationen der Rechts-
ausbildung beim Reichskammergericht in Wetzlar, wo er jedoch keine
ernsthaften juristischen Studien betrieb. In Frankfurt eröffnete er eine
Rechtsanwaltspraxis und wurde darin vom Vater unterstützt, der ja keine
eigenen Geschäfte hatte. Johann Caspar Goethe hielt das 1775 durch den
Prinzenerzieher Carl Ludwig von Knebel an seinen Sohn ergangene Ange-
bot, an den Weimarer Hof zu gehen, für unseriös. Hier schlugen die ideolo-
gischen Vorbehalte des Bürgers der Freien Reichsstadt gegen den Adel an
einem kleinen Fürstenhof durch. Das Bürgertum war im 18. Jahrhundert als
ökonomische Klasse noch nicht existent; seine heterogenen Mitglieder defi-
nierten sich häufig durch moralische Opposition gegen den vermeintlich
oder tatsächlich sittlich verkommenen Adel. Johann Caspar wollte seinen
Sohn nicht als Fürstendiener sehen, sondern erwartete, dass er stattdessen
die nach dem biographischen Karrieremuster noch ausstehende Italienreise
antrete. Als sich die Kutsche, die ihn in Frankfurt abholen und nach Weimar bringen sollte, verspätete, brach Johann Wolfgang Goethe doch noch,
dem Wunsch des Vaters folgend, Richtung Süden auf. Die Schilderung des
Aufbruchs im Tagebuch spricht von resignativer Ergebung in das Schicksal
ebenso wie von seinem Wunsch, an eine transzendente Lenkung des Lebens
zu glauben: „Diesmal rief ich aus ist nun ohne mein Bitten Montag Morgens sechse, und was das übrige betrifft so fragt das liebe unsichtbaare
Ding das mich leitet und schult, nicht ob und wann ich mag. Ich packte für
Norden, und ziehe nach Süden, ich sagte zu, und komme nicht, ich sagte ab
und komme! […] und das weitere steht bei dem lieben Ding das den Plan zu
meiner Reise gemacht hat." (GT I, S. 13 f.)

In Heidelberg holte ihn jedoch die Weimarer Delegation ein. Die drama-
tisch inszenierte Schilderung dieses Moments bildet den Schluss des postum
zusammengestellten und herausgegebenen vierten Bandes von *Dichtung
und Wahrheit*. Wenn man will, kann man in der Lähmung, die Goethe in
den Tagen der Ungewissheit befallen hatte, während er darauf wartete, nach
Weimar abgeholt zu werden, eine gewisse Entscheidungsschwäche sehen. Sie
würde als Charaktereigenschaft nicht weiter interessieren, wenn sie nicht
symptomatisch wäre für das zeittypische Zögern, den Möglichkeitssinn
durch den Wirklichkeitssinn einzuzuengen, begrenzende Bestimmungen zu
treffen, die Gestaltung des Lebens in die eigene Hand zu nehmen, wie es
eigentlich erforderlich war. Das Schicksal des Vaters zeigte, dass es nicht

mehr genügte, vorgegebenen Lebensentwürfen zu folgen, und dass es unabdingbar war, eigene riskante Entscheidungen zu treffen. Goethe setzte gerne auf Schicksalszeichen, die ihm die Entscheidung abnehmen oder ihn zumindest hinsichtlich einer getroffenen, problematischen Entscheidung entlasten sollten. Auch für die seinen Entwicklungsgang begleitende Frage, ob seiner Neigung zur bildenden Kunst Zukunft und Erfolg beschieden sein würde, berichtet Goethe von einer solchen Orakelbefragung, und zwar in Form des Wurfs eines Messers bei einer Wanderung entlang der Lahn Richtung Bad Ems und Koblenz im September 1772:

> Ich wanderte auf dem rechten Ufer des Flusses, der in einiger Tiefe und Entfernung unter mir, von reichem Weidengebüsch zum Teil verdeckt, im Sonnenlicht hingleitete. Da stieg in mir der alte Wunsch wieder auf, solche Gegenstände würdig nachahmen zu können. Zufällig hatte ich ein schönes Taschenmesser in der linken Hand, und in dem Augenblicke trat aus dem tiefen Grunde der Seele gleichsam befehlshaberisch hervor: ich sollte dies Messer ungesäumt in den Fluß schleudern. Sähe ich es hineinfallen, so würde mein künstlerischer Wunsch erfüllt werden; würde aber das Eintauchen des Messers durch die überhängenden Weidenbüsche verdeckt, so sollte ich Wunsch und Bemühung fahren lassen. So schnell als diese Grille in mir aufstieg, war sie auch ausgeführt. Denn ohne auf die Brauchbarkeit des Messers zu sehn [...], schleuderte ich es mit der Linken, wie ich es hielt, gewaltsam nach dem Flusse hin. Aber auch hier mußte ich die trügliche Zweideutigkeit der Orakel, über die man sich im Altertum so bitter beklagt, erfahren. Des Messers Eintauchen in den Fluß ward mir durch die letzten Weidenzweige verborgen, aber das dem Sturz entgegenwirkende Wasser sprang wie eine starke Fontaine in die Höhe, und war mir vollkommen sichtbar. Ich legte diese Erscheinung nicht zu meinen Gunsten aus, und der durch sie in mir erregte Zweifel war in der Folge Schuld, daß ich diese Übungen unterbrochner und fahrlässiger anstellte, und dadurch selbst Anlaß gab, daß die Deutung des Orakels sich erfüllte. (FA I 14, S. 605 f.)

Auf Orakel ist kein Verlass, die Kontingenz des Lebensverlaufs ist nicht abzuweisen oder auf übergeordnete Instanzen abzuwälzen. Obwohl Goethe weiß, dass ihm die Entscheidung nicht abgenommen wird, führt der Verlust einer transzendenten Autorität, die das Leben bestimmt, nicht unmittelbar zur Nutzung der gewonnenen Freiheit, sondern zunächst, nicht zuletzt aus Überforderung, zur Lähmung. Erst in Weimar, wo er sich durch die übertragene politische und administrative Tätigkeit oft genug fremdbestimmt sah, versuchte er sich an einer entschlosseneren Gestaltung des eigenen

Lebenslaufs. Goethe wurde 1779 Mitglied im „Geheimen Consilium", war also Minister in der Regierung des Herzogtums. Am 7. August 1779 notierte der knapp Dreißigjährige folgende Lebensbilanz in sein Tagebuch:

> Zu Hause aufgeraumt meine Papiere durchgesehen und alle alten Schaalen verbrannt. Andre Zeiten andre Sorgen. Stiller Rückblick aufs Leben auf die Verworrenheit, Betriebsamkeit Wissbegierde der Jugend, wie sie überall herumschweift um etwas befriedigendes zu finden. Wie ich besonders in Geheimnissen, duncklen Imaginativen Verhaltnissen eine Wollust gefunden habe. Wie ich alles Wissenschafftliche nur halb angegriffen und bald wieder habe fahren lassen, wie eine Art von demütiger Selbstgefalligkeit durch alles geht was ich damals schrieb. Wie kurzsinnig in Menschlichen und göttlichen Dingen ich mich umgedreht habe. Wie des Thuns, auch des Zweckmäsigen Denkens und Dichtens so wenig, wie in zeitverderbender Empfindung und Schatten Leidenschafft gar viel Tage verthan, wie wenig mir davon zu Nuz kommen und da die Hälfte des Lebens nun vorüber ist, wie nun kein Weeg zurückgelegt sondern vielmehr ich nur dastehe wie einer der sich aus dem Wasser rettet und den die Sonne anfängt wohlthätig abzutrocknen. Die Zeit dass ich im Treiben der Welt bin seit 75 Oktbr. getrau ich noch nicht zu übersehen. Gott helfe weiter. und gebe Lichter dass wir uns nicht selbst soviel im Weege stehen. Lasse uns von Morgen zum Abend das gehörige thun und gebe uns klare Begriffe von den Folgen der Dinge. Dass man nicht sey wie Menschen die den ganzen Tag über Kopfweh klagen und gegen Kopfweh brauchen und alle Abend zu viel Wein zu sich nehmen. Möge die Idee des reinen die sich bis auf den Bissen erstreckt den ich in Mund nehme, immer lichter in mir werden. (GT I, S. 85–87)

Im folgenden Jahr, am 26. März 1780, führt Goethe diese Reflexionen fort:

> Manichfaltige Gedancken und überlegungen, das Leben ist so geknüpft und die Schicksaale so unvermeidlich. Wundersam! ich habe so manches gethan was ich ietzt nicht möchte gethan haben, und doch wenns nicht geschehen wäre, würde unentbehrliches Gute nicht entstanden seyn: Es ist als ob ein Genius oft unser *Hegemonikon* [das innere leitende Prinzip; B. H.] verdunckelte Damit wir zu unsrem und andrer Vortheil Fehler machen.
> war eingehüllt den ganzen Tag und konnte denen vielen Sachen die auf mich drücken weniger widerstehn. Ich muss den Cirkel der sich in mir umdreht, von guten und bößen Tagen näher bemercken, Leidenschafften, Anhänglichkeit Trieb dies oder iens zu thun. Erfindung, Ausführung Ordnung alles wechselt, und hält einen regelmäsigen Kreis. Heiterkeit, Trübe, Stärcke, Elastizität, Schwäche, Gelassenheit, Begier eben so. Da ich sehr diat lebe wird der Gang nicht gestört und ich muss heraus kriegen in welcher Zeit und Ordnung ich mich um mich selbst bewege. (GT I, S. 107)

Wiederum ein halbes Jahr später, im selben Brief an Lavater vom 20. September 1780, in dem das Diktum „Individuum est ineffabile" fällt, wird das Programm der Selbsterziehung weitergeführt:

> Das Tagewerck das mir aufgetragen ist, das mir täglich leichter und schweerer wird, erfordert wachend und träumend meine Gegenwart diese Pflicht wird mir täglich theurer, und darinn wünscht ich's den grössten Menschen gleich zu thun, und in nichts *grösserm*. Diese Begierde, die Pyramide meines Daseyns, deren Basis mir angegeben und gegründet ist, so hoch als möglich in die Lufft zu spizzen, überwiegt alles andre und lässt kaum Augenblickliches Vergessen zu. Ich darf mich nicht säumen, ich bin schon weit in Jahren vor, und vielleicht bricht mich das Schicksaal in der Mitte, und der Babilonische Thurn bleibt stumpf unvollendet. Wenigstens soll man sagen es war kühn entworfen und wenn ich lebe, sollen wills Gott die Kräffte bis hinauf reichen. (FA II 2, S. 299)

1782 erfolgte Goethes Nobilitierung durch den österreichischen Kaiser Joseph II. und die Übernahme des Weimarer Kammerpräsidiums, womit der Gipfel der bürgerlichen Gesellschaftspyramide im Herzogtum erreicht war. Der Brief an seinen Freund Knebel vom 21. November 1782 fasst Problematik und Programm der Individualitätsentwicklung zusammen:

> Ich sehe fast niemand, ausser wer mich in Geschäfften zu sprechen hat, ich habe mein politisches und gesellschafftliches Leben ganz von meinem moralischen und poetischen getrennt (äusserlich versteht sich) und so befinde ich mich am besten. […]
> Und so fange ich an mir selber wieder zu leben, und mich wieder zu erkennen. Der Wahn, die schönen Körner die in meinem und meiner Freunde daseyn reifen, müssten auf diesem Boden gesät, und iene himmlischen Juwelen könnten in die irdischen Kronen dieser Fürsten gefaßt werden, hat mich ganz verlassen und ich finde mein iugendliches Glück wiederhergestellt. Wie ich mir in meinem Väterlichen Hause nicht einfallen lies die Erscheinungen der Geister und die iuristische Praxin zu verbinden eben so getrennt laß ich iezt den Geheimderath und mein andres selbst, ohne das ein Geh. R. sehr gut bestehen kann. Nur im innersten meiner Plane und Vorsäze, und Unternehmungen bleib ich mir geheimnißvoll selbst getreu und knüpfe so wieder mein gesellschafftliches, politisches, moralisches und poetisches Leben in einen verborgenen Knoten zusammen. (FA II 2, S. 460)

1779/80 richtete sich die Hoffnung noch nach außen bzw. nach oben, zu Gott als maßgeblicher Instanz. Das hat sich 1782 grundlegend geändert, und damit wird die Lebensproblematik, die im Alter von rund 30 Jahren durchaus Züge

einer ‚midlife crisis‘ trägt, zur typisch modernen. Gegen die Gefahren eines
Doppellebens und der Dissoziierung des Subjekts wird nun die Instanz des
‚Innersten‘ beschworen, das als Kern die Persönlichkeit zusammenhalten und
das moderne Rollenmanagement ausbalancieren soll. Dazu bedarf das Subjekt jedoch nach wie vor einer äußeren Instanz als Gegenhalt. Von Gott ist
nicht mehr die Rede, die Religion hat für Goethe ihre traditionelle Verbindlichkeit verloren. Ein solcher Gegenhalt war früher auch der gesellschaftliche
Stand gewesen, dessen fest gefügte Verhaltensprogramme nun keine Orientierung mehr gewährten und sich schon für Goethes Vater als zu unflexibel erwiesen hatten. Da das Innere prinzipiell alle gesellschaftlichen Funktionsbe-
reiche integrieren sollte, musste auch jene Instanz die Ganzheit repräsentieren
und durfte nicht nur partikular einem gesellschaftlichen Funktionsbereich
angehören. Solche Instanzen sind grundsätzlich die Liebe, die Natur und die
Kunst – auf einen dieser Bereiche ist das Handeln des modernen Menschen in
der Regel ausgerichtet, um die Sinnhaftigkeit seines Lebens dann zu verbür-
gen, wenn der beruflich, gesellschaftlich oder religiös erzeugte Sinn für ein
erfülltes Leben nicht ausreicht. Daher geht es für das moderne Subjekt auch in
scheinbar alltäglichen gesellschaftlichen Vollzügen rasch ums Ganze, und
Goethe ist insofern repräsentativ, als er diesen modernen Zug und Zwang zur
Ganzheit nicht etwa nur selbst in seinem Leben erfahren, sondern vor allem
in seinem literarischen Werk paradigmatisch gestaltet hat. Natur, Kunst und
Liebe (in dieser Reihenfolge) sind dann auch die Bereiche, in denen Werther
in dem in dieser Hinsicht ersten modernen deutschsprachigen Roman Halt
sucht – und schließlich eben nicht findet. Aber auch biographisch sind diese
Bereiche bei Goethe auszumachen, wobei nicht zufällig ungefähr 1782, als die
Spitze der bürgerlichen Karriereleiter erreicht ist, die naturwissenschaftliche
Tätigkeit einsetzt. Goethes Naturwissenschaft ist in den kommenden Jahren
immer als ein solches Krisensymptom zu sehen, als Versuch, sich der als notwendig erachteten Ganzheitskorrespondenz auf dem Weg über die Natur zu
versichern, wenn dies als Liebender oder als Künstler nicht möglich war.

„Geprägte Form"?

Der Drang zur Ganzheit war also ein Versuch, die unhintergehbare Kontingenz der modernen Welt, die Zufälligkeit des Lebens zu bewältigen. Auf dieser Grundlage ist auch Goethes autobiographisches Projekt noch einmal in

seiner Grundkonzeption in den Blick zu nehmen. Zunächst zeigt sich die Bedeutung von Schicksalszeichen und Orakelbefragungen am konzeptionellen Design von *Dichtung und Wahrheit*. Das erste Buch beginnt nach dem oben ausführlich zitierten Vorwort mit der astrologischen Konstellation bei der Geburt, die leicht ironisch gezeichnet ist (dass die Sonne in der Mittagsstunde ihren höchsten Punkt erreicht, versteht sich von selbst). Es bleibt in der Schwebe, wie sehr das Leben dadurch determiniert wird:

> Am 28. August 1749, Mittags mit dem Glockenschlage zwölf, kam ich in *Frankfurt am Main* auf die Welt. Die Konstellation war glücklich; die Sonne stand im Zeichen der Jungfrau, und kulminierte für den Tag; Jupiter und Venus blickten sie freundlich an, Merkur nicht widerwärtig; Saturn und Mars verhielten sich gleichgültig: nur der Mond, der so eben voll ward, übte die Kraft seines Gegenscheins um so mehr, als zugleich seine Planetenstunde eingetreten war. Er widersetzte sich daher meiner Geburt, die nicht eher erfolgen konnte, als bis diese Stunde vorübergegangen. (FA I 14, S. 15)

Das Ende der Darstellung ist offen. Goethe hat bis fast an sein Lebensende am vierten Teil von *Dichtung und Wahrheit* gearbeitet, der aber erst durch Eckermann zu einem notdürftigen Ende gebracht und aus dem Nachlass ediert wurde. Das 20. und letzte Buch endet, wie bereits erwähnt, mit dem Aufbruch nach Weimar und einem Schicksalsanruf, einem Selbstzitat aus dem Drama *Egmont*: „Kind, Kind! nicht weiter! Wie von unsichtbaren Geistern gepeitscht gehen die Sonnenpferde der Zeit mit unsers Schicksals leichtem Wagen durch, und uns bleibt nichts, als mutig gefaßt, die Zügel festzuhalten, und bald rechts, bald links, vom Steine hier, vom Sturze da die Räder abzulenken. Wohin es geht, wer weiß es? Erinnert er sich doch kaum, woher er kam." (FA I 14, S. 852)

Mit dieser geschickt hergestellten Rahmung und der zukunftsgewissen, herausfordernden Vorausdeutung am Schluss wird kaschiert, dass das autobiographische Gesamtprojekt Goethes gescheitert ist. Intendiert war nämlich etwas ganz anderes als das, was nun mit *Dichtung und Wahrheit* vorliegt. Auskunft und Rechenschaft darüber wollte Goethe in einer im Sommer 1813 entstandenen Vorrede zum dritten Teil liefern, die er jedoch unterdrückte und nicht veröffentlichte:

> Ehe ich diese nunmehr vorliegenden drei Bände zu schreiben anfing, dachte ich sie nach jenen Gesetzen zu bilden, wovon uns die Metamorphose der Pflanzen belehrt. In dem ersten sollte das Kind nach allen Seiten zarte Wurzeln treiben und nur wenig Keimblätter entwickeln. In zweiten der Knabe

mit lebhafterem Grün stufenweis mannigfaltiger gebildete Zweige treiben,
und dieser belebte Stengel sollte nun im dritten Bande ähren- und rispen-
weis zur Blüte hineilen und den hoffnungsvollen Jüngling darstellen.
Freilich ist es Gartenfreunden wohl bekannt, daß eine Pflanze nicht in
jedem Boden, ja in demselben Boden nicht jeden Sommer gleich gedeiht,
und die angewendete Mühe nicht immer reichlich belohnt; und so hätte
denn auch diese Darstellung, mehrere Jahre früher, oder zu einer günstigern
Zeit unternommen, eine frischere und frohere Gestalt gewinnen mögen. Sie
ist aber nun, wie es jedem Gewordenen begegnet, in ihre Begrenzung eingeschlossen, sie ist von ihrem individuellen Zustand umschrieben, von dem
sich nichts hinzu noch hinweg tun läßt und ich wünsche, daß dieses Werk,
eine Ausgeburt mehr der Notwendigkeit als der Wahl, meine Leser einigermaßen erfreuen und ihnen nützlich sein möge. Diesen Wunsch tue ich um
so angelegentlicher, als ich mich für eine Zeitlang von ihnen beurlaube:
den[n] in der nächsten Epoche zu der ich schreiten müßte fallen die Blüten
ab, nicht alle Kronen setzen Frucht an und diese selbst, wo sie sich findet, ist
unscheinbar, schwillt langsam und die Reife zaudert. Ja wie viele Früchte
fallen schon vor der Reife durch mancherlei Zufälligkeiten, und der Genuß,
den man schon in der Hand zu haben glaubt, wird vereitelt. (FA I 14, S. 971 f.)

Inwiefern Goethe dieses Scheitern fruchtbar machen konnte, wird noch zu
zeigen sein. Einen Extrakt des ursprünglichen Unternehmens, nämlich das
Programm der Individualitätsentfaltung, wie es dann in der Autobiographie
nicht realisiert werden konnte, lieferte Goethe aus der Perspektive seines
Spätwerks in dem aus fünf Stanzen (einer feierlich-strengen italienischen
Strophenform) bestehenden Gedichtzyklus *Urworte. Orphisch*. Er kann nicht
nur als abstrahierender Kommentar zu den autobiographischen Schriften
und als eine Art Bildungsroman *in nuce* gelesen werden. Denn die damit vorgenommene Besinnung auf letzte und allgemeinste Prinzipien, die sich in der
Gestaltung von menschlichem Leben auswirken, liefert gewissermaßen die
Software der Biographiemaschine. Der Denk- und Kategorienfehler, der in
der Goethe-Rezeption immer wieder begangen wurde und wird, besteht darin, dass das offene Ende selbst dieses idealtypischen Modells allzu einseitig
auf das Gelingen hin gelesen wurde. Hätte Goethe einen solchen Ideallebens-
lauf führen können, wie er ihn hier skizziert, so wäre er der vollendete
Mensch, als den ihn viele ältere Darstellungen erscheinen lassen, für heutige
Leserinnen und Leser aber nur noch von historischem Interesse und nicht
mehr mit der eigenen Lebens- und Lesegegenwart zu vermitteln.
    Die *Urworte* sind 1817 entstanden, wurden von Goethe im zweiten Heft
seiner Zeitschrift *Zur Morphologie* 1820 erstmals veröffentlicht und noch im

selben Jahr in *Über Kunst und Alterthum* erneut publiziert und mit einem erläuternden Kommentar versehen. In Anspielung auf neuplatonische, vermeintlich orphische Schriften (nach Orpheus, dem griechischen Sänger), die auf eine monotheistische Urreligion verweisen sollten, liefern die Stanzen und mehr noch ihr Kommentar ein Programm des Umgangs mit solchen ‚Urworten'. Sie sind als griechische Überschriften (mit Übersetzung) über die Strophen gesetzt und werden in den folgenden Texten erläutert – das Modell einer Aufklärung und damit Entschärfung prophetischer Lehren: „einem klaren Sinne gemäß und einer reinen Erkenntniß übergeben" (FA I 20, S. 491 f.), wie Goethe eingangs seiner Erläuterungen schreibt. Diese Lehren werden nun auf die erfolgreiche Gestaltung eines Lebenslaufs bezogen, auf eine gelingende Individuation. Die erste, *Dämon* überschriebene Strophe variiert und verallgemeinert den astrologischen Eingang von *Dichtung und Wahrheit*:

> Wie an dem Tag der Dich der Welt verliehen
> Die Sonne stand zum Gruße der Planeten,
> Bist alsobald und fort und fort gediehen
> Nach dem Gesetz wonach Du angetreten.
> So mußt Du seyn, Dir kannst Du nicht entfliehen,
> So sagten schon Sybillen, so Propheten,
> Und keine Zeit und keine Macht zerstückelt
> Geprägte Form die lebend sich entwickelt.

Goethe erläutert:

> Der Dämon bedeutet hier die nothwendige, bey der Geburt unmittelbar ausgesprochene, begränzte Individualität der Person, das Charakteristische wodurch sich der Einzelne von jedem andern, bey noch so großer Aehnlichkeit unterscheidet. Diese Bestimmung schrieb man dem einwirkenden Gestirn zu […]. Hiervon sollte nun auch das künftige Schicksal des Menschen ausgehen, und man möchte, jenes erste zugebend, gar wohl gestehen daß angeborne Kraft und Eigenheit mehr als alles Uebrige des Menschen Schicksal bestimme." (FA I 20, S. 492)

Was dann weiter das „nur aus sich selbst zu entwicklende Wesen" genannt wird (FA I 20, S. 493), wird also doch einer höheren Einwirkung zugeschrieben, gegen die das Individuum machtlos ist, wenn es die Konstellation nicht erzählerisch korrigiert. Was angeblich seine unverwechselbar eigene Form ist und nur aus ihm selbst kommt, verdankt sich der Determination durch eine transzendente Einwirkung, verbildlicht in der Planetenkonstellation bei der Geburt, den „unendlich mannigfaltigen Bewegungen und Beziehungen der Himmelskörper, unter sich selbst und zu der Erde" (FA I 20, S. 492). So ist es denn nicht nur *Tyche, das Zufällige* (wie die zweite Strophe lautet), was für die unabweisbare Kontingenz des Lebenslaufs verantwortlich ist, sondern ebenso die in der Geburtsstunde begründete Zufälligkeit der Individualität selbst.

„Tyche" wird nun insbesondere mit der Erziehung identifiziert, was einen aufschlussreichen Rückbezug auf das Motto von *Dichtung und Wahrheit* herstellt, das von dem antiken Komödiendichter Menander stammt und wörtlich übersetzt lautet: „Der nicht geschundene Mensch wird nicht erzogen."

In der dritten, von *Eros*, der *Liebe*, handelnden Strophe sollen sich nun „der individuelle Dämon und die verführende Tyche mit einander" verbinden (FA I 20, S. 494), wodurch das Individuum vollends die Kontrolle verliere: „der Mensch scheint nur sich zu gehorchen, sein eigenes Wollen walten zu lassen, seinem Triebe zu fröhnen, und doch sind es Zufälligkeiten die sich unterschieben, Fremdartiges was ihn von seinem Wege ablenkt; er glaubt zu erhaschen und wird gefangen, er glaubt gewonnen zu haben und ist schon verloren. [...] hier ist keine Gränze des Irrens: denn der Weg ist ein Irrthum." (FA I 20, S. 494 f.) Als Steuerungsinstrumente werden in der Erläuterung Ehe und Familie eingeführt. Durch sie soll freie Selbstbestimmung möglich, hier sollen Sicherungsorgane gegen die Unordnung der Liebe gefunden sein: „Alle Theile sehen sich durch die bündigsten Contracte, durch die möglichsten Oeffentlichkeiten vor, daß ja das Ganze in keinem kleinsten Theil durch Wankelmuth und Willkühr gefährdet werde." (FA I 20, S. 496) Die vierte Strophe, *Ananke, Nöthigung*, spricht hingegen illusionslos von einer umfassenden und totalen Determination, einer völligen Fremdbestimmung des Lebenslaufs:

> Da ist's denn wieder wie die Sterne wollten:
> Bedingung und Gesetz und aller Wille
> Ist nur ein Wollen, weil wir eben sollten,
> Und vor dem Willen schweigt die Willkühr stille;
> Das Liebste wird vom Herzen weggescholten,
> Dem harten Muß bequemt sich Will und Grille.
> So sind wir scheinfrey denn, nach manchen Jahren,
> Nur enger dran als wir am Anfang waren. (FA I 20, S. 496)

Dass „solcher Grenze, solcher ehrnen Mauer / Höchst widerwärtge Pforte wird entriegelt" (FA I 20, S. 497), ist nur die abschließende, nicht mehr kommentierte *Hoffnung* (*Elpis*) des Textes – diese letzte Strophe hat keinen Kommentar mehr. Die Probe aufs Exempel dieser bloßen Behauptung wird der einzelne Lebenslauf erbringen müssen. In der die Nötigung übersteigenden Hoffnung wird man sicherlich einen Schlüssel für Goethes Produktivität erblicken können, allerdings verdeckt die Fixierung auf das Gelingen gewissermaßen die Folgekosten der Modernisierung, mit denen dieses Gelingen bezahlt werden muss. Diese Folgekosten bestanden für Goethe darin, dass er die Software der Biographiemaschine austauschen, seine Lebensentwürfe immer wieder neu und umschreiben musste.

Goethe tat jedoch das Seinige, dies zu vertuschen und der stereotypen Legendenbildung über sein Leben Vorschub zu leisten. In seiner Gedichtsammlung von 1827 finden sich unter den *Zahmen Xenien* folgende Verse:

> Vom Vater hab' ich die Statur,
> Des Lebens ernstes Führen,
> Von Mütterchen die Frohnatur
> Und Lust zu fabulieren.
> Urahnherr war der Schönsten hold,
> Das spukt so hin und wieder,
> Urahnfrau liebte Schmuck und Gold,
> Das zuckt wohl durch die Glieder.
> Sind nun die Elemente nicht
> Aus dem Complex zu trennen,
> Was ist denn an dem ganzen Wicht
> Original zu nennen? (FA I 2, S. 682)

Die Goethe-Forschung stand nicht an, dem Autor die Antwort postum hinterherzurufen: „das Sittliche, das Poetische, das Erotische und das Künstlerische" seien Goethe original zu eigen.[5] Unter der scheinbar so modernen Frage, welche Anteile der Persönlichkeit nicht durch Vererbung determiniert sind, schauen alte Klischees hervor, in die sich auch die zitierte Antwort verstrickt. Denn wenn man sie auf die Verse zurückbezieht, erweist sich keiner dieser Bereiche als „original": Das Sittliche soll vom Vater, das Poetische von der Mutter, das Erotische vom ‚Urahnherrn' und das Künstlerische von der ‚Urahnfrau' ererbt sein. Damit aber werden Stereotype über die vermeintlichen Persönlichkeits- und Charakterunterschiede von Mann und Frau fortgeschrieben.

---

[5] So Karl Eibl im Kommentar der FA (I 2, S. 1198) unter Rekurs auf Otto Pniower: Vier Spruchgedichte Goethes. In: Deutsche Rundschau 178 (1919), S. 223–232.

Das Individuum also – nichts als ein Bündel von Klischees? Nur aus Vorurteilen bestehend, in keinem einzigen seiner Elemente einzigartig, sondern allenfalls noch in der spezifischen Mischung der ererbten Partikeln? Sosehr das Individuum Goethe schon durch seine eigene Legendenbildung in seinem Kern unkenntlich ist, so repräsentativ ist es auch darin, dass es unter anderem Anlass gibt, über die noch in der gegenwärtigen Kultur umlaufenden Vorstellungen über geschlechtsspezifische Anteile an der Persönlichkeitsentwicklung nachzudenken.

4
Krisen- und Katastrophenmanagement
des modernen Lebens

Das Gelingen von Goethes Leben war weder durch einen angeborenen „Dämon" noch durch ererbte Eigenschaften garantiert, sondern musste – individuelle Anlagen hin, Vererbung her – durch ein ständiges Krisen- und Katastrophenmanagement erschrieben werden. Die längs und quer zwischen den Werken und Zeiten laufenden Fäden können bei einem rein chronologischen Vorgehen nicht angemessen in den Blick kommen. Das krisenhafteste überpersönliche Ereignis in Goethes Leben war sicherlich die Französische Revolution, die genau in die Mitte seines Lebens fiel. Historische und persönliche Krise trafen zusammen, als Goethe seinen Landesfürsten, Herzog Carl August, beim Rheinfeldzug der Koalitionstruppen gegen die französische Revolutionsarmee 1792 begleiten musste. Er wäre lieber bei seiner Lebensgefährtin Christiane Vulpius und seinem noch nicht dreijährigen Sohn August geblieben. Seine Aufgabe war sehr unklar, denn als Kriegsberichterstatter fungierte er nicht, man muss ihn letztlich als Schlachtenbummler bezeichnen.[1]

Am 15. Oktober 1792 hielt sich Goethe während seiner Teilnahme am Feldzug in der Festung Luxemburg auf. Fast dreißig Jahre später gab er in der *Campagne in Frankreich* davon Bericht und versuchte, den Leserinnen und Lesern, die noch nie in Luxemburg waren, die Stadt zu erklären:

> Wer Luxemburg nicht gesehen hat wird sich keine Vorstellung von diesem an und über einander gefügten Kriegsgebäude machen. Die Einbildungskraft verwirrt sich wenn man die seltsame Mannigfaltigkeit wieder hervorrufen will, mit der sich das Auge des hin- und hergehenden Wanderers kaum befreunden konnte. Plan und Grundriß vor sich zu nehmen wird nötig sein, Nachstehendes nur einigermaßen verständlich zu finden. (FA I 16, S. 484)

---

[1] Vgl. Klaus-Detlef Müller: „Auch ich in der Champagne" – und im republikanischen Mainz. Goethe als Schlachtenbummler in den Revolutionskriegen. In: Goethe-Jahrbuch 120 (2003), S. 100–110.

Was aber ist nach Goethes Ansicht so verwirrend?

> Auf dem linken Ufer liegt hoch und flach die alte Stadt; sie, mit ihren Festungswerken nach dem offenen Lande zu, ist andern befestigten Städten ähnlich. Als man nun für die Sicherheit derselben nach Westen Sorge getragen, sah man wohl ein daß man sich auch gegen die Tiefe wo das Wasser fließt zu verwahren habe; bei zunehmender Kriegskunst war auch das nicht hinreichend, man mußte, auf dem rechten Ufer des Gewässers, nach Süden, Osten und Norden, auf ein- und ausspringenden Winkeln unregelmäßiger Felspartien neue Schanzen vorschieben, nötig immer eine zur Beschützung der andern. Hieraus entstand nun eine Verkettung unübersehbarer Bastionen, Redouten, halber Monde und solches Zangen- und Krakelwerk als nur die Verteidigungskunst im seltsamsten Falle zu leisten vermochte. (FA I 16, S. 484)

„Nichts" könne „einen wunderlichern Anblick gewähren", und Goethe resümierte: „Hier findet sich soviel Größe und Anmut, so viel Ernst mit Lieblichkeit verbunden, daß wohl zu wünschen wäre Poussin hätte sein herrliches Talent in solchen Räumen betätigt." (FA I 16, S. 485)

„Plan und Grundriß", die Goethe für nötig hielt, lieferte er zwar nicht mit, doch lassen sie sich durch eine These ersetzen: Die Beschreibung der wunderlichen Anlage Luxemburgs vermag eine andere, nicht minder wunderliche Anlage verständlich zu machen. Die Beschreibung Luxemburgs in der *Campagne in Frankreich* lässt sich als Charakteristik des Goethe'schen Gesamtwerks und seiner Textstrategien lesen. Auch von den im Laufe seines Lebens errichteten Bücherfestungen kann man ohne Plan kaum eine zureichende Anschauung gewinnen, wie Goethe selbst im Vorwort zu *Dichtung und Wahrheit* zugegeben hatte. Die Aufgabe der Autobiographie sollte es sein, wie bei der Beschreibung der Festung Luxemburg zu zeigen, welche Teile wann zu welchem Zweck entstanden sind, um die verwirrende Synchronie durch eine diachronische Erklärung zu erhellen. Die komplizierte Entstehungsgeschichte von Goethes autobiographischem Projekt *Aus meinem Leben*, für das *Dichtung und Wahrheit* nur den ersten Teil bilden sollte, spiegelt indes selbst die verwirrende Situation wider, die es doch klären sollte. In seiner letzten Werkausgabe, der „Ausgabe letzter Hand", tilgte Goethe bei den autobiographischen Schriften *Italienische Reise* und *Campagne in Frankreich* den Gesamttitel *Aus meinem Leben*, so dass nunmehr erst recht einzeln vor die Leserschaft trat, was ursprünglich zusammengehörte.

Diese auf den ersten Blick verwirrende, zumindest aber unübersichtliche

Werkstruktur ist *en miniature* in der Beschreibung Luxemburgs angelegt. Dies gilt besonders für den Umstand, dass es sich bei Luxemburg um eine Festung handelt, die nicht nach einem feststehenden Konzept erbaut wurde, sondern deren Entstehung auf jeweils aktuelle Gefährdungslagen und Bedrohungen von unterschiedlichen Seiten reagierte. Das Ergebnis kann offenbar den kriegerischen Entstehungskontext vergessen machen, wenn Größe und Anmut, Ernst und Lieblichkeit verbunden scheinen und das Gesamtbild als ideales Sujet für den barock-klassizistischen Maler Nicolas Poussin beschrieben wird. Ganz ähnlich wie mit der Luxemburger Festung verhält es sich mit Goethes Werk, über dessen vermeintlich klassischer Harmonie die agonale Struktur nur selten bemerkt wurde. Nur wenige Interpreten haben das so scharf gesehen wie Richard M. Meyer, der mit passender militärischer Metaphorik davon gesprochen hat, dass das „Ich" bei Goethe „in Wirklichkeit ein ‚Regiment' von Einzelzuständen" sei, und sich als Reaktion zur „Nothwehr" gezwungen sah.[2] Aus solcher Notwehr heraus ist auch Goethes Werk zu großen Teilen entstanden, als Reaktion auf Gefährdungen, die sich auf zwei große Komplexe beziehen lassen: Naturkatastrophen und Revolutionen, sprachlich in eins gefasst im Bild des Erdbebens.

Die Darstellung des Erdbebens von Lissabon 1755 bildet im ersten Buch von *Dichtung und Wahrheit* das Paradigma und die Urszene für Goethes Strategien des Katastrophenmanagements,[3] für seinen narrativen Festungsbau gewissermaßen. „Durch ein außerordentliches Weltereignis wurde [...] die Gemütsruhe des Knaben zum ersten Mal im Tiefsten erschüttert" (FA I 14, S. 36) – so setzt die Darstellung ein, die als eines der prominentesten Rezeptionszeugnisse des Lissaboner Erdbebens immer wieder zitiert wird, wobei ziemlich einmalig sein dürfte, dass dem Zeugnis eines sechsjährigen Kindes so großes Gewicht in der abendländischen Kulturgeschichte beigemessen wird. Es hat seinen guten Sinn, wenn hier vom „Knaben" in der dritten Person die Rede ist. Oft wurde der Abstand von über einem halben Jahrhundert zwischen dem Ereignis und der Niederschrift 1811 übersprungen und die Darstellung des über Sechzigjährigen als authentisches Erleben des Sechsjäh-

---

[2] Meyer: Die Sprache und ihr Richter, S. 92.
[3] Zum Folgenden vgl. meinen Aufsatz: Strategien narrativen Katastrophenmanagements. Goethe und die ‚Erfindung' des Erdbebens von Lissabon. In: Das Erdbeben von Lissabon und der Katastrophendiskurs im 18. Jahrhundert. Hrsg. von Gerhard Lauer und Thorsten Unger. Göttingen 2008, S. 162–172.

rigen genommen. Nicht nur der zeitliche Abstand ist immens. Die Distanzierung des Autobiographen beginnt schon damit, dass er eigens für diese Episode in die dritte Person wechselt, wenn er von seiner Kindheit spricht. Davor und danach schreibt er von sich in der ersten Person, häufig im Plural, wenn es um gemeinschaftliche Erlebnisse der Kinder geht, aber auch schon im Singular. Grund genug also, die erzählerische Distanzierungsleistung genauer in den Blick zu nehmen. Bei der Darstellung des Autobiographen Goethe handelt es sich um eine späte Inszenierung des Lissaboner Erdbebens als Kulturschock und Zivilisationsbruch, es handelt sich um eine konstruierte Urszene. Das Erdbeben als Verlust kultureller Unschuld ist eine ‚Erfindung' (nicht nur, aber auch) Goethes, mit der er eine Bewältigungsstrategie für ähnlich gelagerte Erfahrungen erprobte. Da er für seine Deutung des Ereignisses zum Zeitpunkt der Darstellung bereits auf einen breiten Konsens im kulturellen Gedächtnis bauen konnte, trat deren Inszenierungscharakter selten ins Bewusstsein. Der zitierten Bemerkung über die Erschütterung der Gemütsruhe des Knaben geht die Schilderung des Umbaus von Goethes Frankfurter Elternhaus unmittelbar voraus. Dieser erscheint so gut gelungen, dass nur der notorische Ärger über die Handwerker den „gute[n] Humor" unterbrechen kann. Wären sie nicht gewesen, „so hätte man kein glücklicheres Leben denken können, zumal da manches Gute teils in der Familie selbst entsprang, teils ihr von außen zufloß" (FA I 14, S. 35).

Noch vor der viel zitierten Reaktion des Knaben auf die einlaufenden Nachrichten wird von den offiziellen Reaktionen berichtet: „Hierauf ließen es die Gottesfürchtigen nicht an Betrachtungen, die Philosophen nicht an Trostgründen, an Strafpredigten die Geistlichkeit nicht fehlen." (FA I 14, S. 36) (Man beachte die feinsinnige Unterscheidung zwischen „Gottesfürchtigen" und „Geistlichkeit".) Der Autobiograph gibt sich mit diesen institutionellen Bewältigungsmustern nicht weiter ab. Er empfindet sie als unzureichend und deutet die Katastrophe als persönliche Erschütterung, die im Rahmen der Autobiographie nur erzählerisch, nicht durch diskursive Schemata bewältigt werden kann. Aus dem zeitgenössischen Erleben selbst heraus soll die Bewältigung nicht gelungen sein, wie er zu verstehen gibt:

> Der Knabe [...] war nicht wenig betroffen. Gott, der Schöpfer und Erhalter
> Himmels und der Erden, den ihm die Erklärung des ersten Glaubens-Artikels so weise und gnädig vorstellte, hatte sich, indem er die Gerechten mit
> den Ungerechten gleichem Verderben preis gab, keineswegs väterlich bewiesen. Vergebens suchte das junge Gemüt sich gegen diese Eindrücke herzu-

stellen, welches überhaupt um so weniger möglich war, als die Weisen und Schriftgelehrten selbst sich über die Art, wie man ein solches Phänomen anzusehen habe, nicht vereinigen konnten. (FA I 14, S. 37)

Es wird eine Urszene der Erschütterung des einheitlichen christlichen Weltbildes erzählt. Vorerst jedoch ändert sich beim Knaben noch nicht das gesamte Weltbild mit dem Zusammenhang von physischer und moralischer Welt, sondern lediglich das Gottesbild. Gott ist nicht mehr weise und gnädig, sondern zornig, denn, wie es im Text sofort danach heißt: „Der folgende Sommer gab eine nähere Gelegenheit, den zornigen Gott, von dem das alte Testament so viel überliefert, unmittelbar kennen zu lernen." Obwohl – oder gerade weil – bei der folgenden Episode vom Erdbeben gar nicht mehr die Rede ist, handelt es sich um eine Schlüsselstelle, in der auf engstem Raum ein weitreichendes Bewältigungsmodell für metaphysische Erschütterungen erprobt wird: Auf das epochale Erdbeben folgt ein banales, wenn auch ungewöhnlich heftiges Gewitter. Beide Naturereignisse werden dadurch parallelisiert, dass sie gemeinsam zum alttestamentlichen Gott in Beziehung gesetzt werden:

Unversehens brach ein Hagelwetter herein und schlug die neuen Spiegelscheiben der gegen Abend gelegenen Hinterseite des Hauses unter Donner und Blitzen auf das gewaltsamste zusammen, beschädigte die neuen Möbeln, verderbte einige schätzbare Bücher und sonst werte Dinge, und war für die Kinder um so fürchterlicher, als das ganz außer sich gesetzte Hausgesinde sie in einen dunklen Gang mit fortriß, und dort auf den Knieen liegend durch schreckliches Geheul und Geschrei die erzürnte Gottheit zu versöhnen glaubte; indessen der Vater ganz allein gefaßt, die Fensterflügel aufriß und aushob; wodurch er zwar manche Scheiben rettete, aber auch dem auf den Hagel folgenden Regenguß einen desto offnern Weg bereitete, so daß man sich, nach endlicher Erholung, auf den Vorsälen und Treppen von flutendem und rinnendem Wasser umgeben sah. (FA I 14, S. 37)

Der Hagel bringt Schrecken und Zerstörung. Durch die Parallelisierung der Darstellung ist der Hagel fast so schrecklich wie ein Erdbeben, ja schrecklicher, denn Lissabon ist weit. Es wird suggeriert, dass man einem Erdbeben und einem „Hagelwetter" in gleicher Weise unterliegen, sich aber auch in gleicher Weise davor schützen könne: Ersteres – das Entsetzen, das Geheul, das Jammergeschrei gegen Gott – ist Sache des Hausgesindes und der Kinder, letzteres – die Gegenmaßnahmen – die Sache des Vaters, an dessen Reaktion Leistung und Grenzen des Aufklärers angesichts von

Naturkatastrophen deutlich werden. Er vergeudet keine Zeit mit dem sinnlosen Anrufen einer menschlichen Einwirkungen nicht zugänglichen Gottheit, sondern ist um Schadensbegrenzung bemüht, indem er die neuen Scheiben vor der Zerstörung rettet. Sie stehen durchaus emblematisch für die Aufklärung, da sie das Licht in das Haus gelassen haben. Sein pragmatisches Handeln ist aber insofern nicht ohne die Signatur der Vergeblichkeit, als es zwar an einer Stelle Schaden verhindert, dafür jedoch an anderer Stelle umso größeren Schaden zeitigt, durch den Regen nämlich, der erst aufgrund der vermeintlich rettenden Tat für Zerstörung sorgen kann. Immerhin: Andernfalls wären vermutlich sowohl die Scheiben zerschlagen als auch die Einrichtung durch das Wasser beschädigt worden. Erfolgreicher noch als dieses Handeln ist die autobiographische Erzählstrategie der Schadensbewältigung, denn der Bericht fährt fort: „Solche Vorfälle, wie störend sie auch im Ganzen waren, unterbrachen doch nur wenig den Gang und die Folge des Unterrichts, den der Vater selbst uns Kindern zu geben sich einmal vorgenommen." (FA I 14, S. 37 f.) Was zunächst einen Bruch des christlichen Weltbildes bedeutete – die Herausforderung durch eine Naturgewalt, die sich nicht mehr moralisch vermitteln ließ –, ist nun zwar lästig, kann aber den Unterricht der Kinder und damit den Fortgang der Aufklärung nicht ernsthaft behindern. Was dem ‚jungen Gemüt' des Sechsjährigen nicht gelungen sein soll, dem über sechzigjährigen Autobiographen gelingt es: „sich gegen diese Eindrücke herzustellen". Der immense zeitliche Abstand dürfte dabei eine nicht unerhebliche Rolle spielen.

Insgesamt kam es darauf an, tragfähige Mechanismen zu entwickeln, um gewaltsame, zerstörerische Einbrüche in den Lebensverlauf und die Kultur als Ganzes zu verhindern, gleichsam die Scheiben der Immanenz gegen die Transzendenz abzudichten, in solchen Ereignissen also keine Einwirkung einer über- und außerirdischen Gottheit zu sehen. Das bevorzugte Bewältigungsverfahren stellt für Goethe die Naturwissenschaft bereit, und dabei kommt er auch zu wissenschaftlichen – oder aus heutiger Sicht pseudo-wissenschaftlichen – Rechtfertigungen des Übels. Schon in einem Brief vom 28. Dezember 1794 an Fritz Jacobi etwa kann er dem Erdbeben einen nützlichen Nebeneffekt abgewinnen. Er bezieht sich darauf, dass sein Schwager Schlosser seiner Tochter Louise verboten hatte, ihren Bräutigam Georg Heinrich Ludwig Nicolovius vor Beendigung des Krieges zu heiraten. Goethe kennzeichnet das Verbot als unwissenschaftlich, denn:

Wäre Schlosser ein Naturforscher so würde Nicolovius am Ziel seiner Wünsche seyn; denn es ist eine allgemeine Bemerckung daß die Prolification [Zeugung, Befruchtung; B. H.] nicht beßer gedeihe und gerathe als zu Zeiten des Erdbebens, eines Bombardements, oder irgend einer Stadt- oder Landkalamität und daß die unter solchen Aspeckten erzeugte Kinder an geist und körperlichen Gaben sich den Bastarden ziemlichermaaßen zu nähern pflegen." (FA II 4, S. 51)

Den „Bastarden" deswegen, weil sie als besonders intelligent und robust galten. Es geht darum, der Katastrophe durch wissenschaftliche Beobachtung einen nützlichen Nebeneffekt abzugewinnen. Überdies ist ‚Erdbeben' hier metaphorisch für den Krieg gebraucht, so dass das Katastrophenmanagement sich gegen natürliche wie geschichtliche Ereignisse gleichermaßen richtet. Wobei die von außen hereinbrechenden geschichtlichen Katastrophen – eben die Französische Revolution mit ihren tatsächlichen oder auch nur befürchteten Folgen in Deutschland – bald die eigentliche Herausforderung darstellen. Ziel ist die Herstellung einer konsistenten narrativen Struktur. Was aber im ersten Buch von *Dichtung und Wahrheit* noch gelingt, nämlich die Integration der Katastrophe in die Erzählung, gerät schon zwei Jahre später, 1813, in eine Krise. Nach der Niederlage Napoleons in Russland, die Goethe aufgrund seiner weitreichenden Identifikation mit dem Korsen als schicksalhaften Einbruch in die Sinnhaftigkeit der Individualitätsentfaltung empfand, unterbrach er die autobiographische Darstellung.[4]

Umso wichtiger war nach der Krise der Autobiographie das naturwissenschaftliche Krisenmanagement, wie es insbesondere in einem auf den 11. April 1821 datierten Schema greifbar ist, das in den Goethe-Ausgaben *Naturwissenschaftlicher Entwicklungsgang* betitelt wird. Goethe setzt zu einer neuen Erfolgsgeschichte an, indem er sich in den naturwissenschaftlich-technischen Fortschritt einschreibt, und wieder spielt das Erdbeben von Lissabon eine wichtige Rolle:

Schönes Glück die zweite Hälfte des vorigen Jahrhunderts durchlebt zu haben. Großer Vorteil gleichzeitig mit großen Entdeckungen gewesen zu sein. Man sieht sie an als Brüder Schwestern, Verwandte ja in sofern man selbst mitwirkt als Töchter und Söhne.

---

[4] Vgl. Harald Schnur: Identität und autobiographische Darstellung in Goethes *Dichtung und Wahrheit*. In: Jahrbuch des Freien Deutschen Hochstifts 1990, S. 28–93.

> Kurz vor meiner Geburt erregte die Elektrizität neues Interesse. [...]
> Erfindung der Wetterableiter.
> Freude der geängstigten Menschen darüber.
> Gestört durch das Erdbeben von Lissabon[.] (FA I 25, S. 49)

Damit werden die historischen Verhältnisse auf spektakuläre Weise auf den Kopf gestellt. Zwar wurden die ersten Blitzableiter kurz vor dem Lissaboner Erdbeben installiert (1752 durch Benjamin Franklin und 1754 durch den mährischen Prämonstratenser Prokop Divisch). Doch der Blitzableiter auf dem Pfarrhof des ‚theologus electricus‘ Divisch wurde während einer Dürreperiode 1755 nächtens zerstört, weil er im Verdacht stand, alle Elektrizität aus der Luft in die Erde zu leiten und so den Regen zu verhindern.[5] Es kann also keine Rede davon sein, dass sich die Menschen schon 1755 über den Blitzableiter gefreut hätten. Die erste Anlage in Deutschland wurde 1770 auf dem Turm der Hauptkirche St. Jakobi in Hamburg installiert, und bis zur allgemeinen Durchsetzung dauerte es noch längere Zeit. Das war Goethe natürlich bekannt. Durch die Umkehrung der Chronologie wird das Erdbeben von Lissabon in seiner Bedeutung von einer epochalen Katastrophe zu einem bloßen retardierenden Moment im Fortschrittsgang der Naturwissenschaften verkleinert. Indem aus der gegenüber der Niederschrift des ersten Buches von *Dichtung und Wahrheit* noch einmal um ein Jahrzehnt vergrößerten Distanz der Blitz als das Primärereignis erscheint, gegen das Naturwissenschaft und Technik in Stellung zu bringen sind, erscheint auch das Erdbeben implizit als beherrschbar. Dies gelang dadurch, dass in der zeitgenössischen Naturforschung Erdbeben und Elektrizität verbunden und Möglichkeiten denkbar wurden, Erdbeben ebenso wie Blitze abzuleiten. In dem nachgelassenen *Versuch einer Witterungslehre* von 1825 schreibt Goethe: „gar geneigt wären wir [...], das Erdbeben als entbundene tellurische Elektrizität [...] anzusehen, und solche mit den barometrischen Erscheinungen im Verhältnis zu denken." (FA I 25, S. 297) Zwar muss er gestehen, dass sich noch kein empirischer Beleg dafür gefunden habe. Mit den Stichworten ‚tellurisch‘ – das heißt so viel wie: die Erde betreffend – und ‚barometrisch‘ ist jedoch der rote Faden benannt, der sich durch alle Goethe'schen Strategien des Katastrophenmanagements hindurchzieht. So wie das Erdbeben von

---

[5] Vgl. Ernst Benz: Theologie der Elektrizität. Zur Begegnung und Auseinandersetzung von Theologie und Naturwissenschaft im 17. und 18. Jahrhundert. Mainz 1971, S. 36.

Abb. 1: Apokalyptische Naturvision. Zeichnung Goethes mit Bleistift und Feder, Januar/Februar 1807.

überirdischen Ursachen abgekoppelt und als rein innerweltliches Ereignis behandelt wird, so lehnt Goethe auch die Lehre extraterrestrischer Einflüsse auf das Klima ab: „die Witterungs-Erscheinungen auf der Erde halten wir weder für kosmisch noch planetarisch, sondern wir müssen sie nach unseren Prämissen für rein tellurisch erklären." (FA I 25, S. 276) Nur wenn keine überirdische Macht im Spiel ist, ist der Mensch den feindlichen Elementen ebenbürtig und kann den Kampf gegen sie aufnehmen:

> Insofern sich […] der Mensch den Besitz der Erde ergriffen und ihn zu erhalten Pflicht hat, muß er sich zum Widerstand bereiten und wachsam erhalten. Aber einzelne Vorsichtsmaßregeln sind keineswegs so wirksam als wenn man dem Regellosen das Gesetz entgegen zu stellen vermöchte, und hier hat uns die Natur aufs herrlichste vorgearbeitet und zwar indem sie ein gestaltetes Leben dem Gestaltlosen entgegen setzt.
> Die Elemente daher sind als kolossale Gegner zu betrachten, mit denen wir ewig zu kämpfen haben, und sie nur durch die höchste Kraft des Geistes, durch Mut und List, im einzelnen Fall bewältigen. (FA I 25, S. 295)

Diese gesuchte universelle Gesetzmäßigkeit, die dann auch die Vorhersage außergewöhnlicher oder gar katastrophischer Naturereignisse ermöglichen soll, ist Goethe zufolge am Barometer ablesbar, dessen Steigen und Fallen auf die wechselnde Anziehungskraft der Erde auf die Atmosphäre, auf ein pulsierendes „Aus- und Einatmen" (FA I 25, S. 278) der Erde reagiere. Dabei ist das Barometer ein für Goethes Wissenschaftsverständnis im Grunde höchst dubioses Instrument, da es etwas zu messen vorgibt, was den menschlichen Sinnen üblicherweise entzogen ist: den Luftdruck. Dass Goethe ausgerechnet auf dessen Messergebnissen ein Weltgesetz aufbaut, liegt an seiner Wetterfühligkeit. Das eigentliche und genaueste Barometer – das ist die Pointe dieser Auffassung – bildet nämlich Goethes eigener Körper, und daher ist die sinnliche Wahrnehmung des Weltgesetzes doch möglich. Auf dieser Basis lässt sich auch für die Individualität, deren autonome Entfaltung nicht mehr möglich ist, zumindest ein diagnostischer Sinn gewinnen. „Wenn wir in einem bessern Clima wohnten; so wäre viel anders, ich bin der dezidirteste Barometer der existirt." (WA IV 5, S. 99). So schreibt er bereits am 28. März 1781 an Charlotte von Stein, und vermutlich am selben Tag klagt er gegenüber Merck: „Das Clima ist abscheulich und ich bin ein bestimmtes Barometer." (WA IV 5, S. 100) Diese Sensibilität soll ihn nun angeblich auch zu seismischer Telepathie befähigen. Am 6. April 1783 schreibt er an Frau von Stein: „Heute Nacht sah ich ein Nordlicht in Südost, wenn nur nicht wieder ein Erbeben gewesen ist, denn es ist eine auserordentliche Erscheinung." (WA IV 6, S. 147) Das Erdbeben von Messina, auf das hier angespielt wird, ereignete sich vom 5. bis 7. Februar 1783, und einem von Johann Peter Eckermann unter dem Datum des 13. November 1823 mitgeteilten Bericht von Goethes damaligem Kammerdiener Sutor zufolge soll Goethe das Beben 1783 prophezeit haben (vgl. FA II 12, S. 71 f.).

Die Barometer-Metapher wird nach dem Abbruch von *Dichtung und Wahrheit* über das Erspüren seismischer Erschütterungen hinaus auch für den politischen Bereich verwendet, dessen Bewältigung in der Autobiographie nicht gelungen war. Nach Napoleons Rückkehr von Elba schreibt Goethe am 22. April 1815 an Knebel: „Freilich ist die Einwirkung jener großen politischen Atmosphären-Veränderung an jedem, selbst dem stillsten häuslichsten Barometer zu spüren, und eine völlig veränderte Weltansicht waltet in jedem Gemüte." Eine Prognose über die politische Wetterlage ist jedoch aufgrund des Barometerstandes nicht möglich: „Man weiß wahrlich nicht, woran man besser tut, ob sich über die Zustände aufzuklären, oder sich darüber zu verdüstern. Ja, beides will nicht gelingen: wer sollte sich die Kräfte, die jetzt wieder in Bewegung sind, und ihre Wirkungen klar machen können, und wer könnte jetzt im Dunkeln und Trüben verweilen, da jeder Tag die Wolken, die er bringt, wieder auseinander reißt?" (FA II 7, S. 429)

Goethes zitierte Skizze seines naturwissenschaftlichen Entwicklungs-
ganges bietet nach dem Abbruch von *Dichtung und Wahrheit* einen autobiographischen Alternativentwurf. Indem er sein autobiographisches Projekt
und seine naturwissenschaftlichen Forschungen programmatisch zusam-
menführt, erhält er die Möglichkeit, Wissenschaftsgeschichte als Autobiographie zu schreiben und umgekehrt. Hiervon wird noch zu reden sein. Bei
Goethes lebenslangem Bemühen darum, die bedrohliche Unübersichtlich-
keit der modernen Welt in eine konsistente erzählerische Struktur zu überführen, kann das Erdbeben von Lissabon integriert werden, die unter der
Erdbeben-Metapher gedeutete politische Geschichte letztlich nicht. Indem
jedoch die Barometer-Metapher wörtlich genommen wird, ist zumindest in
der Form des Körpers der Kern der Individualität als eine Art zentrale Messstation der Welt zurückgewonnen: „Der Mensch an sich selbst, insofern er
sich seiner gesunden Sinne bedient, ist der größte und genaueste physikalische Apparat, den es geben kann." (FA I 13, S. 166) Der Körper ist zentrale
Messstation der Welt oder Beobachterposten, der Ausschau hält, von wo
Gefahr droht und wie die Sinnhaftigkeit der Welt zu sichern ist. Damit
lässt sich die Geschichte des Individuums und seiner Werke zwar nicht –
wie die unterdrückte Vorrede zum dritten Buch von *Dichtung und Wahrheit*
es als ursprüngliche Intention darstellt – nach den Gesetzen der „Metamorphose der Pflanzen" schreiben, aber immerhin nach dem Modell des Luxemburger Festungsbaus rekonstruieren. Er kann als Allegorie nicht nur des
Goethe'schen Werkes, sondern eines erheblichen Teils der kulturellen Überlieferung und des Krisenmanagements der modernen Welt gelesen werden.
Den Goethe'schen literarischen Festungsbau zu beschreiben bedeutet damit, den Leserinnen und Lesern einen Kompass in die Hand zu geben, der
zur Orientierung im planlos entstandenen Gebilde unserer Kultur befähigt.
Und da dieser Kompass in letzter Instanz immer wieder der eigene Körper
ist, bleibt trotz der historischen Ferne und der fremden Lebensansichten,
-kontexte und -entwürfe ein unmittelbarer, voraussetzungsloser Zugang
möglich. Goethes Körper bleibt uns zwar so fremd und unzugänglich wie
die Gestalt, die uns auf Tischbeins Aquarell den Rücken kehrt. Da aber die
elementaren Lebensvorgänge in jedem menschlichen Körper (im Rahmen
gewisser Abweichungen) gleich verlaufen, ist gerade das Intimste und Priva-
teste das, was von allen wenn nicht geteilt, so doch verstanden werden kann.

5

Jugend: Frankfurt, Leipzig, Frankfurt, Straßburg – und wieder Frankfurt

Es scheint nahezu zwingend, die Darstellung von Goethes erster Lebens-hälfte bis einschließlich seiner Rückkehr von der italienischen Reise nach seinen Ortswechseln zu gliedern: Frankfurt, Leipzig, Frankfurt, Straßburg, Frankfurt, Weimar, Italien, Weimar. Danach hat Goethe seinen Aufent-haltsort Weimar bis an sein Lebensende nur noch für Reisen verlassen. Das topographische Ordnungsprinzip ist nicht nur deshalb so suggestiv, weil man sich damit in einem stabilen Rahmen bewegt. Es scheint auch von der Sache her unmittelbar nahezuliegen, lassen sich doch jedem dieser Orte spe-zifische überindividuelle, allgemein kulturgeschichtliche Charakteristika zuordnen, die für Goethes Leben und Werk an diesen Orten jeweils eine prägende Rolle spielten. Das ist für die zweite Lebenshälfte nicht mehr mög-lich, und daher fällt es schwer, sich von dem überkommenen pyramidalen Modell zu lösen und die Jahre bis zur italienischen Reise anders denn als Aufstieg, die Italienreise nicht allein als Höhepunkt von Goethes Entwick-lung, die lange Zeit danach bei aller Rehabilitierung des Spätwerks nicht unter dem vorherrschenden Aspekt langsamen Abstiegs zu sehen.[1] Aus den bereits dargelegten Gründen soll diesem triadischen Entwicklungsmodell hier nicht gefolgt werden, um einen neuen Blick auf Goethes literarische Lebensentwürfe zu ermöglichen.

Freilich bleiben Chronologie und Topographie auf einer ersten Ebene zur Orientierung unabdingbar. Bereits anlässlich von Goethes Geburt am 28. August 1749 tritt die Interaktion von Subjekt und Umwelt zutage, die es ihm erlaubt, sein programmatisches Schema der Lebensbeschreibung zu-nächst zu füllen. Die Ungeschicklichkeit der Hebamme wird dafür verant-

---

[1] So ist es nur konsequent, dass Theo Buck seine künstlerische Entwicklungs- und Vollendungsgeschichte noch jüngst mit Goethes Rückkehr von der Italienreise beschließt; vgl. Buck: „Der Poet, der sich vollendet".

wortlich gemacht, dass sich seine Geburt – für die unerfahrene Mutter war
es die erste Schwangerschaft – lebensgefährlich verzögerte. Was ihn selbst
beinahe das Leben kostete, soll vielen Späteren zum Segen gereicht haben:

> durch Ungeschicklichkeit der Hebamme kam ich für tot auf die Welt, und
> nur durch vielfache Bemühungen brachte man es dahin, daß ich das Licht
> erblickte. Dieser Umstand, welcher die Meinigen in große Not versetzt hatte,
> gereichte jedoch meinen Mitbürgern zum Vorteil, indem mein Großvater,
> der Schultheiß *Johann Wolfgang Textor*, daher Anlaß nahm, daß ein Ge-
> burtshelfer angestellt, und der Hebammen-Unterricht eingeführt oder er-
> neuert wurde; welches denn manchem der Nachgebornen mag zu Gute ge-
> kommen sein. (FA I 14, S. 15)

Auffallend ist, dass Goethe in der Erzählung von seiner Geburt die wichtigste Person mit keinem Wort erwähnt, nämlich seine Mutter. Dabei lagen
ihm deren Erinnerungen durch Bettina von Arnim vor. Aus ihnen wird auch
deutlich, dass die Darstellung der Planetenkonstellation eine Inszenierung
ist: Goethe stellt im Nachhinein seine Geburt als kosmisches und soziales
Ereignis dar, will sein Leben von Anfang an in umfassende Sinnzusammen-
hänge im Himmel und auf Erden einbinden.

Die familiären Voraussetzungen dafür waren nicht schlecht. Die Kindheit Goethes verlief sehr behütet; der öffentliche Elementarunterricht wurde
bald vom Privatunterricht abgelöst, den er überwiegend im Elternhaus und
teilweise gemeinsam mit seiner 1750 geborenen Schwester Cornelia erhielt.
Sie war die einzige seiner Geschwister, die das Säuglings- und Kleinkind-
alter überlebte. Der Unterricht war von den Neigungen und Vorlieben des
Vaters geprägt und in seinen Inhalten umfassend, wenn auch keineswegs
überraschend oder ungewöhnlich. Im Hinblick auf die künftigen Fähigkeiten des Sohnes kann man jedoch von einer glücklichen Konstellation sprechen: Der Schwerpunkt lag traditionell auf der religiösen Unterweisung und
der Bibelkunde. Da diese nicht nur auf Latein, sondern sehr früh auch in
den Originalsprachen Griechisch und Hebräisch erfolgte, erhielt Goethe ein
philologisches Handwerkszeug, das die Grundlagen für eine Bildungsform
legte, die man gewöhnlich erst mit den Humboldt'schen Reformen und
dem humanistischen Gymnasium zu Beginn des 19. Jahrhunderts verbindet.
Hier lag die entscheidende Voraussetzung dafür, dass Goethe in den nächsten Jahrzehnten zur kulturellen Avantgarde gehören oder diese sogar wesentlich prägen konnte. Ohne diese Schlüsselqualifikation, wie man heute
sagen würde, wäre das flexible literarisch-kulturelle Rollenmanagement

Goethes, die wiederholte Neujustierung, wenn nicht Neuerfindung seiner Individualität nicht möglich gewesen. So aber konnte er das jeweilige Milieu geradezu aufsaugen. Das gilt für das reichsstädtische Frankfurt nicht weniger als danach für das galante Leipzig. Die Ankunft erfolgte, der Autobiographie gemäß, passenderweise zur Messezeit:

> Als ich in Leipzig ankam war es gerade Meßzeit, woraus mir ein besonderes Vergnügen entsprang: denn ich sah hier die Fortsetzung eines vaterländischen Zustandes vor mir, bekannte Waren und Verkäufer, nur an anderen Plätzen und in einer anderen Folge. Ich durchstrich den Markt und die Buden mit vielem Anteil; besonders aber zogen meine Aufmerksamkeit an sich, in ihren seltsamen Kleidern, jene Bewohner der östlichen Gegenden, die Polen und Russen, vor allen aber die Griechen, deren ansehnlichen Gestalten und würdigen Kleidungen ich gar oft zu Gefallen ging. (FA I 14, S. 268)

Griechenland gehörte damals, obwohl europäisch, bereits zum Orient, und als Messestädte legten Frankfurt und Leipzig den Grund für Goethes spätere Orientfaszination. Hier sieht man wörtlich, was kulturelle ‚Orientierung' bedeutet: den Orient als den Ort finden, wo die Sonne aufgeht. Die jenseits des Horizonts liegende Fremde ermöglicht erst durch diese Entgegensetzung die Konstituierung eines eigenen Kulturraums. Er reichte in Leipzig – anders als in Frankfurt – nicht in eine „altertümliche Zeit" zurück, sondern umfasste „eine neue, kurz vergangene, von Handelstätigkeit, Wohlhabenheit, Reichtum zeugende Epoche" (FA I 14, S. 269).

Vom abrupten, durch eine schwere Erkrankung ausgelösten Ende der Leipziger Zeit war bereits die Rede. Goethes erneuter Aufenthalt in Frankfurt brachte mit dem Pietismus die Begegnung mit einer wiederum anderen Kulturtradition, die zuvor durch die Mutter zwar bereits als Teil des lebensweltlichen Umfelds erfahren, aber von Goethe noch nicht eigentlich erschlossen worden war. Dies holte er nun nach. Bei der Fortsetzung seines Studiums in Straßburg war er dann erstmals nicht mehr bloß kulturell rezeptiv, assimilatorisch nachschaffend, sondern originär schöpferisch und traditionsprägend tätig. Der Theologe und Philosoph Johann Gottfried Herder, der sich zum Zweck einer Augenoperation in Straßburg aufhielt, lieferte mit seinen kultur- und geschichtsphilosophischen Überlegungen zur passenden Zeit ein theoretisches Fundament, um das im Großen vorzubereiten, was Goethe bislang, ohne es geplant zu haben, im Kleinen praktiziert hatte: ein Leben zwischen den Kulturen bei stabiler Verankerung in den eigenen

Traditionen. Der Milieuwechsel von Frankfurt nach Leipzig und die Fremdheitserfahrungen in den beiden so unterschiedlichen Messestädten hatten Goethe bereits aufnahmefähig gemacht für Herders Lehre von der Individualität der Kulturkreise. Mit dem Hinweis auf die mündliche Tradition der Volksliedichtung im Elsass vermittelte Herder Goethe die Erkenntnis, dass auch in einer vermeintlich kulturellen Spätzeit Originalität möglich war. Die Begründung kann man in Herders 1774 anonym publizierter geschichtsphilosophischer Schrift *Auch eine Philosophie der Geschichte zur Bildung der Menschheit* lesen. Dort konstruierte Herder eine Analogie der historischen Zeitalter mit den menschlichen Lebensaltern. Er beschrieb sieben Kulturkreise in einer Abfolge, die nicht mehr teleologisch fassbar ist, sondern jedem Kreis sein eigenes Recht belässt: die Patriarchenzeit des Morgenlandes, Ägypten, Phönizien, Griechenland, Rom, das Mittelalter und die Aufklärung, also die Gegenwart. Im Hintergrund steht der Befund, dass die historische Offenbarung als direkte Rede Gottes an die Menschen der Kindheit des Menschenalters angehöre und heute nur noch archäologisch, also ohne die Möglichkeit einer eigenen authentischen Erfahrung, zugänglich sei. Als Lösungsversuch, der über das archäologische Surrogat hinausgeht, wird ein ethnologischer Blick empfohlen. Was in der Zeit nicht möglich sei – zurück in die Kindheit zu gehen, um einer authentischen Offenbarung teilhaftig zu werden –, könne im Raum gelingen. Dadurch kann auch der moderne, aufgeklärte Mensch zur Quelle der Offenbarung gehen und sein menschheitsgeschichtliches Defizit ausgleichen.

Durch die Aufzeichnung von mündlich tradierter Volksdichtung, wie es Herder und Goethe im Elsass unternahmen, kann indes auf weite ethnologische Reisen verzichtet werden. In diesen Traditionen war die gottnahe Kindheit der Kultur nach Herder noch lebendig. Daher ist es folgerichtig, dass gerade in Straßburg bei Goethe der Übergang von der Aufnahme zur Neuprägung der literarischen Tradition greifbar wird. Dies geschieht zunächst in der von allen literarischen Gattungen der Mündlichkeit am nächsten stehenden Lyrik, die sich von den traditionellen Formen und Genres löste und, mit den von der Liebe zur Pfarrerstochter Friederike Brion inspirierten Sessenheimer Liedern, zum modellhaften Ausdrucksmedium individuellen Erlebens wurde. Genauer muss man jedoch sagen: Von heute aus gesehen ist ein solcher literarischer Neuansatz greifbar, während ihn damals nur ein kleiner Kreis von Vertrauten und Briefpartnern Goethes wahrnehmen konnte. Was in vielen älteren literaturgeschichtlichen Darstellungen

geltend gemacht wurde – dass mit Goethes Straßburger Zeit und namentlich mit seiner Lyrik die literarische Moderne beginne –, erfolgte zunächst
unter weitgehendem Ausschluss der Öffentlichkeit. Sein ‚Sturm und Drang‘
ist gerade in Bezug auf die Lyrik im Wesentlichen eine Erfindung der Germanistik und konnte vom zeitgenössischen Lesepublikum schon darum
nicht als solcher wahrgenommen werden, weil Goethe die meisten seiner
damaligen Gedichte erst 1789 in den *Vermischten Gedichten* seiner ersten
Gesamtausgabe, den *Schriften*, zum ersten Mal drucken ließ. Manche nahm
er später, manche gar nicht in seine Werkausgaben auf, so dass lange über
die Autorschaft diskutiert wurde. Wie sehr damit die Konzepte ‚Genieästhetik‘ und ‚Erlebnislyrik‘ ad absurdum geführt werden, kann ein weniger
bekanntes Beispiel vor Augen führen:

> Erwache Friedericke
> Vertreib die Nacht
> Die einer Deiner Blicke
> Zum Tage macht.
> Der Vögel sanft Geflüster
> Ruft liebevoll
> Daß mein geliebt Geschwister
> Erwachen soll
>
> Ist Dir Dein Wort nicht heilig
> Und meine Ruh?
> Erwache! Unverzeihlich!
> Noch schlummerst Du!
> Horch Philomelens Kummer
> Schweigt heute still
> Weil Dich der böse Schlummer
> Nicht meiden will.
>
> Es zittert Morgenschimmer
> Mit blödem Licht
> Errötend durch Dein Zimmer
> Und weckt Dich nicht.
> Am Busen Deiner Schwester
> Der für Dich schlagt
> Entschläfst Du immer fester
> Je mehr es tagt.
>
> Ich seh Dich schlummern, Schöne
> Vom Auge rinnt
> Mir eine süße Träne

Und macht mich blind
Wer kann es fehllos sehen
Wer wird nicht heiß
Und wär er von den Zehen
Zum Kopf von Eis!

Vielleicht erscheint Dir träumend
O Glück mein Bild
Das halb im Schlaf und reimend
Die Musen schilt
Erröten und erblassen
Sieh sein Gesicht:
Der Schlaf hat ihn verlassen
Doch wacht er nicht.

Die Nachtigall, im Schlafe
Hast Du versäumt:
So höre nun zur Strafe
Was ich gereimt
Schwer lag auf meinem Busen
Des Reimes Joch.
Die schönste meiner Musen,
Du – schliefst ja noch. (FA I 1, S. 132 f.)

Das Gedicht scheint ein typisches und obendrein selbstironisches Beispiel für Erlebnislyrik zu sein. Die Situation ist leicht zu erschließen: Goethe hat sich, mutmaßlich im Mai oder Juni 1771, zu einem Morgenspaziergang mit Friederike verabredet, diese aber, die mit ihrer Schwester Kammer und Bett teilt, hat verschlafen. Der Dichter bringt ihr ein Morgenständchen, das ungeschickt und unvollkommen ausfällt, weil sie als seine ihn inspirierende Muse ja noch schläft. Jakob Michael Reinhold Lenz, der gleichzeitig mit Goethe in Straßburg war und als Dramatiker bekannt wurde, verliebte sich nach Goethes Abreise in die sitzengelassene Friederike Brion und versuchte Goethe sowohl im Erlebnis als auch in der Dichtung zu beerben. Was ihm immerhin so gut gelang, dass die philologische Zuschreibung einzelner Gedichtstrophen zu einem Autor, Goethe oder Lenz, lange Zeit strittig war und noch heute lediglich Indizienbeweise geführt werden können, da viele Gedichte nur in einer Abschrift des Studenten Heinrich Kruse vorliegen, der Friederike Brions jüngste Schwester Sophie 1835 besuchte. Im vorliegenden Gedicht stammen vermutlich drei Strophen von Lenz, der sie in das Gedicht interpolierte. Welche es sind (nach heutiger Auffassung

Abb. 2: Goethes Antlitz im Wandel der Jahre, 1773–1832, dargestellt von seinen Zeitgenossen.

die zweite, vierte und fünfte), ist im Kontext der damaligen Zeit gar nicht so entscheidend. Es handelt sich um einen, was Goethe betrifft, zwar unfreiwilligen, gleichwohl aber nicht untypischen Fall von Teamkreativität. Tatsächlich nämlich war – scheinbar paradox – gerade die Originalitätsästhetik von Teamkreativität bestimmt, wie sich an mehreren Beispielen zeigen lässt. Während der an die Straßburger Studienzeit anschließenden Frankfurter Zeit etwa arbeitete Goethe an den *Frankfurter Gelehrten Anzeigen* mit, einem Rezensionsorgan, das entscheidend zur Propagierung der neuen, aus der Aufklärung erwachsenen, aber gegen deren Erstarrung sich richtenden ästhetischen Maßstäbe beitrug. Die Rezensionen waren nicht namentlich gezeichnet, und die Autorzuschreibung bereitete der Goethe-Philologie auch hier manche Schwierigkeiten. Auch und gerade zu der Zeit, da er als individueller Autor hervorzutreten beginnt und entscheidend an der Durchsetzung der modernen Individualitätsideologie beteiligt ist, ist Goethe „Legion" und zeigt viele Gesichter.

Das anonyme Genie

Anonym erschien im Jahr 1772 auch der wichtigste kunsttheoretische Text aus Goethes Straßburger Zeit, *Von Deutscher Baukunst*. 1773 wurde der Aufsatz von Herder in seine Sammlung *Von deutscher Art und Kunst* aufgenommen, so dass Herder zunächst vielen Zeitgenossen als Verfasser der Schrift galt. Die Genieästhetik war eine weniger individuelle als kollektive Angelegenheit – gerade das, was heute oft zuerst damit verbunden wird, nämlich unverwechselbare individuelle Autorschaft, gehörte zunächst nicht zu ihren leitenden Kategorien. Die Vorstellung geistiger Urheberschaft prägte sich am Ende des 18. Jahrhunderts erst allmählich aus, juristisch konkret im Allgemeinen Preußischen Landrecht von 1794, in dem zum ersten Mal im deutschen Sprachraum ein Urheberschutz für Schriftsteller auf geistiges Eigentum festgeschrieben wurde.

Von Deutscher Baukunst ist ein Text über das Straßburger Münster. Gerade die Grenzstadt Straßburg wurde als besonders deutsch empfunden und im Unterschied zum französisch geprägten Leipzig, Goethes erstem Studienort, zum Zentrum der Propagierung einer deutschen Volkskunst. Goethe reihte sich in diese von Herder initiierte nationalkulturelle Bewegung ein. Der Text trägt die Widmung „D. M. [d. h. ‚Divis manibus' – den abgeschiedenen Seelen; B. H.] Ervini a Steinbach". Damit wird einer der zahlreichen Baumeister des Straßburger Münsters herausgegriffen und die zur Zeit der Abfassung des Textes noch gar nicht kodifizierte Vorstellung künstlerischer Originalität zurück ins Mittelalter projiziert. Die ehemals finstere Zwischenzeit zwischen Antike und Renaissance wird damit zum Vorbild für die Gegenwart erhoben, in der die individuelle künstlerische Urheberschaft erst allmählich beansprucht wird. Das moderne Subjekt, das moderne künstlerische Individuum agiert zunächst aus der Deckung heraus, versteckt sich hinter Masken, bevor es offen auf die Szene tritt. Dieses Maskenspiel aber entspricht Goethes eigener Auffassung seiner multiplen Persönlichkeit und ist entscheidend für seine Modernität verantwortlich.

Der Aufsatz setzt damit ein, dass das Ich des Textes Erwins Grabstein sucht und nicht findet. Es wird also eine Archäologie bzw. eine Erfindung von künstlerischer Urheberschaft geschildert. Der Grabstein ist verschwunden, stattdessen wird das gesamte Bauwerk als Monument und Denkmal reklamiert, und der Text *Von Deutscher Baukunst* bildet die Inschrift. Erwin habe „gleiches Schicksal mit dem Baumeister, der Berge auftürmte in die Wolken" (FA I 18, S. 110). Der vergessene, unbekannte Baumeister und Schöpfer wird unmittelbar mit dem Weltenschöpfer in eine Parallele gerückt, der Künstler, dessen Andenken verschwunden ist, vergöttlicht. Wenn es weiter heißt, er habe „einen Babelgedanken" in der Seele gezeugt, so ist damit gar ein gegengöttlicher Anspruch verbunden. Der Künstler ist nicht nur ein anderer Gott, er erhebt sich sogar gegen ihn und macht dem Weltenschöpfer Konkurrenz. Dies zeigt sich auch an den weiteren Attributen des Babelgedankens, also der schöpferischen Idee: Sie sei „ganz, groß, und bis in den kleinsten Teil notwendig schön, wie Bäume Gottes" (ebd.).

Der Ganzheits- und Vollendungsanspruch des Kunstwerks ist eng mit der Organismusvorstellung verbunden. Angewandt auf den gotischen Baustil, bedeutete diese Bildlichkeit eine scharfe Provokation des zeitgenössischen Kunstgeschmacks. Was heute als Gotik bezeichnet wird, galt als barbarisch, grotesk, monströs – als genauer Gegensatz derjenigen Qualitäten, die in Goethes Text damit verbunden sind: nämlich gerade nicht als ganz, sondern als fragmentarisch; als nicht groß, sondern eben monströs, eine planlose Anhäufung von Kleinem; als nicht notwendig schön, sondern grotesk – also mit Einzelheiten, die sich nicht zu einem zweckhaften Ganzen verbinden, sondern zufällig bleiben. Von Meister Erwin heißt es nun weiter: „ganze Seelen werden dich erkennen ohne Deuter" (ebd.), das heißt also

Seelen, die ebenso ‚ganz' sind wie das Werk Erwins. Der Rezipient muss dem künstlerischen Gegenstand entsprechen, um ihm gerecht werden zu können – adäquate Kunsterkenntnis wird zu einer Frage der Anthropologie. Die erkenntnistheoretischen Konsequenzen sind von Goethe in einem aus seiner Plotin-Übertragung stammenden *Zahmen Xenion* formuliert: „Wär' nicht das Auge sonnenhaft, / Die Sonne könnt' es nie erblicken; / Läg' nicht in uns des Gottes eigne Kraft, / Wie könnt' uns Göttliches entzücken?" (FA I 2, S. 645) Unter dieser Voraussetzung einer Entsprechung von Gegenstand und Betrachter wird aber ein unmittelbarer Kunstgenuss möglich, und zwar „ohne Deuter", also ohne professionelle Vermittler und Interpreten. Historisch bedeutet das die Emanzipation des Kunstrezipienten. Daher kann auch das Ich dieses Textes nicht legitimerweise als Vermittler und Interpret auftreten, sonst geriete es in einen performativen Selbstwiderspruch – ein weiterer Grund für den Verfasser, anonym zu bleiben. Die Kunstreligion, die dem Andenken Erwins gestiftet werden soll, kommt ohne Priester aus, ist insofern eine protestantische Kunstreligion.

Das deutsche Mittelalter wird gegen die Antike-Nachahmung aufgewertet, gegen den Klassizismus der Italiener und Franzosen, die direkt angesprochen werden. Der „seinem Grab entsteigende Genius der Alten" habe den Genius der ‚Welschen' „gefesselt" (FA I 18, S. 111). In dieser Oppositionsstellung ist freilich Goethes spätere klassische Entwicklung in den zitierten Kategorien der Ganzheit, Schönheit, Zweckmäßigkeit und Natürlichkeit bereits vorgezeichnet. Die Opposition richtet sich nämlich nicht gegen die Klassizität der Antike an sich, sondern gegen deren unproduktive Nachahmung, die durch eine ‚bildende', freie Nachschöpfung ersetzt werden soll. Der etwas kurios anmutende architektonische Streit, ob die Hütte mit Flachdach oder mit First ursprünglicher, also die Behausung des Urmenschen gewesen sei, zielt auf eine Historisierung und damit Modernisierung der ästhetischen Diskussion. Die Antike ist nicht mehr überzeitliches, ahistorisches Ideal, sondern Vorbild dafür, in der eigenen Zeit und im Kontext der eigenen Kultur ebensolche Ganzheit, Wahrheit, Schönheit, Zweckmäßigkeit anzustreben, wie es den Griechen unter ihren kulturellen Bedingungen möglich war. „Jeder sey auf seine Art ein Grieche! Aber er sey's" (FA I 20, S. 350), wird Goethe viel später, 1818 in dem Aufsatz *Antik und modern*, formulieren. Diese Forderung ist hier bereits angelegt, wo die agonale Frontstellung gegen die Vorherrschaft des römischen und französischen Klassizismus im Vordergrund steht. Dazwischen, in der Zeit um und nach 1800, wird Goethe selbst in kunsttheoretischer Hinsicht – in der Zeitschrift *Propyläen* – einen rigorosen Klassizismus propagieren, von dem er dann in späteren Jahren wieder abrückte. Auch in dieser Frage lassen sich also wieder problemgeschichtliche Längs- und Querverbindungen ziehen. Die Antwort auf eine als Erstarrung empfundene normative Ästhetik lautet hier wie dann später bei der Romantik gegen Goethe selbst: Historisierung, Einbettung der Kunst in ihren konkreten lebensweltlichen, also kulturellen Kontext. *Von Deutscher Baukunst* propagiert die Ästhetik als Kulturwissenschaft. Die Verteidiger des antikisierenden architektonischen Elementes der Säule müssen sich sagen lassen: „in andrer Weltgegend wärst du Prophet" (FA I 18, S. 112). Eben dort, wo die Säule in Übereinstimmung mit den regionalen, kulturellen und klimatischen Gegebenheiten als vorherrschendes Bauelement entwickelt wurde. Im Norden muss man Säulen aufgrund des Klimas einmauern, und dann hören sie auf, schön, elegant und groß zu sein.

Der Sprecher des Textes berichtet nun davon, wie seine Vorurteile gegen das Gotische vor dem sinnlichen Eindruck des Münsters zunichte wurden. Immer wieder werden die entscheidenden Vokabeln geradezu beschwörend wiederholt: „wie in Werken der ewigen Natur, bis aufs geringste Zäserchen [die dünnste Faser; B.H.], alles Gestalt, und alles zweckend zum Ganzen" (FA I 18, S. 115): Gestalthaftigkeit, Zweckmäßigkeit, Ganzheit – das sind ästhetische Kategorien, die sich einer organizistischen Naturvorstellung verdankten. „[W]ie durchbrochen alles und doch für die Ewigkeit": Das Ganze scheint durch das Einzelne durch, so dass das Durchscheinende der gotischen Baukunst zum Zeichen der Vollkommenheit werden kann. Die Verabsolutierung der Kunst wird dabei aus einer gegen die ahistorischen Konstruktionen des Klassizismus gerichteten kulturellen Konkretisierung gewonnen. „[D]as ist deutsche Baukunst" meint dann keinen Kulturchauvinismus, sondern die Behauptung, dass nur und gerade eine der regionalen Kultur entsprechende Kunst die geforderten ersatzreligiösen Funktionen übernehmen kann. Italiener und Franzosen haben nach der Behauptung des Textes keine eigene Baukunst, da sie die ahistorisch missverstandene der Antike nachahmen.

Zum Schluss geht der Text noch einen Schritt weiter, wenn behauptet wird: „Die Kunst ist lange bildend, eh sie schön ist, und doch, so wahre, große Kunst, ja, oft wahrer und größer, als die Schöne selbst." (FA I 18, S. 116) Damit wird weniger die Schönheit als Kategorie grundsätzlich verabschiedet, als wiederum eine bestimmte, ahistorische Konzeption von Schönheit. Der Begriff der Schönheit wird historisiert, seine Semantik ändert sich. Das Charakteristische dient so lange als Gegenbegriff zum Schönen, bis der Begriff des Schönen sich so weit verändert hat, dass der Gegenbegriff redundant geworden ist und daher auf ihn verzichtet werden kann. Maßstab der Schönheit ist jetzt die ‚innige, einige, eigne, selbstständige Empfindung‘, aus der heraus geschaffen wird. Wem aus dieser Empfindung heraus der Genuss der Schönheit gegeben ist, der kann nur in dieser Eigenständigkeit selbst Vorbild sein, nicht in konkreten Schönheitslehren. Maßstab der Schönheit ist immer die postulierte Wahrheit des Individuums, das zum Schluss des Textes in dem sich selbst nach der Natur zur Schönheit erziehenden Knaben gefeiert wird: „mehr als Prometheus leit er die Seligkeit der Götter auf die Erde" (FA I 18, S. 118). In dieser Überbietungsfigur liegt die messianische Monumentalisierung des autochthonen Individuums. Gerade darin ist ironischerweise seine Auswechselbarkeit begründet. Davon spricht die Publikationsform des Aufsatzes *Von Deutscher Baukunst*, in dem die geniale künstlerische Individualität einerseits – bei Erwin von Steinbach – aus der Anonymität gerettet bzw. allererst als Künstlerschaft erzeugt, andererseits aber – in der Anonymität der Autorschaft – sofort wieder verschwindet und in der erstrebten Ganzheitskorrespondenz aufgelöst wird. Davon spricht auch eine von Goethe öfter verwendete Denk- und Formulierungsfigur, die vor allem in religiösen Kontexten von Bedeutung ist, aber auch die im vorliegenden Fall auftretende Auswechselbarkeit des Genies illustrieren kann. Gemeint sind die Reihen, in die große Gestalten, Genies, gerückt werden. In einem Brief vom 26. April 1774 schreibt Goethe an die Schweizer Theologen Johann Caspar Lavater und Johann Konrad Pfenninger, die ihn mit ihren Missionierungsversuchen belästigten:

> Hab ich nicht eben das erfahren als ihr? – Ich bin vielleicht ein Tohr dass ich euch nicht den Gefallen thue mich mit euern Worten auszudrücken, und dass ich nicht einmal durch eine reine Experimental Psychologie meines Innersten, euch darlege dass ich ein Mensch binn, und daher nichts anders sentiren [empfinden; B. H.] kann als andre Menschen, dass das alles was unter uns Widerspruch scheint nur Wortstreit ist der daraus entsteht weil ich die Sachen unter andern Combinationen sentire und drum ihre Relativität ausdrückend, sie anders benennen muss
> Welches aller Controversien Quelle ewig war und bleiben wird.
> Und dass du mich immer mit Zeugnissen packen willst! Wozu die? Brauch ich Zeugniss dass ich binn? Zeugniss dass ich fühle? – Nur so schäz, lieb, bet ich die Zeugnisse an, die mir darlegen, wie tausende oder einer vor mir eben das gefühlt haben, das mich kräftiget und stärcket.

Und so ist das Wort der Menschen mir Wort Gottes es mögens Pfaffen oder
Huren gesammelt und zum Canon gerollt oder als Fragmente hingestreut
haben. Und mit inniger Seele fall ich dem Bruder um den Hals Moses!
Prophet! Evangelist! Apostel, Spinoza oder Machiavell. Darf aber auch zu
iedem sagen, lieber Freund geht dir s doch wie mir! Im einzelnen sentirst du
kräfftig und herrlich, das Ganze ging in euern Kopf so wenig als in meinen.
(FA II 1, S. 358 f.)

In der erstrebten Qualität kräftiger Empfindung sind alle Genies einander
gleich. Was sie auszeichnen sollte, macht sie verwechselbar. Dieses bei Goethe zutage tretende Paradox des modernen Subjekts ist im Auge zu behalten.

Lesen auf Leben und Tod

Von Deutscher Baukunst ist alles andere als ein Einzelfall. Auch *Götz von
Berlichingen* war anonym erschienen; das erste Werk, das mit dem Autor-
namen Johann Wolfgang Goethe auf den Markt kam, war 1774 das Drama
Clavigo. Dieses Drama aber ist weit stärker von konventionellen Mustern
geprägt als die anonym publizierten Schriften. Dies ist der paradoxe Hintergrund, vor dem *Die Leiden des jungen Werthers* zu sehen sind, deren erste
Fassung 1774 wiederum – wie nun schon kaum mehr verwundern kann –
anonym erschien. Wie beim *Götz* wurde allerdings auch in diesem Fall die
Autorschaft rasch bekannt. Dass diese Autorschaft repräsentativ sein wollte
für das Subjekt schlechthin, scheint in der zeitgenössischen Rezeption Konsens gewesen zu sein: „Wenn eine andere Generation den Menschen aus unsern empfindsamen Schriften restituieren sollte, so werden sie glauben es sei
ein Herz mit Testikeln gewesen. Ein Herz mit einem Hodensack."[2] So der
Aufklärer Georg Christoph Lichtenberg über den *Werther*. Damit sind die
beiden Organe benannt, mittels derer seiner Auffassung nach die Neukon-
stituierung des Subjekts in der Empfindsamkeit, das heißt in der nach innen
gewendeten Aufklärung, erfolgte. *Werther* greift jedoch über den Gefühls-
bereich weit hinaus und gibt, vielleicht zum ersten Mal in der deutschen
Literatur und sicherlich zum ersten Mal in dieser Massierung, ein Panorama
aller ungelösten Probleme des modernen Menschen. Und das in allen Berei-

---

[2] Georg Christoph Lichtenberg: Schriften und Briefe. 4 Bde. Hrsg. von Wolfgang Promies. Bd. 1: Sudelbücher. Darmstadt 1968, S. 508 (F 345).

chen, in denen eine Ganzheitskorrespondenz gesucht werden konnte: Natur, Kunst, Liebe, Gesellschaft, also noch über Natur und Kunst in *Von Deutscher Baukunst* hinaus, wo der zwischenmenschliche und soziale Bereich ausgeklammert blieben. *Werther* ist daher Problemdichtung par exellence und zugleich nahe am Kitsch, wie alle Problemdichtung, die mit den Nöten und Sehnsüchten des Publikums scheinbar bruchlos übereinstimmt. Aus heutiger Sicht ist eine solche emphatisch-identifikatorische Lektüre ein, freilich signifikantes, Missverständnis – aber ein lehrreiches Beispiel dafür, dass der Autor keine Herrschaft über die Rezeption seiner Texte hat und alle Intentionalität gegen die tatsächliche Rezeption wenig verschlägt. Die narrativen Distanzierungssignale gegen den umfassenden und den Nerv der Zeit treffenden Versuch einer Neuerfindung der Individualität wurden nicht wahrgenommen. Goethe jedenfalls litt zeit seines Lebens darunter, dass er fortan der Autor des *Werthers* war, und für weite Kreise nichts als das. An diesen Anfangserfolg – dem der *Götz* als Drama vorausgegangen war – konnte er nie mehr anknüpfen. Sogar im ökonomischen Sinne wurde er ein Opfer seines Erfolgs. Für die 1787 erschienene Neubearbeitung konnte Goethe kein Exemplar der Erstausgabe mehr auftreiben und musste notgedrungen auf den Raubdruck des Berliner Verlegers Himburg zurückgreifen. Himburg hatte mit seiner unautorisierten ersten Gesamtausgabe der Schriften Goethes in Nachdrucken den wahren wirtschaftlichen Erfolg der *Werther*-Manie eingeheimst, denn ein Urheberrechtsschutz bestand noch nicht.

Die Vorbemerkung des Herausgebers wurde nicht immer ausreichend beachtet:

> Was ich von der Geschichte des armen Werthers nur habe auffinden können, habe ich mit Fleiß gesammlet, und leg es euch hier vor, und weis, dass ihr mir's danken werdet. Ihr könnt seinem Geist und seinem Charakter eure Bewunderung und Liebe, und seinem Schicksale eure Thränen nicht versagen.
> Und du gute Seele, die du eben den Drang fühlst wie er, schöpfe Trost aus seinem Leiden, und laß das Büchlein deinen Freund seyn, wenn du aus Geschick oder eigner Schuld keinen nähern finden kannst. (FA I 8, S. 10)

Das ist relativ deutlich: Der Herausgeber sagt explizit, was er meint. Missverständnisse sind eigentlich nicht möglich, niemand soll sagen können, er sei nicht gewarnt worden. Er gibt klare identifikatorische Rezeptionsanweisungen: Bewunderung, Liebe, Tränen sollen für Werther und sein Schicksal aufgebracht werden. Aber es werden auch die Gefahren deutlich benannt,

die in einer allzu starken Identifikation stecken; im zweiten Abschnitt wird
der Schuldbegriff eingeführt. Der Leser soll nicht nur mitleiden, sondern
Trost schöpfen, es ist nicht nur „Geschick", wenn er keinen Freund findet,
sondern möglicherweise „eigne Schuld". Damit wird aber zumindest implizit auch von einer Schuld Werthers gesprochen. An die Stelle der Menschen soll dann das Buch treten – bei Werther sind es Homer, Klopstock
und Ossian. Damit tritt die Literatur als Ersatzmedium in den Blick. Das
Subjekt wird, wie bereits erwähnt, im letzten Drittel des 18. Jahrhunderts
außerhalb aller gesellschaftlichen Funktionsbezüge so sehr monumenta-
lisiert, dass es einer absoluten Instanz als Gegenhalt bedarf. Dieses Absolute
wird, wenn nicht mehr in der Religion, so in Natur, Kunst und Liebe gesucht, die jeweils religiös aufgeladen werden. Wenn das Einssein mit der
Natur nicht gelingt, die künstlerische Produktivität versiegt und die Liebe
zerbricht, wenn also – wie im Fall Werthers – alle drei Instanzen scheitern,
so kann die Literatur in die Sinnstiftungslücke treten. Das Buch wird zum
Freund, wie es Werthers Herausgeber den Lesern empfiehlt, und oft genug
bleibt nur dieser einzige Freund, der den Bezug auf das Absolute ersetzen
muss. Nie wurde der Lektüre so viel zugetraut: ein geradezu universales
Therapeutikum. Nie aber war Lektüre auch so riskant, wie die zeitgenössischen Reaktionen und Verbote zeigen und wie Goethe selbst aus historischem Abstand formulierte, wenn er Eckermann zufolge am 2. Januar 1824
über den *Werther* urteilte: „Es sind lauter Brandraketen! – Es wird mir un-
heimlich dabei und ich fürchte, den pathologischen Zustand wieder durch-
zuempfinden, aus dem es hervorging." Denn Werther sei „auch so ein Geschöpf [...], das ich gleich dem Pelikan mit dem Blute meines eigenen
Herzens gefüttert habe. Es ist darin so viel Innerliches aus meiner eigenen
Brust, so viel von Empfindungen und Gedanken, um damit wohl einen Roman von zehn solcher Bändchen auszustatten." (FA II 12, S. 528) Für dieses
Innerliche – die unglücklichen Liebschaften mit Charlotte Buff in Wetzlar
und Maximiliane von La Roche in Ehrenbreitstein, verbunden mit dem
Selbstmord von Karl Wilhelm Jerusalem als Handlungssubstrat – bean-
spruchte Goethe indes Repräsentativität:

> Die viel besprochene Wertherzeit gehört, wenn man es näher betrach-
> tet, [...] dem Lebensgange jedes Einzelnen, der mit angeborenem freiem Na-
> tursinn sich in die beschränkenden Formen einer veralteten Welt finden
> und schicken lernen soll. Gehindertes Glück, gehemmte Tätigkeit, unbefrie-
> digte Wünsche, sind nicht Gebrechen einer besonderen Zeit, sondern jedes

einzelnen Menschen, und es müßte schlimm sein, wenn nicht Jeder einmal in seinem Leben eine Epoche haben sollte, wo ihm der Werther käme, als wäre er bloß für ihn geschrieben. (FA II 12, S. 529)

Diese überzeitliche Repräsentativität Werthers wird hier explizit für den Bereich der Gesellschaft geltend gemacht. Implizit aber gilt sie in mindestens gleicher Weise auch für das Verhältnis zur Natur und für die Liebe. Der Roman sollte aber eben als Therapeutikum geschrieben sein, nicht als Anleitung zur Nachahmung. So wie Goethe *Die Leiden des jungen Werthers* schrieb, um sich nicht töten zu müssen, sollte auch der Leserschaft durch die Lektüre ein Weiterleben ermöglicht werden. Die warnenden Differenzsignale des Herausgebers gegen eine von heute aus gesehen allzu naive Identifikation mit Werthers Schicksal wurden indes häufig überlesen bzw. nicht als solche wahrgenommen. Eine Lektüre ohne ästhetische Distanz kann keineswegs als ‚falsch' bezeichnet werden, sie ist jedoch sehr signifikant und lässt Rückschlüsse auf die zeitgenössische Lektürepraxis zu. Erst Werke wie der *Werther* machten eine ästhetische Differenzwahrnehmung bei der Lektüre überhaupt erforderlich. Es handelt sich um eine neue Art der Literatur, die eine veränderte Rezeptionshaltung – modern gesprochen: eine erweiterte Medienkompetenz – erforderte. Mit dem *Werther* setzte eine Diskussion ein, die sich im modernen Medienzeitalter mit der Einführung jedes neuen Mediums – Fernsehen, Computerspiele, Internet – wiederholt. Es ist die Debatte darüber, ob die Mediennutzer über das nötige Fiktionsbewusstsein verfügen, um die virtuelle Welt nicht für die Realität zu halten.

Vor den moralisch verwerflichen Folgen der ‚Lesesucht' (vor allem bei Frauen und Mädchen) und vor der Lektüre von Romanen war schon länger gewarnt worden. Diese moderne Debatte bricht also anlässlich des *Werther* nicht zum ersten Mal auf, aber zum ersten Mal in dieser Schärfe. Jetzt ging es nicht mehr nur um moralische Verwahrlosung, jetzt bestand Lebensgefahr. Zuvor war die Verschränkung von Dichtung und Leben, von Ästhetik und Moral – und damit eine ungebrochen identifikatorische Lektüre – nicht nur unproblematisch, sondern ausdrücklich erwünscht. Jetzt konnte eine solche Lektüre tödlich werden, und darum wurden bei der zweiten Fassung des Romans 1787 die Differenzsignale deutlich verstärkt, um die erforderliche Lektürepraxis einzuüben. Doch schon 1775, also ein Jahr nach dem Erscheinen der Erstausgabe, wurden in der zweiten rechtmäßigen Ausgabe beiden Teilen des Romans Titelstrophen vorangestellt, die in den späteren Ausgaben wieder entfielen.

Die Strophe vor dem ersten Teil lautet:

> Jeder Jüngling sehnt sich so zu lieben,
> Jedes Mädgen so geliebt zu sein,
> Ach, der heiligste von unsern Trieben,
> Warum quillt aus ihm die grimme Pein? (FA I 1, S. 157)

Beim vermeintlich Individuellsten, der Liebe, geht es also nicht etwa um die Person, sondern um das Gefühl an sich, nicht um die Geliebte oder den Geliebten, sondern um das Lieben und Geliebtwerden, die Liebe selbst. Das Liebesobjekt ist austauschbares Medium und Katalysator der Empfindung, nicht zufällig heißt es: *jeder* Jüngling, *jedes* Mädchen. Dieser Trieb wird als der heiligste bezeichnet, übernimmt also ersatzreligiöse Funktionen. Zugleich aber wird als unausweichliche Folge die „grimme Pein" angesprochen. In ihrer Unbedingtheit ist die erstrebte Empfindung offenbar unerfüllbar, das Scheitern dieser Art Liebe vorprogrammiert. Anders gewendet: Wenn die Liebe nicht scheitert, war sie nicht absolut genug. Im Brief vom 13. Juli in der zweiten Fassung des *Werther* ist ein Passus eingefügt, der den Egoismus und den Selbstgenuss dieser Art der Liebe überdeutlich ausdrückt: „Und wie werth ich mir selbst werde, wie ich […] mich selbst anbethe, seitdem sie mich liebt!" (FA I 8, S. 77) Etwas kalauernd könnte man sagen, Werther wird sich nicht nur „werth" im Selbstgenuss dieser Liebe, sondern sogar „werther", wird also erst in diesem Selbstgenuss er selbst.

Die Titelstrophe des zweiten Teils lautet:

> Du beweinst, du liebst ihn, liebe Seele,
> Rettest sein Gedächtnis von der Schmach;
> Sieh, dir winkt sein Geist aus seiner Höhle:
> Sei ein Mann, und folge mir nicht nach. (FA I 1, S. 158)

Das ist die deutlichste Warntafel, die vor der im Zeitalter der moralisch-didaktischen Literatur der Aufklärung noch völlig unproblematischen Vermischung von Literatur und Leben errichtet wurde. Und zwar so deutlich, dass Goethe selbst sie anscheinend in den späteren Ausgaben als zu aufdringlich empfand, weil sich die vorherrschende Lektürehaltung wohl schon verändert hatte.

Die entscheidenden Markierungen in Bezug auf die Liebeskonzeption werden gleich zu Anfang des Romans gesetzt. Der Beginn des ersten Briefes vom 4. Mai ist Programm: „Wie froh bin ich, daß ich weg bin! Bester Freund, was ist das Herz des Menschen! Dich zu verlassen, den ich so liebe, von dem ich unzertrennlich war, und froh zu seyn!" (FA I 8, S. 10) Egoismus und Iso-lierung sind von der Liebe nicht zu trennen: Egoismus, weil es nicht um den anderen Menschen geht, sondern um die Erweiterung des Selbst; Isolierung, weil eine Realisierung der Liebe eine Begrenzung des unendlichen Gefühls bedeuten würde und darum vermieden werden muss. Deshalb sucht Werther die Einsamkeit, um sich in der Natur spiegeln zu können. Die Erfüllung die-ses Einsseins mit der Natur bedeutet auch künstlerische Erfüllung, bringt jedoch zugleich künstlerische Unproduktivität mit sich, wie im Brief vom 10. Mai ausgedrückt ist: „Ich könnte jetzo nicht zeichnen, nicht einen Strich, und bin niemalen ein grösserer Mahler gewesen als in diesen Augenblicken." (FA I 8, S. 14) Ein konkretes Kunstwerk, eine bestimmte Zeichnung würden die unendliche Potenzialität des Subjekts ebenso beschränken wie die erfüllte Liebe zu einer konkreten Person. Wie die Liebe unerfüllt sein muss, damit sie das unreduzierte Ganze repräsentieren kann, das ein geliebter Mensch allein nie ausfüllen könnte, so ist der Künstler ohne Werk der größte Künstler. Die existenzielle Fragilität dieses Paradoxes dürfte klar sein. Über die Bedingun-gen des Gelingens kann das Subjekt nicht autonom verfügen. Dies drückt sich syntaktisch in Wenn-dann-Konstruktionen aus, die eine lange Reihe von Vo-raussetzungen zu ihrer lösenden Folgerung führen. Ideengeschichtlich stehen an Goethe durch Herder vermittelte kosmologische Vorstellungen dahinter: Unter den Voraussetzungen einer von Gott geschaffenen, sinnvollen Ordnung der Welt findet auch der Mensch seinen Platz, und je komplizierter und vo-raussetzungsreicher das Bedingungsgefüge, desto größer der Preis der Schöp-fung, in die der Mensch eingebettet ist. Bei Goethe wird diese Kosmologie zur Naturreligiosität verschoben:

> Wenn das liebe Thal um mich dampft, und die hohe Sonne an der Oberfläche der undurchdringlichen Finsterniß meines Waldes ruht, und nur einzelne Strahlen sich in das innere Heiligthum stehlen, und ich dann im hohen Grase am fallenden Bache liege, und näher an der Erde tausend mannigfaltige Gräs-gen mir merkwürdig werden. Wenn ich das Wimmeln der kleinen Welt zwi-schen Halmen, die unzähligen, unergründlichen Gestalten, all der Würmgen, der Mückgen, näher an meinem Herzen fühle, und fühle die Gegenwart des Allmächtigen, der uns all nach seinem Bilde schuf, das Wehen des Allliebenden, der uns in ewiger Wonne schwebend erhält und trägt. Mein Freund, wenn's denn um meine Augen dämmert, und die Welt um mich her und Him-mel ganz in meiner Seele ruht, wie die Gestalt einer Geliebten; dann sehn ich mich oft und denke: ach könntest du das wieder ausdrücken, könntest du

dem Papier das einhauchen, was so voll, so warm in dir lebt, daß es würde der Spiegel deiner Seele, wie deine Seele ist der Spiegel des unendlichen Gottes. Mein Freund – Aber ich gehe darüber zu Grunde, ich erliege unter der Gewalt der Herrlichkeit dieser Erscheinungen. (FA I 8, S. 14)

Das Bedingungsgefüge ist äußerst prekär. Die Situation kann leicht kippen und das Scheitern ist vorprogrammiert, denn die Einheit mit Gott und der Natur genügt noch nicht. Sowohl die Vorstellung der Geliebten (im Vergleich) als auch die Kunst (in vergeblicher Sehnsucht) sollen hinzukommen. Die Liebe wie das künstlerische Streben aber müssen unerfüllt bleiben, um absolut sein zu können. Die Unfähigkeit zur konkreten künstlerischen Gestaltung wird auch später im Brief vom 24. Juli ausgedrückt:

Noch nie war ich glüklicher, noch nie meine Empfindung an der Natur, bis auf's Steingen, auf's Gräsgen herunter, voller und inniger, und doch – ich weis nicht, wie ich mich ausdrükken soll, meine vorstellende Kraft ist so schwach, alles schwimmt, schwankt vor meiner Seele, daß ich keinen Umriß pakken kann; aber ich bilde mir ein, wenn ich Thon hätte oder Wachs, so wollt ich's wohl herausbilden, ich werde auch Thon nehmen wenn's länger währt, und kneten, und sollten's Kuchen werden. (FA I 8, S. 82)

Damit wird eine Schöpfungsvorstellung zitiert, nämlich das Formen von Menschen aus Ton, bei Goethe bekannt aus der Hymne *Prometheus*: „Hier sitz ich, forme Menschen / Nach meinem Bilde" (FA I 1, S. 204). Zeichnen gelingt nicht, aber die prometheische Modellierung von Menschen soll gelingen. Diese höchste denkbare Erfüllung des schöpferischen Künstlers kann aber nur so lange imaginiert werden, wie Werther nicht in die Verlegenheit gerät, den Realitätsbeweis antreten zu müssen – solange nämlich die betreffenden Materialien nicht zur Hand sind.

Am 13. Mai thematisiert Werther das Verhältnis zur Literatur und die Rolle, die das Herz dabei spielt: „Du fragst, ob Du mir meine Bücher schikken sollst? Lieber, ich bitte dich um Gottes willen, laß sie mir vom Hals. Ich will nicht mehr geleitet, ermuntert, angefeuert seyn, braust dieses Herz doch genug aus sich selbst, ich brauche Wiegengesang, und den hab ich in seiner Fülle gefunden in meinem Homer." (FA I 8, S. 16) Pädagogische, didaktische, moralische Literatur, Aufklärungsliteratur also, die in einem pragmatischen Kontext steht und mit konkreten Handlungen verknüpft sein soll, ist fehl am Platz. Es geht um ganzheitliche Entsprechung des ganzen Herzens als des menschlichen Empfindungszentrums, und dazu taugt auch hier nur das Höchste – Homer.

Im langen Brief vom 16. Juni wird die erste Begegnung mit Lotte geschildert. Dabei kommt auch ihr Verhältnis zur Literatur und ihr Lektüreverhalten zur Sprache: „Und der Autor ist mir der liebste, in dem ich meine Welt wieder finde, bey dem's zugeht wie um mich, und dessen Geschichte mir doch so interessant so herzlich wird, als mein eigen häuslich Leben, das freylich kein Paradies, aber doch im Ganzen eine Quelle unsäglicher Glükseligkeit ist." (FA I 8, S. 44) Damit ist ein Lektüreverhalten beschrieben, das der Beschränkung des eigenen Lebens entspricht und die lebensweltlichen Problemlösungen unterstützt. Im Unterschied zu demjenigen Werthers, der in der Literatur die Beschränkung gerade überwinden und das unreduzierte Ganze finden möchte. In dieser Ganzheitskorrespondenz vermögen sich Lotte und Werther am Ende des Briefes doch zu finden, und zwar als ein Gewitter ausbricht:

> Wir traten an's Fenster, es donnerte abseitwärts und der herrliche Regen säuselte auf das Land, und der erquikkendste Wohlgeruch stieg in aller Fülle einer warmen Luft zu uns auf. Sie stand auf ihrem Ellenbogen gestüzt und ihr Blik durchdrang die Gegend, sie sah gen Himmel und auf mich, ich sah ihr Auge thränenvoll, sie legte ihre Hand auf die meinige und sagte – Klopstock!
> Ich versank in dem Strome von Empfindungen, den sie in dieser Loosung über mich ausgoß. Ich ertrugs nicht, neigte mich auf ihre Hand und küßte sie unter den wonnevollesten Thränen. Und sah nach ihrem Auge wieder – Edler! hättest du deine Vergötterung in diesem Blikke gesehn, und möcht ich nun deinen so oft entweihten Nahmen nie wieder nennen hören! (FA I 8, S. 52–54)

Die Anspielung zielt auf Klopstocks Ode *Die Frühlingsfeyer*, in der das Gewitter in einen physiko-theologischen Entwurf eingebunden ist, der bei Goethe schon deutlich vom Religiösen ins Poetische verschoben ist. 1759 entstanden, war *Die Frühlingsfeyer* seit der ersten Ausgabe der *Oden* Klopstocks 1771 endlich im Druck erhältlich, was den historischen Horizont dafür bildet, dass Werther und Lotte die empfindsame Entgrenzung und Verschmelzung der Seelen über einem literarischen Text erleben können.

Wenige Tage nach diesem Erlebnis, am 21. Juni, ist dann unter dem Eindruck der Begegnung mit Lotte von einem Versuch der Begrenzung die Rede. Dieser rhythmische Wechsel von Entgrenzung und Begrenzung, Ausdehnung und Zusammenziehung ist für Goethe sehr charakteristisch, wie auch bei der auf den ersten Blick sehr eigenartigen Vorstellung des den Luftdruck bestimmenden Aus- und Einatmens der Erde zu sehen war. Körperlich wird diese Vorstellung von Goethe nach dem menschlichen Atemrhythmus, im Letzten aber – da es sich dabei um etwas Unverfügbares, nicht willentlich zu Steuerndes handelt – nach dem Rhythmus des Herzschlags moduliert, des Ausdehnens und Zusammenziehens des Herzmuskels, griechisch *Diastole* und *Systole*. Die Amplitude kann sich bis zum Manisch-Depressiven steigern. Nach dem Ausdehnen, der Diastole, nun also wieder die Systole, das Zusammenziehen: „Und so sehnt sich der unruhigste Vagabund zulezt wieder nach seinem Vaterlande, und findet in seiner Hütte, an der Brust seiner Gattin, in dem Kreise seiner Kinder und der Geschäfte zu ihrer Erhaltung, all die Wonne, die er in der weiten öden Welt vergebens suchte." (FA I 8, S. 56)

Diese Amplitude wird bei Goethe in dieser Zeit auch lyrisch häufig durchmessen. Ein Beispiel ist die 1774 entstandene Hymne *Wandrers Sturmlied*, in der am Schluss nach der Korrespondenz mit den Elementen im Gewitter- und Hagelsturm die Glut des Herzens zu schwach zu werden droht und die schützende Hütte aufgesucht werden muss: „Glühte – / Armes Herz – / Dort auf dem Hügel – / Himmlische Macht – / Nur so viel Glut – / Dort ist meine Hütte – / Zu waten bis dort hin." (FA I 1, S. 145) In *Prometheus* ist die Hütte besonders dadurch bedeutsam, dass sie einen eigenen Ort des Menschen bezeichnet, über den der Gott keine Verfügungsgewalt hat: „Mußt mir meine Erde / Doch lassen stehn, / Und meine Hütte / Die du nicht gebaut, / Und meinen Herd / Um dessen Glut / Du mich beneidest." (FA I 1, S. 203) Warum aber sollte der Gewittergott Zeus die vom Menschen gebaute Hütte nicht zerstören können? Die plausibelste Antwort ist: Weil der Mensch den Blitzableiter erfunden hat und die göttliche Gewalt daher nicht mehr fürchten muss.

Die Hütte, die im Fall Werthers mit kleinbürgerlich-idyllischen Vorstellungen, einer Art Biedermeier *avant la lettre*, konnotiert ist, nimmt also in Goethes weltanschaulichem Koordinatensystem eine zentrale Position ein. Die dort erhoffte „Wonne" ist freilich im Fall Werthers nur imaginär – kaum vorstellbar, dass er die Einschränkung in der Realität ertragen könnte. Sie ist denn auch literarisch modelliert nach dem Vorbild Homers. Werther ist in jeder Hinsicht ein ‚erlesener' Held.[3] Hier findet sich erneut eine jener Wenn-dann-Konstruktionen:

---

[3] Vgl. Friedhelm Marx: Erlesene Helden. Don Sylvio, Werther, Wilhelm Meister und die Literatur. Heidelberg 1995.

Wenn ich so des Morgens mit Sonnenaufgange hinausgehe nach meinem Wahlheim, und dort im Wirthsgarten mir meine Zukkererbsen selbst pflükke, mich hinsezze, und sie abfädme und dazwischen lese in meinem Homer. Wenn ich denn in der kleinen Küche mir einen Topf wähle, mir Butter aussteche, meine Schoten an's Feuer stelle, zudekke und mich dazu sezze, sie manchmal umzuschütteln. Da fühl ich so lebhaft, wie die herrlichen übermüthigen Freyer der Penelope Ochsen und Schweine schlachten, zerlegen und braten. Es ist nichts, das mich so mit einer stillen, wahren Empfindung ausfüllte, als die Züge patriarchalischen Lebens, die ich, Gott sey Dank, ohne Affektation in meine Lebensart verweben kann. (FA I 8, S. 58)

Nicht nur der Vergleich von Zuckererbsen mit Ochsen und Schweinen ist ironisch und lässt aufhorchen. Im Hinblick auf das tödliche Schicksal der Freier bei Homer kann man darüber hinaus von mangelnder Lektürekompetenz Werthers sprechen. Zumindest hat er seinen Homer nicht gut und vielleicht auch noch nicht zu Ende gelesen. In dieser objektiven Ironie liegt eine Vorausdeutung auf sein Ende und zugleich ein neuerlicher Hinweis darauf, wie bedeutsam die Literatur für das Leben ist. Lesen wird im wörtlichen Sinn zu einer Angelegenheit auf Leben und Tod. Dies zeigt sich auch im Brief vom 10. Juli, als die Ersetzung Homers durch Ossian vorbereitet wird: „Die alberne Figur, die ich mache, wenn in Gesellschaft von ihr gesprochen wird, solltest du sehen. Wenn man mich nun gar fragt, wie sie mir gefällt – Gefällt! das Wort haß ich in Tod. Was muß das für ein Kerl seyn, dem Lotte gefällt, dem sie nicht alle Sinnen, alle Empfindungen ausfüllt. Gefällt! Neulich fragte mich einer, wie mir Ossian gefiele." (FA I 8, S. 74) Kommunikation über diese Themen ist nicht möglich, denn sie gehört der Gesellschaft an und würde Beschränkung bedeuten. Ossian dagegen steht für Entgrenzung, für die Diastole. Am 22. August bricht die Totalitätskorrespondenz zusammen, weil das erforderliche Selbstgefühl nicht mehr aufgebracht werden kann: „Ich hab keine Vorstellungskraft, kein Gefühl an der Natur und die Bücher speien mich alle an. Wenn wir uns selbst fehlen, fehlt uns doch alles." (FA I 8, S. 108) Und dann der 28. August: „Heut ist mein Geburtstag" (FA I 8, S. 110). Der Geburtstag Werthers ist zugleich der Geburtstag Goethes. Weiter kann weder die Identifikation noch die Auswechselbarkeit des Subjekts getrieben werden. Werther erhält von Lotte und Albert eine Taschenausgabe des Homer, damit er ihn auch in der Natur genießen kann, doch dieses Geschenk kommt zu spät. Im Westentaschenformat kann Homer gegen Ossian nichts ausrichten.

Im zweiten Teil des Romans, im Brief vom 20. Januar – einem Brief an
Lotte! –, wird die Hütte wieder erwähnt, und zwar diesmal nicht als klein-
bürgerlicher bzw. ländlich-idyllischer Ort, sondern im Gegenteil als Ort der
Flucht aus der bürgerlichen Welt: „jezt in dieser Hütte, in dieser Einsamkeit,
in dieser Einschränkung, da Schnee und Schlossen wider mein Fenstergen
wüthen, hier waren Sie mein erster Gedanke." (FA I 8, S. 134) Man könnte
sich vorstellen, das lyrische Ich aus *Wandrers Sturmlied* sei es, das hier nach
Erreichen der schützenden Hütte schreibt. Die literarischen Rollen sind
ebenso austauschbar, wie Goethe selbst teilweise mit ihnen verschmilzt und
sich in ihnen spiegelt, aber immer nur teilweise, des experimentellen Rollen-
charakters eingedenk. Im selben Brief an Lotte erzählt Werther von seiner
Bekanntschaft mit Fräulein von B. „Sie gleicht Ihnen liebe Lotte, wenn man
Ihnen gleichen kann." (ebd.) Mit nicht gerade wünschenswerter Deutlich-
keit spricht er aus, dass das Liebesobjekt austauschbar ist, eine so gut wie die
andere, solange sie zur Repräsentation der Ganzheit taugt und in ihrer gesellschaftlichen Rolle nicht aufgeht: „Sie hat viel Seele, die voll aus ihren
blauen Augen hervorblickt, ihr Stand ist ihr zur Last, der keinen der Wünsche ihres Herzens befriedigt." (FA I 8, S. 136) Diese Austauschbarkeit gilt
jedoch auch für ihn, Werther, selbst. Über den Fürsten, der ihn schätzt,
schreibt er am 9. Mai: „Auch schäzt er meinen Verstand und Talente mehr
als dies Herz, das doch mein einziger Stolz ist, das ganz allein die Quelle von
allem ist, aller Kraft, aller Seligkeit und alles Elends. Ach was ich weis, kann
jeder wissen. – Mein Herz hab ich allein." (FA I 8, S. 154) Genau in diesem
Alleinbesitz, in dieser Individualität ist seine Austauschbarkeit begründet,
und dieses Paradox ist Werthers Dilemma, das er nicht lösen kann. Er ist
potenziell austauschbar mit jedem, der so stark zu empfinden vermag wie er,
so wie Lotte und Fräulein von B. potenziell austauschbar sind. Albert hingegen wirft er am 29. Juli einen „gewisse[n] Mangel an Fühlbarkeit" vor, „ein
Mangel – nimm's wie du willst, daß sein Herz nicht sympathetisch schlägt
bey – Oh! – bey der Stelle eines lieben Buchs, wo mein Herz und Lottens in
einem zusammen treffen" (FA I 8, S. 156). So war es bei Klopstock der Fall
gewesen. Am 3. November ist Werthers Herz „todt", wie es heißt. „Ich leide
viel, denn ich habe verloren was meines Lebens einzige Wonne war, die
heilige belebende Kraft, mit der ich Welten um mich schuf. Sie ist dahin!"
(FA I 8, S. 178) Abermals ist der veränderte Zustand in einer Wenn-dann-
Konstruktion ausgedrückt, wobei die Konsequenz des ‚dann' noch unausgesprochen bleibt:

> Wenn ich zu meinem Fenster hinaus an den fernen Hügel sehe, wie die Mor-
> gensonne über ihn her den Nebel durchbricht und den stillen Wiesengrund
> bescheint, und der sanfte Fluß zwischen seinen entblätterten Weiden zu mir
> herschlängelt, o wenn da diese herrliche Natur so starr vor mir steht wie ein
> lakirt Bildgen, und all die Wonne keinen Tropfen Seligkeit aus meinem Her-
> zen herauf in das Gehirn pumpen kann, und der ganze Kerl vor Gottes An-
> gesicht steht wie ein versiegter Brunn, wie ein verlechter Eymer! (ebd.)

Dies ist die einzige Stelle, an der das Wort „Kerl" – ein typisches Sturm-
und-Drang-Wort, meist abwertend gebraucht – in der zweiten Fassung des
Romans nicht eliminiert oder durch ein anderes, neutraleres Substantiv, wie
zum Beispiel ‚Mensch', ersetzt wurde. Das zeigt die ganze Abwertung
Werthers. Am 15. November schreibt er von dem „schröklichen Augen-
blikke", da „mit mir die Welt untergeht" (FA I 8, S. 180). Das ist die Kehrseite der Monumentalisierung des Subjekts, dessen Weltbezug nur mehr in
ihm selbst besteht, da alle Ganzheitskorrespondenz scheitert bzw. nur noch
im Tod als der letzten Entgrenzung gefunden werden kann. Bevor die Auflösung gelingt und nachdem der Herausgeber sich eingeschaltet hat, erfolgt
noch die gemeinsame Ossian-Lektüre Werthers und Lottes als Vorbereitung. Diese Lektüre im Roman präfiguriert die Lektüre des Romans selbst,
die Lektüre des *Werther*. Der Roman wird selbstreflexiv und rechnet auf
Leserinnen und Leser, die dies erkennen können, um die katastrophalen
Folgen des Literaturkonsums zu verhindern.

Auch der Tod ist dann literarisch vermittelt: „Emilia Galotti lag auf
dem Pulte aufgeschlagen." (FA I 8, S. 264) Emilia erbittet in Lessings Trauerspiel von ihrem Vater Odoardo den Dolch, weil sie der Verführung des
Prinzen zu erliegen fürchtet, und ersticht sich. Die Selbstbehauptung einer
fragwürdigen patriarchalischen bürgerlichen Tugend gegen die vermeintliche Sittenlosigkeit des Adels wird zum Fanal des Scheiterns des monu-
mentalen Subjekts. Was seine Emanzipation – im Pochen auf bürgerliche
Moralvorstellungen – befördern sollte, kehrt sich gegen das moderne Individuum. Dessen Ganzheit im *Werther* wird, kaum dass sie sich entwickelt
hat, wieder zerstört und unterdrückt, weil sie sich als nicht sozialisierbar,
als nicht gesellschaftsfähig erweist. Das Programm der Individualitätsentwicklung durch Ganzheitskorrespondenz in Natur, Liebe, Kunst ist gescheitert, wenn man nicht von der einzig möglichen Entgrenzung im Tod
als einem Gelingen sprechen möchte. Die momentane ekstatische Lust der
Vereinigung im Kuss mit Lotte kann nicht wiederholt, nur im Tod verewigt

werden. Wie Individualität und Gesellschaft wieder vermittelt werden können, bleibt einstweilen offen. Eine Antwort könnte in den geschilderten, zunächst nicht recht erfolgreichen Versuchen Goethes zur Erziehung der Leserschaft liegen.

Charakteristisch für eine problemgeschichtliche Betrachtungsweise der Literatur ist, dass man ungelöste Probleme eines Werkes in einem anderen wieder auftauchen sieht, und zwar sowohl desselben als auch eines anderen Genres. Goethes nächster Roman, *Wilhelm Meisters Lehrjahre*, wird sich als sogenannter ‚Bildungsroman‘ am *Werther*-Skandal abarbeiten, und noch Eduard, einer der Protagonisten des Romans *Die Wahlverwandtschaften*, kann als eine gealterte Reinkarnation Werthers gesehen werden, der sich nicht umgebracht hatte und seine Lotte, die tatsächlich Charlotte heißt, im reiferen Alter doch noch heiratet.

Das Leben geht weiter

Und Goethe selbst? Dass die Niederschrift des *Werther* für ihn eine therapeutische Funktion gewonnen habe, wurde im Anschluss an seine Selbstkommentare oft betont. Sein erster Roman war nicht zuletzt darin durchschlagend erfolgreich, dass er die Verbindung von Leben und Werk zum Strukturprinzip erhob. Gerade dadurch, dass Goethe nur von sich redet, schien das Buch unmittelbar für jeden einzelnen Leser geschrieben. Denn auch hier gilt das Paradox: Was den modernen Menschen unverwechselbar macht, hat er mit allen anderen gemeinsam. Die Aporie der Monumentalisierung und Krise des genialen Subjekts, als das Goethe sich inszenierte, ist durchaus auch in Bezug auf ihn selbst ernst zu nehmen. Der Mensch, der sich nicht mehr über seine ständische Position oder seine gesellschaftliche Rolle definiert, braucht eine andere Instanz, zu der er in Korrespondenz seinen Selbstwert bestimmen kann. Goethe entwickelt den höchsten Ehrgeiz: Die Korrespondenz mit dem Ganzen der Welt würde dem Ich den höchsten Wert sichern. Das bedeutet aber für das Ich die völlige Entgrenzung, die Selbstauflösung im Tod. Werthers Schicksal zeigt, wie notwendig es für Goethe war, seine literarischen Figuren vorzuschieben, um an ihnen die Konsequenzen seiner Lebensentwürfe zu erproben. Diese Modellbildung für das Leben ist eine entscheidende Aufgabe der Literatur in der Moderne, die Goethe ihr in dieser Weise erst erschlossen hat. Für die Folgen scheitern-

der literarischer Lebensexperimente braucht der Autor nicht selbst aufzu-
kommen. Er kann aus den Erfahrungen seiner Figuren lernen, was diesen
selbst nur bedingt möglich ist. Die Konsequenzen für das Bild des Autors in
der Moderne generell spiegelt ein Brief Heinrichs von Kleist an Adolphine
von Werdeck vom Herbst 1801 wider:

> Sie scheinen mit Göthens Person nicht so zufrieden zu sein, wie mit seinen
> Schriften. – Aber ums Himmels Willen, gnädigste Frau, wenn wir von den
> Dichtern verlangen wollen, daß sie so idealisch sein sollen, wie ihre Helden,
> wird es noch Dichter geben? Und wenn die Menschen Alles thun sollen,
> was sie in ihren Büchern lehren, wird uns jemand wohl noch Bücher
> schreiben?[4]

Einerseits muss also zwischen Leben und Werk streng unterschieden werden. Andererseits sind sie auf höherer Ebene verbunden und gerade deswegen sind die ‚eigentlichen' Lebensentwürfe im Werk zu finden, und nur dort.

Eine mit dem *Werther* fast parallele Formulierung der Lebensproblematik findet sich in dem vermutlich 1773 entstandenen Dramenfragment
Prometheus. Die Stellung, die die berühmte gleichnamige Hymne in dem geplanten Drama hätte einnehmen sollen, ist nicht mehr zu klären. Jedenfalls
geht es im Drama nicht nur um die sprichwörtlich ‚prometheische' menschliche Selbstbehauptung gegen das Göttliche und die Auflehnung gegen vä-
terliche Autorität, sondern auch um den Gegenpol der Selbstauflösung im
Absoluten als Vollendung der eigenen Existenz. Mythologisch wird diese
Rolle durch Prometheus' Bruder Epimetheus verkörpert, der aber in Goethes Fragment nicht auftritt. Dort ist es Pandora, die Tochter des Prometheus, die diese Sehnsucht ausdrückt: „dies Herze sehnt sich oft / Ach nir-
gend hin, und überall doch hin!" Darauf entgegnet Prometheus am Ende
des zweiten Akts, mit dem das Fragment endet:

> Da ist ein Augenblick der alles erfüllt.
> Alles was wir gesehnt, geträumt, gehofft.
> Gefürchtet meine Beste. Das ist der Tod. (FA I 4, S. 418)

Und dann kommt die aus dem *Werther* bekannte Wenn-dann-Periode:

---

[4] Heinrich von Kleist: Sämtliche Werke und Briefe in vier Bänden. Hrsg. von
Ilse-Marie Barth u. a. Bd. 4: Briefe von und an Heinrich von Kleist, 1793–1811. Hrsg.
von Klaus Müller-Salget. Frankfurt a. M. 1997, S. 279.

Wenn aus dem innerst tiefsten Grunde
Du ganz erschüttert alles fühlst
Was Freud und Schmerzen jemals dir ergossen.
Im Sturm dein Herz erschwillt.
In Tränen sich erleichtern will und seine Glut vermehrt
Und alles klingt an dir und bebt und zittert.
Und all die Sinne dir vergehn
Und du dir zu vergehen scheinst
Und sinkst und alles um dich Her
Versinkt in Nacht, und du in inner eigenem Gefühle
Umfassest eine Welt.
Dann stirbt der Mensch. (FA I 4, S. 418 f.)

Nach dem Moment der höchsten Ganzheitskorrespondenz ist keine weitere Entwicklung und damit auch kein Weiterleben möglich. Pandora will diesen Augenblick sogleich ekstatisch erfassen: „O Vater laß uns sterben!", doch Prometheus entgegnet: „Noch nicht!" Die letzte Konsequenz wird hier noch einmal abgebogen: „Und nach dem Tod!", will Pandora wissen. Ihr Vater antwortet – und mit diesen Versen endet der Akt und damit das Fragment:

Wenn alles, Begier und Freud und Schmerz
Im stürmenden Genuß sich aufgelöst.
Dann sich erquickt in Wonne Schlaf.
Dann lebst du auf, aufs jüngste wieder auf
Aufs neue zu fürchten zu hoffen und zu begehren. (FA I 4, S. 419)

Dieser Ausweg in einen therapeutischen Heilschlaf wird zum Beispiel auch den Dramenfiguren Orest (in *Iphigenie*) und Faust eröffnet. Bedeutsam am Ende des *Prometheus*-Fragments ist, dass die Wenn-dann-Periode umgebogen wird. Auch syntaktisch ist aus derselben Grundkonstellation ein Neuanfang möglich, der Ausweg wird nicht zuletzt sprachlich gefunden. Das Leben geht weiter, und es kann auch nach den größten Katastrophen wie den höchsten Genüssen dadurch weitergehen, dass der Mensch die Fähigkeit zur Regeneration und zum Vergessen durch den Schlaf besitzt.

6

Wahre und falsche Propheten: Religionskritik und poetische Selbstkritik

Bei *Werther* stand bereits eine Frage im Hintergrund, die zu den strittigsten der Goethe-Rezeption überhaupt gehört – sprichwörtlich geworden in Gretchens Frage an Faust: „Nun sag', wie hast du's mit der Religion?" (FA I 7/1, S. 148) Von Werther, dem Selbstmörder, hatte sich die Kirche abgewandt: „Kein Geistlicher hat ihn begleitet." (FA I 8, S. 266) Wie aber steht es mit dem modernen Menschen in dieser Hinsicht generell? Die Gretchen-Frage an Goethe zu richten bedeutet zugleich, nach der Funktion der Religion in der Moderne überhaupt zu fragen. Dabei ist noch einmal an die entscheidende ideengeschichtliche Voraussetzung von Monumentalisierung und Krise des genialen Subjekts zu erinnern, den Historismus, den Goethe durch Herder in Straßburg kennenlernte. Die Aufwertung des Mittelalters (*Von Deutscher Baukunst*), die Identifikation mit großen Gestalten der Vergangenheit (Homer und Ossian im *Werther*) ebenso wie das Bemühen um Distanzierung, eine ästhetische Differenzwahrnehmung bei der Lektüre – all dies ist nicht denkbar ohne die ‚Entdeckung' des historischen Sinns. Sie löste die ahistorische Vorbildhaftigkeit der Antike ebenso ab wie die christliche Heilsgeschichte und die aufklärerische Vorstellung eines universalen Fortschritts in der Geschichte. Wenn das Subjekt die erstrebte Kraft der Empfindung aufbringen kann und des Gegenhalts der Ganzheitskorrespondenz fähig ist, kann es sich in eine Reihe mit den größten Gestalten der Geschichte stellen. Als Kehrseite droht jedoch, wie schon mehrfach zu sehen war, die Verwechselbarkeit. Gerade das, was nach dem Zerbrechen weltanschaulicher Deutungsgehäuse für die Einmaligkeit des Subjekts sorgen sollte, ist als Schnittmenge allen genialen Individuen gemeinsam. Diese Problematik ist von unmittelbar religiöser Relevanz, denn die genialen Individuen waren in der Vergangenheit häufig Propheten oder galten zumindest in irgendeiner Hinsicht als solche. „Und mit inniger Seele fall ich dem Bruder um den Hals Moses! Prophet! Evangelist! Apostel, Spinoza oder Machiavell" – um noch

einmal die von Goethe in einem Brief an Lavater und Pfenninger genannte
Reihe der Genies zu zitieren (FA II 1, S. 359). Die für das Individuum erstrebte geniale Empfindung ist diejenige Qualität, die auch die Propheten
auszeichnete. Damit aber droht jeder Prophet ein falscher Prophet zu sein,
sobald er für seine Lehre den Anspruch auf universale Geltung erhebt. Und
welcher Prophet täte dies nicht? Gerade die Besonderheit seiner Lehre – das,
was den einen vom anderen unterscheidet – ist kontingent, so wie auch die
ästhetischen Maßstäbe der Baukunst nur mehr für eine räumlich und historisch genau bestimmte Kultur gelten sollten.

In diesem Zusammenhang von Historismus und Religionskritik ist noch
einmal an Herders Schrift *Auch eine Philosophie der Geschichte zur Bildung
der Menschheit* zu erinnern und an den ethnologischen Blick, den Herder
empfohlen hatte, um der göttlichen Offenbarung auch in der aufgeklärten
Spätzeit noch teilhaftig zu werden. Goethe war weit skeptischer, was die Er-
kennbarkeit einer göttlichen Offenbarung anbelangt. Um den 12. Mai 1775
schrieb er an Herder:

> Wenn nur die ganze Lehre Von Christo nicht so ein Scheisding wäre, das
> mich als Mensch als eingeschränktes bedürftiges Ding rasend macht so wär
> mir auch das Objeckt lieb. Wenn gleich Gott oder Teufel so *behandelt* mir
> lieb wird denn er ist mein Bruder. – Und so fühl ich auch in all deinem We-
> sen, nicht die Schaal und Hülle daraus deine Castors oder Harlekins heraus
> schlupfen, sondern den ewig gleichen Bruder, Mensch, Gott, Wurm und
> Narren. (FA II 1, S. 451)

Auch hier sind wieder in der Kraft des Gefühls alle großen Individuen
gleichwertig und Gott ebenbürtig, aber möglicherweise auch dem Teufel.
Denn Goethe zog aus Herders religiösem Historismus eine andere Konsequenz als den Sprung in den Glauben. Die Einzelreligionen wurden auch
von ihm zumindest ansatzweise aus ihrer Zeit sowie ihrem kulturellen Ent-
stehungsraum heraus verstanden. Nach dem Verlust der Verbindlichkeit
einer allgemeinen, universal gültigen religiösen Sinnstiftung droht jedoch
nun die Idolatrie. Das Sinnvakuum wird durch religiöse Erfindungen gefüllt, die im Erfolgsfall eine neue Religionsform begründen, aber auch als
bloßer Privatmythos und Fetischismus enden können. Goethes Frühhistorismus weiß um die Kontingenz von Religionen und Offenbarungssystemen
und führt diese Kontingenz gegen ihre stets drohende Absolutsetzung kritisch ins Feld. Wobei diese Kritik auch Selbstkritik eines genialen Dichter-
tums ist, das die vakante Rolle des Priesters und Propheten mit übernehmen

möchte. Die Vorstellung des Dichters als Seher und Prophet ist alt und schon
der Antike im Topos des *poeta vates* geläufig. Nun erscheint die Sehergabe
nicht mehr als von einem allgemein geglaubten Gott verliehen, sondern
durch den Dichter selbst erzeugt. Auch er kann damit zum falschen Propheten werden. In dieser bereits in seinem Frühwerk angelegten kritischen Erkenntnis wurzelt (unter anderem) noch die vehemente Kritik des älteren
Goethe an seinen eigenen früheren poetischen Erzeugnissen, wie sie etwa
beim *Werther* greifbar ist.

Goethes frühestes Projekt, in dem eine Religionsstiftung kritisch dargestellt wird, ist das dramatische Fragment *Mahomet*, von dem drei 1772/73
entstandene Textstücke erhalten sind. „Mahomet" ist die zeitgenössische
Namensform des islamischen Propheten Mohammed, der der Aufklärung
als Musterbeispiel eines falschen Propheten und Volksverführers galt. Als
solcher hatte ihn Voltaire 1741 in seinem religionskritischen Drama *Mahomet* dargestellt, das Goethe später übersetzte und bearbeitete – seine Bearbeitung ist 1802 erschienen. Auch die im aufklärerischen Geist entstandene,
1772 unter dem Titel *Die türkische Bibel* erschienene Koran-Übersetzung
von David Friedrich Megerlin war von dieser polemischen und kontro-
vers-theologischen Tendenz geprägt. Goethes Rezension in den *Frankfurter
Gelehrten Anzeigen* vom 22. Dezember 1772 war scharf ablehnend: „Wir
wünschten, daß einmal eine andere [Übersetzung] unter morgenländischem
Himmel von einem Deutschen verfertigt würde, der mit allem Dichter- und
Prophetengefühl in seinem Zelte den Koran läse, und Ahndungsgeist genug
hätte, das Ganze zu umfassen." (FA I 18, S. 104) Nach dem Rezept Herders
wird also der ethnologische Blick empfohlen. Die Perspektive der Aufklärung ist nicht dafür geeignet, die islamische Kultur zu beurteilen. Sie kann
nur in ihrem eigenen Kontext angemessen rekonstruiert und verstanden
werden, um dann, in einem zweiten Schritt, möglicherweise übersetzt werden zu können. Dafür wird explizit der Dichter und Prophet – beide Rollen
und Fähigkeiten also in eins gefasst – für zuständig erklärt. Voraussetzung
für die angemessene Rezeption ist eine analoge Kraft der Empfindung. Nur
das Genie kann das Genie verstehen. Dieses Problem der Verständigung, der
intersubjektiven Vermittlung von Ganzheitserlebnissen, wird Goethe noch
weiter beschäftigen. Bemerkenswert ist jedoch, dass mit der Formulierung
dieser Übersetzungsaufgabe bereits zu diesem frühen Zeitpunkt Goethes
späteres Konzept der Weltliteratur vorbereitet wird. Das Wort selbst wird
von ihm erst spät verwendet. Der Sache nach kann man aber bei Goethe

unabhängig von der konkreten Wortverwendung drei Konzeptionsphasen
des interkulturellen Kontakts unterscheiden:

In der Frühzeit geht es Goethe um die Betonung der Gleichwertigkeit
genialer Kulturschöpfungen, die aus historisch zufälligem Ursprung jeweils
auf das Absolute zielen. Dies gilt vor allen Dingen für die monotheistischen
Offenbarungsreligionen. Kulturen, die sich auf eine göttliche Offenbarung
berufen, sind relativ und absolut zugleich, eine Problematik, die in der deutschen Literatur durch die Ringparabel in Lessings Drama *Nathan der Weise*
berühmt geworden ist. Goethe ist im Blick auf die Konsequenzen noch pes-
simistischer als Lessing: Für ihn sind im Zweifelsfall nicht alle Religionen
gleichermaßen wahr, sondern alle gleichermaßen falsch. Es gibt nämlich
seinem Denken zufolge kein externes Wahrheitskriterium, das es erlauben
würde, zwischen genialem Religionsschöpfer und Scharlatan, zwischen
wahrem und falschem Propheten zu unterschieden – keines außer dem einzigen, begriffslosen: der geforderten absoluten Kraft des Gefühls.

In seiner klassischen Zeit, spätestens seit der italienischen Reise, wird der
sich abzeichnende Kulturrelativismus durch die Konzeption einer prinzipiel-
len Vorbildhaftigkeit der Antike abgelöst. Sie soll jedoch nicht blind nachgeahmt werden, sondern vielmehr als Vorbild einer autonomen Kulturentwick-
lung dienen: „Jeder sey auf seine Art ein Grieche! Aber er sey's." (FA I 20,
S. 350) Als Konsequenz der Religionskritik der Frühzeit wird der Kultur-
begriff nun säkularisiert, und auch der Dichter ist allenfalls noch weltlicher
Priester.

In der dritten Phase, im Spätwerk, als dann auch der Terminus „Weltliteratur" auftaucht, ist für Goethe die Vorstellung einer ‚Arbeitsteilung' unter
den Nationen leitend, analog der Rollen- und Funktionsdiversifizierung unter den modernen Individuen. Wie jedes Individuum in die moderne, arbeits-
teilig organisierte Gesellschaft seine besonderen Fähigkeiten und Eigenheiten
einbringen soll, so auch jede Nation in das Konzept der Weltliteratur.[1] Auf
dieser dritten Stufe ist das Kulturkonzept subjektanalog modelliert.

---

[1] Vgl. Richard M. Meyer: Die Weltliteratur im zwanzigsten Jahrhundert. Vom
deutschen Standpunkt aus betrachtet. Stuttgart/Berlin 1913, S. 16 f.

Erfindung des Monotheismus

Mahomet gehört zur ersten Stufe. Goethe behandelt Mohammed als eines der großen Genies, damit bleibt aber zunächst offen, ob er ein wahrer oder falscher Prophet ist. Einerseits wird der Islam als monotheistische Religion im zeitgenössischen Kontext deutlich aufgewertet. Gleichzeitig aber wird dadurch, dass Goethe die genialen Religionsstifter und Propheten in eine Reihe rückt, jeder Einzelne von ihnen in frühhistoristischer Manier relativiert, also auch der absolute Geltungsanspruch des Monotheismus bestritten. Woraus kann dann noch ein Kriterium zur Unterscheidung von wahren und falschen Propheten gewonnen werden? Die Berufung auf die Kraft des Gefühls kann auf Dauer kaum befriedigen, denn Gefühle sind nicht verallgemeinerbar, und demzufolge wäre jeder kräftig fühlende Mensch wahrer und falscher Prophet zugleich – auch Goethe selbst.

Der erste der erhaltenen Textteile des Dramenprojekts besteht aus Mahomets hymnischem Auftrittsmonolog. In ihm wird der kulturelle Mythos der ‚Erfindung‘ des Monotheismus skizziert. Gleich zu Beginn formuliert Mahomet das Problem der Vermittlung genialer bzw. religiöser Empfindung: „Teilen kann ich euch nicht dieser Seele Gefühl. Fühlen kann ich euch nicht allen ganzes Gefühl." (FA I 4, S. 249) Als korrespondierende Instanz des unteilbaren Gefühls kommt nur das Ganze, nämlich Gott in Frage. In aufsteigender Linie wendet sich Mahomet an verschiedene himmlische Instanzen, die er gleichsam auf ihre göttliche Eignung hin überprüft. „Gad", das ist Jupiter, verbirgt sich, der Mond, der den Stern überstrahlt, muss der Sonne weichen, die jedoch ihrerseits wieder untergeht und den Gottsucher zunächst in der Finsternis allein zurücklässt. Daraus zieht das Ich den Schluss, denjenigen als Gott anzubeten, der „die Sonne den Mond und die Stern", dazu „Erde und Himmel und mich" geschaffen hat. (ebd.) In dieser Erkenntnis des ‚Hervordenkens‘ eines höchsten Schöpfergottes trifft Mahomets Pflegemutter Halima ihn an, und es zeigt sich im zweiten Teil des *Mahomet*, einem kurzen Dialog zwischen ihm und seiner Pflegemutter, dass seine Gotteserkenntnis nicht intersubjektiv vermittelbar ist. Halima kann seine religiösen Aussagen nicht verstehen und reagiert mit Pathologisierung, einer Konsequenz, die der geniale Prophet bei Goethe immer gewärtigen muss: Die ihm zuteil gewordene Ganzheitserfahrung wird von seiner Umgebung als selbst erzeugt behandelt und wirkt daher nicht im Sinne einer Religionsgründung gemeinschaftsstiftend, sondern im Gegenteil asozial, nicht sozialisierbar, gemeinschaftszerstörend: „Er ist sehr verändert. Seine Natur ist umgekehrt, sein Verstand hat gelitten. Es ist besser ich bring ihn seinen Verwandten jetzo zurück, als daß ich die Verantwortung schlimmer Folgen auf mich lade." (FA I 4, S. 251)

Der im Auftrittsmonolog dargestellte Absolutheitsanspruch gefährdet nicht nur dessen ‚Erfinder‘ durch die ihm drohende Pathologisierung, er gefährdet auch die polytheistische Tradition und damit die religiös gegründete Gesellschaft, wie die Reaktion Halimas verdeutlicht. Die ‚schlimmen Folgen‘, von denen sie spricht, können in beide Richtungen gelesen werden und sowohl das Subjekt Mahomet als auch das Zusammenleben der Gemeinschaft betreffen. Es bleibt die Frage, wie eine Gotteserfahrung als Ganzheitskorrespondenz überhaupt glaubhaft vermittelt werden kann.

Der dritte Teil, ein Wechselgesang zwischen Fatema und Ali, der Lieblingstochter des Propheten und ihrem Ehemann, wurde separat 1773 im *Göttinger Musen-Almanach auf das Jahr 1774* gedruckt. Als *Mahomets Gesang* eröffnete er dann Goethes erste handschriftliche Weimarer Gedichtsammlung aus dem Jahr 1778. Als Teil des Dramenfragments jedoch geht es in diesem Gesang kontrastiv zum zweiten Teil um die Vergöttlichung des Propheten, dargestellt im Bild des Stromes von der Quelle bis zur Mündung, einer traditionellen Allegorie für den Lebenslauf. Mit weiblicher und männlicher Sexualsymbolik wird die enthusiastische Selbstauflösung der Anhänger des Propheten im Göttlichen vorgeführt: Der Strom fließt durch die Ebene „Schlangewandelnd" und beschreibt damit die in der Aufklärungsästhetik statuierte ideale Schönheitslinie, die den Konturen eines idealtypisch imaginierten weiblichen Körpers und des weiblichen Geschlechts nachgebildet wurde. Die Flüsse und Bäche, die dem Strom zufließen, drohen jedoch zu versickern und auszutrocknen, bevor sie sich in ihn ergießen können. Damit er alle Fluten dem „erwartenden Erzeuger", dem Meer, zuführen kann, muss auch die männliche Sexualkraft aufgeboten werden:

> Kommt ihr alle!
> Und nun schwillt er herrlicher;
> (Ein ganz Geschlechte
> Trägt den Fürsten hoch empor;) (FA I 4, S. 252)

Diese Ermächtigung befähigt ihn zur Kulturschöpfung: „Gibt Provinzen seinen Namen; / Städte werden unter seinem Fuß!" (ebd.) Gleichwohl mündet die Ermächtigung in das Verschwinden, der Strom ergießt sich ins Meer

als göttliches Element. Die Aporie bleibt bestehen: Das Ziel des genialen Lebenslaufs ist die Auflösung. Allerdings ist der Horizont gegenüber *Werther*
breiter: Im Blick ist nicht nur das Individuum allein, sondern die durch dieses begründete Kultur. In den Blick kommt daher auch – als Produkt beginnenden historischen Denkens, im Wissen nämlich um die Kontingenz der
Geschichte – das Bedürfnis nach Größe, nach überhistorischer Geltung in
Gestalt genialer Personen. Wirkungsgeschichtlich hat dieses Bedürfnis dann
nicht zuletzt in Goethe selbst sein Objekt gesucht.

„Immer verändert! Immer beständig!"

Den kritischen Kommentar dazu lieferte Goethe gleich mit, und zwar mit
beträchtlicher Schärfe in dem vermutlich ebenfalls 1773 entstandenen und
erst 1817 erstmals gedruckten Drama *Satyros oder Der Vergötterte Waldteu-
fel*. Es wurde in der Forschung als „bemerkenswert hellsichtig[e]" „Studie zu
Fanatismus und Massenwahn, anderthalb Jahrzehnte vor der Französischen
Revolution", bezeichnet.[2] Ein Satyr ist ein Wald- und Fruchtbarkeitsdämon,
meist dargestellt als Mischung aus Mensch und Ziegenbock, mit dauer-
eregiertem Penis, im Kontext der griechischen Mythologie ein Begleiter des
Weingottes Dionysos. In dieser Titelfigur zeigt sich eine Auseinandersetzung mit Jean-Jacques Rousseau. Dieser hatte in den Anmerkungen seines
Discours sur l'origine et les fondemens de l'inegalité parmis les hommes (1755)
ausführlich auf Reiseberichte hingewiesen, in denen von diversen „anthro-
pomorphen Tierarten"[3] die Rede war, bei denen es sich zum größten Teil um
Menschenaffen handelte. „Unsere Reisenden erklären unter den Namen
Pongos, Mandrills, Orang-Utan dieselben Wesen zu Tieren, die die Alten unter den Namen *Satyre, Faune, Silvane* als Götter aufgefaßt haben. Vielleicht
wird man nach genaueren Untersuchungen herausfinden, daß es weder
Tiere noch Götter, sondern Menschen sind."[4] Mit diesem Konzept des
Rousseau'schen Urmenschen setzt sich Goethes Drama unter anderem aus-

---

[2] Der junge Goethe in seiner Zeit. Texte und Kontexte. In zwei Bänden und einer
CD-ROM. Hrsg. von Karl Eibl, Fotis Jannidis und Marianne Willems. Frankfurt
a. M. 1998. Bd. 1, S. 747.

[3] Jean-Jacques Rousseau: Abhandlung über den Ursprung und die Grundlagen
der Ungleichheit unter den Menschen. Stuttgart 1998, S. 138.

[4] Ebd., S. 140.

einander. Der ‚Naturzustand' der Gesellschaft wird als Zustand der Gesetz-
und Schamlosigkeit dargestellt. Satyros ist Luzifer, Dionysos, Orpheus (er
singt!) und Amor in einer Figur, also eine groteske Verkörperung einer
Reihe von göttlich-teuflischen Genies und Propheten.

Gegenspieler des Satyros ist ein Einsiedler, dessen Christentum satirisch verzerrt wird. Wie er in seinem Eingangsmonolog bekennt, hat er nicht
aufgrund des ‚ruchlosen' Lebens in den Städten die Einsamkeit gewählt,
sondern wegen der „langweiligen Narrheit" der Menschen. (FA I 4, S. 391)
Satyros, der gestürzt ist und vom Einsiedler in seine Hütte geführt wird,
verachtet dessen „Schnitzbildlein Quer-Hölzelein", also sein Kruzifix. „Mir
geht in der Welt nichts über mich, / Denn Gott ist Gott und ich bin ich!" (FA
I 4, S. 394) Wenn als Korrespondenz des genialen Subjekts nur das Absolute
in Frage kommt, liegt die Konsequenz der Selbstvergötterung nahe, wie hier
satirisch dargestellt. Satyros stiehlt dem Einsiedler eine „Leinwand" (ebd.),
offenbar ein Schurz, mit dem er seine Scham bedecken will, damit die Mädchen nicht vor ihm davonlaufen. Der vermeintlich bedürfnislose Einsiedler
verfolgt den Satyros, um sein Eigentum zurückzugewinnen.

Die rousseauistische Rückkehr zur Natur, die Satyros im dritten Akt
propagiert, führt unmittelbar zur Gründung einer religiösen Gemeinschaft, als deren Prophet Satyros aufgrund seiner Predigt vom Volk aner-
kannt wird. Zu Beginn des vierten Aktes wird die religiöse Botschaft ironi-
siert, da die Urnahrung („rohe Kastanien / Ein herrlicher Fraß"; FA I 4,
S. 399) den Menschen offenbar nicht bekommt. Denn nun spricht der bis-
herige Priester und Älteste Hermes, während alle an den rohen Kastanien
nagen: „Sackerment ich habe schon / Von der neuen Religion / Eine ver-
fluchte Indigestion" (FA I 4, S. 400) (also eine Verstopfung). Die Einverlei-
bung der transzendenten Lehre erweist sich als schwer verdaulich. Darüber darf jedoch nicht übersehen werden, dass der theosophische Glaube,
den Satyros nun predigt, Goethes eigener früher Weltanschauung nicht
fremd ist. Oder etwas vorsichtiger ausgedrückt: Er entstammt dem Ein-
flussbereich, dem auch Goethe zeitweise unterlag und aus dem er bleibende
Anregungen bezog:

> Vernehmet wie im Unding
> Alles durch einander ging.
> Im verschloßnen Haß die Elemente tosend,
> Und Kraft an Kräften widrig von sich stoßend.
> Ohne Feinds band ohne Freunds band

Ohne zerstören ohne vermehren.
[...]
Wie im Unding das Urding erquoll
Lichts macht durch die Nacht scholl
Durch drang die Tiefen der Wesen all
Daß aufkeimte Begehrungs schwall
Und die Elemente sich erschlossen
Mit Hunger in einander ergossen
All durchdringend all durchdrungen.
[...]
Wie sich Haß und Lieb gebar
Und das All nun ein Ganzes war.
Und das Ganze klang
In lebend würkendem Ebengesang,
Sich täte Kraft in Kraft verzehren
Sich täte Kraft in Kraft vermehren,
Und auf und ab sich rollend ging
Das All und Ein und Ewig Ding
Immer verändert! Immer beständig! (ebd.)

Bei anderer Diktion ist diese Lehre durchaus kompatibel mit dem Mythos von der Entstehung des Kosmos, den Goethe im achten Buch von *Dichtung und Wahrheit* als seine jugendliche Weltanschauung entwarf:

Ich mochte mir wohl eine Gottheit vorstellen, die sich von Ewigkeit her selbst produziert; da sich aber Produktion nicht ohne Mannigfaltigkeit denken läßt, so mußte sie sich notwendig sogleich als ein Zweites erscheinen, welches wir unter dem Namen des Sohns anerkennen; diese beiden mußten nun den Akt des Hervorbringens fortsetzen, und erschienen sich selbst wieder im Dritten, welches nun eben so bestehend lebendig und ewig als das Ganze war. Hiermit war jedoch der Kreis der Gottheit geschlossen, und es wäre ihnen selbst nicht möglich gewesen, abermals ein ihnen völlig Gleiches hervorzubringen. Da jedoch der Produktionstrieb immer fortging, so erschufen sie ein Viertes, das aber schon in sich einen Widerspruch hegte, indem es, wie sie, unbedingt und doch zugleich in ihnen enthalten und durch sie begrenzt sein sollte. Dieses war nun Lucifer, welchem von nun an die ganze Schöpfungskraft übertragen war, und von dem alles übrige Sein ausgehen sollte. (FA I 14, S. 382 f.)

Dieser späte Bericht ist schon deutlich abgemildert in Richtung auf eine mögliche Vereinbarkeit mit der christlichen Dreifaltigkeitslehre, so dass man in der Predigt des Satyros, wenn auch in satirischer Brechung, ein authentischeres Zeugnis der Weltanschauung des jungen Goethe vor sich haben dürfte. In *Dichtung und Wahrheit* betont Goethe zwar den privaten Charakter des entworfenen Mythos: „so erbaute ich mir eine Welt, die seltsam genug aussah" (FA I 14, S. 382). Doch er erhebt für den Kern der Lehre von Schöpfung, Sündenfall und Erlösung einen historisch informierten universalen Geltungsanspruch: „Die Geschichte aller Religionen und Philosophieen lehrt uns, daß diese große, den Menschen unentbehrliche Wahrheit von verschiedenen Nationen in verschiedenen Zeiten auf mancherlei Weise, ja in seltsamen Fabeln und Bildern der Beschränktheit gemäß überliefert worden." (FA I 14, S. 385) Als Kern, als Schnittmenge der unterschiedlichen Lehren gilt also nun, anders als im Frühwerk, nicht mehr nur die begriffslose Kraft der Empfindung, sondern eine diskursiv formulierbare Elementarlehre, die alle Weltanschauungen verbinden und ihre Vereinbarkeit gewährleisten soll: ein ewiger „Produktionstrieb" der Gottheit sowie die daraus folgende Nötigung des Menschen und alles Geschaffenen, sich „in regelmäßigen Pulsen" zu „verselbsten" und zu „entselbstigen", als „Abfallen und Zurückkehren zum Ursprünglichen" (FA I 14, S. 384 f.). Dies aber entspricht der schon erwähnten Polarität von Systole und Diastole, die Goethe analogisch zu einem Weltgesetz verabsolutiert, für das des Satyros „Immer verändert! Immer beständig!" nur eine andere Formulierung darstellt. Im Hinblick auf den Kern als Schnittmenge der Wahrheitslehren erscheint der Mythos aus *Dichtung und Wahrheit* sogar noch kontingenter. Denn er ist bild- und fabelhafter als die Lehre des Satyros, die auf das in *Dichtung und Wahrheit* aufgebotene mythologisch konkretisierte Personal wie Luzifer und Elohim verzichtet und daher einen höheren Grad an Allgemeingültigkeit für sich in Anspruch nehmen darf. Ähnlich dem, den die in der späten Sammlung von 1827 unter der Rubrik „Gott und Welt" zusammengefassten weltanschaulichen Gedichte des späten Goethe erheben. Ein Titel wie *Dauer im Wechsel* kann unmittelbar neben das „Immer verändert! Immer beständig!" des Satyros gehalten werden; Gleiches gilt für die 1820 in den Heften *Zur Morphologie* erstmals veröffentlichte *Parabase*:

> Freudig war, vor vielen Jahren,
> Eifrig so der Geist bestrebt,
> Zu erforschen, zu erfahren,
> Wie Natur im Schaffen lebt.
> Und es ist das ewig Eine,
> Das sich vielfach offenbart;
> Klein das Große, groß das Kleine,

> Alles nach der eignen Art.
> Immer wechselnd, fest sich haltend.
> Nah und fern und fern und nah;
> So gestaltend, umgestaltend –
> Zum Erstaunen bin ich da. (FA I 2, S. 495)

Auf diese Weise Goethes Früh- und Spätwerk zu parallelisieren soll nun keineswegs die Originalität und Eigenständigkeit des ersteren zugunsten einer überzeitlichen weltanschaulichen Gültigkeit des letzteren relativieren, wie es in der Goethe-Forschung zum Teil der Fall gewesen ist. Im Gegenteil soll die auffällige inhaltliche Austauschbarkeit der Rollenrede des Satyros einerseits und der umfassenden Ausbalancierungen exponierter Formulierungen des Spätwerks andererseits auf die Problemkontinuität des Frühwerks hinweisen sowie darauf, in welchem Ausmaß Goethes Gesamtwerk immer wieder als Versuch der Bewältigung von Gefährdungen gesehen werden kann. Sie treten schon im Frühwerk auf und dort ist mit ihnen noch ein humoristischer Umgang möglich. Nur so zeigt sich die ganze Abgründigkeit der Thematik.

Wenn das Volk auf die Verkündigung der zitierten Lehre mit Vergöttlichung des Satyros reagiert – „Es ist ein Gott!" (FA I 4, S. 401) –, so wird seinem Mythos Offenbarungscharakter zuteil. Durch die intertextuellen Linien, die sich bis in Goethes Spätwerk fortziehen, wird deutlich, wie die Rolle des Dichters als Offenbarungsspender, wie sie der Genierreligion entspricht, schon zu diesem frühen Zeitpunkt in bemerkenswert selbstkritischer Weise auf ihre Entstehung und insbesondere ihre Folgen hin reflektiert wird. Satyros trifft im Stück auf ein religiöses Vakuum; das degenerierte Christentum des Einsiedlers bietet offensichtlich keine Alternative. Kann dieses Vakuum poetisch gefüllt werden, wie Satyros es tut, tritt diese weltanschauliche Poesie an die funktionale Stelle der Religion. Für die Folgen bezeichnend ist nun, dass unmittelbar nach der Idolatrie, der Vergöttlichung des Satyros durch das Volk und der Aufforderung zur Anbetung, der Ruf nach einem Opfer erschallt, das der neuen Religion gebracht werden soll: „Nimm dies Opfer an!" Während damit zunächst eine wohl nicht wörtlich zu verstehende Selbstopferung des Volkes gemeint ist – „Wir sind dein / Gott dein! Ganz dein!" (ebd.) –, tritt der die Andacht störende Einsiedler sogleich als Sühneopfer in den Blick. Die Entstehung religiös motivierter Gewalt wird vorgeführt. Das Volk ist bereit, den Einsiedler zu opfern, während Satyros im Innern des Heiligtums versucht, Eudora, die Frau des Hermes, zu vergewaltigen. Durch ihre Hilferufe wird Satyros (der sich mit dem Hinweis auf die erotische Freizügigkeit Jupiters verteidigt) entdeckt und verjagt, der Einsiedler entgeht seinem Martyrium.

„Eigentlich spielen wir uns selber"

Die Spur von Goethes poetischer Selbstkritik verstärkt sich im thematisch verwandten *Triumph der Empfindsamkeit*, 1777 geschrieben und am 30. Januar 1778 zum Geburtstag der Herzogin Louise aufgeführt. Damit befinden wir uns durch einen Vorgriff in Goethes früher Weimarer Zeit. *Der Triumph der Empfindsamkeit* gehört zur Gattung der „Casualpoesie", der Gelegenheitsdichtung, die Goethe als Hofdichter mit Fest- und Maskenspielen bediente. Diese Genres gehörten nicht dem bürgerlichen, sondern dem höfisch-aristokratischen Theater an. Wieder einmal zeigt sich Goethe als virtuoser Maskenspieler in seinen Rollen als Autor. Nach der Umarbeitung 1786/87 trug das Stück den Untertitel „Eine dramatische Grille".

Ein Thema, das sich durch den *Triumph der Empfindsamkeit* zieht und das für Goethes Biographie von besonderer Bedeutung ist, ist die Orakelsucht als gesellschaftliches Phänomen. Goethe versuchte immer wieder, sein Leben programmatisch an vermeintlichen Schicksals- und Orakelzeichen auszurichten. Dabei war bereits zu sehen, dass eine solche Orakelbefragung zumeist kein klares Ergebnis erbringt – und genau darin liegt ihre Modernität. Die Zufälligkeit des Lebens kann nicht mehr unter Berufung auf ein weltanschauliches Deutungssystem hintergangen werden. Auch nicht durch esoterische hermetische Lehren, von deren intensiver Rezeption durch Goethe unter anderem der oben zitierte Weltentstehungsmythos aus dem achten Buch von *Dichtung und Wahrheit* zeugt und natürlich die Figur des Satyros. Diese Thematik wird im *Triumph der Empfindsamkeit* weiter verhandelt, und zwar wiederum unter dem Fokus der poetischen Selbstkritik.

Als der „humoristische[ ] König" Andrason auftritt, wird er von seiner Schwester Feria und deren Hoffräulein sogleich nach dem Orakel befragt, das er besucht hat. Der Spruch des Orakels über das Schicksal seiner Ehe ist unverständlich:

> Wenn wird ein greiflich Gespenst von schönen Händen entgeistert
> Und der leinene Sack sein Eingeweide gibt her,
> [...]

Wird die geflickte Braut mit dem Verliebten vereinet:
Dann kommt Ruhe und Glück, Fragender, über dein Haus. (FA I 5, S. 75)

Schon nach der ersten Hälfte des Spruches kommentiert Andrason die Reaktion der Frauen: „Nicht wahr, ihr hört gar zu gerne was erhaben klingt, wenn ihr's gleich nicht versteht? [...] die Götter haben sich diesmal sehr ihrer poetischen Freiheit bedient." (ebd.) Auch Prinz Oronaro, die Ursache von Andrasons Unzufriedenheit mit seiner Gemahlin Mandandane (Andrason vermutet ein Verhältnis der beiden), kündigt am Ende des dritten Aktes an, das Orakel aufsuchen zu wollen. Derweil entdecken die Hoffräulein, dass Oronaros Leidenschaft nicht der wirklichen Mandandane, sondern einer nach ihr gebildeten und wie sie gekleideten ausgestopften Puppe gilt. Andrason erhält durch diese Entdeckung „ein Licht vom Himmel", denn er sieht „die Hälfte des mir Glück weissagenden Orakels erfüllt!" (FA I 5, S. 110) In der Brust der Puppe steckt nämlich ein leinener Sack:

ANDRASON   Nun aufgemacht, ihr Kinder, laßt uns vor allem sehn, was der
      enthält!
Sie binden ihn auf, und wie sie ihn umschütteln, fällt eine ganze Partie Bücher,
      mit Häckerling vermischt heraus.
ANDRASON   Gebt Acht, das werden Zauberbücher sein. *Er hebt eins auf.*
      E m p f i n d s a m k e i t e n !
MANA   O gebt's her!
Die andern haben indessen die übrigen Bücher aufgehoben.
ANDRASON   Was hast du? S i e g w a r t , eine Klostergeschichte, in drei Bänden.
      [...]
Es bleibt den Schauspielern überlassen, sich hier auf gute Art über ähnliche
      Schriften lustig zu machen.
ANDRASON   Eine schöne Gesellschaft unter Einem Herzen!
MELA   Wie kommen die Bücher nur da herein?
ANDRASON   Laßt sehn! Ist das alles? *Er wendet den Sack völlig um, es fallen*
      noch einige Bücher und viel Häckerling heraus. Da kommt erst die Grund-
      suppe!
SORA   O laßt sehn!
ANDRASON   D i e   n e u e   H e l o i s e – weiter! – D i e   L e i d e n   d e s   j u n g e n
      W e r t h e r s ! – Armer Werther!
SORA   O gebt's! das muß ja wohl traurig sein.
ANDRASON   Ihr Kinder, da sei Gott vor, daß ihr in das Zeug nur einen Blick
      tun solltet! Gebt her! *Er packt die Bücher wieder in den Sack zusammen,*
      tut den Häckerling dazu und bindet's um.
MANA   Es ist nicht artig von euch, daß ihr uns den Spaß verderben wollt; wir
      hätten da manche schöne Nacht lesen können, wo wir ohnedem nicht schlafen.

ANDRASON   Es ist zu euerm Besten, ihr Kinder! Ihr glaubt's nicht, aber es
  ist wahrlich zu euerm Besten. Nur in's Feuer damit! (FA I 5, S. 110 f.)

Andrason will die Bücher – darunter als „Grundsuppe", das heißt Bodensatz,
Goethes *Werther* – also ˙zunächst verbrennen, hat jedoch eine erneute Er-
leuchtung und verzichtet darauf mit Blick auf den zweiten Teil des Orakels.
Inzwischen hat auch der Prinz das Orakel besucht und einen nicht minder rätselhaften Spruch erhalten:

> Wird nicht ein kindisches Spiel vom ernsten Spiele vertrieben,
> Wird dir lieb nicht und wert, was du besitzend nicht hast;
> Gibst entschlossen dafür; was du nicht habend besitzest;
> Schwebt in ewigem Traum, Armer, dein Leben dahin.
> Ein witziges Orakel! ein antithetisches Orakel!
> *Er lies't weiter:*
> Was du töricht geraubt, gib du dem Eigener wieder;
> Eigen werde dir dann, was du so ängstlich erborgst.
> Oder fürchte den Zorn der überschwebenden Götter!
> Fürchte Tantals Geschick hier und über dem Fluß. (FA I 5, S. 117 f.)

Der Prinz ist niedergeschlagen: „Ich verstehe nicht was sie sagen – und doch
ist mir's, als wenn die Götter etwas großes über mich verhängten." (FA I 5,
S. 117) Er legt sich eine Deutung zurecht, der er durch eine „große und
männliche Tat" (FA I 5, S. 119) gerecht werden möchte. Auf Mandandane zu
verzichten fällt ihm jedoch leicht, da er nur die Puppe geliebt hat, die Andrason ihm überlässt, so dass sich die Orakelsprüche erfüllen. Es geht alles gut
aus, doch die vordringlichste Lehre, die Andrason aus dem Geschehen zieht
und zum Schluss des Dramas formuliert, lautet: „daß ein Tor erst dann
recht angeführt ist, wenn er sich einbildet, er folge gutem Rat oder gehorche
den Göttern." (FA I 5, S. 123)

Die vermeintlichen Götterlehren werden als das enthüllt, was sie sind,
nämlich Literatur. Indem die Lösung der dramatischen Verwicklungen zugleich die Lösung der rätselhaften Orakelsprüche bringt, erweisen sich diese
als zunächst geheime Handlungs- und Geschehensanweisung. Damit wird
der Umstand deutlich ausgestellt, dass niemand anders als der Dramenautor
der Urheber der Orakelsprüche ist. Was für die Dramenfiguren eine göttliche Offenbarung zu sein scheint, ist in Wahrheit Poesie. Diese ist so lange
harmlos und unschädlich, wie sie tatsächlich als solche gilt und nicht für
Selbstaussprache des Göttlichen genommen wird. Diese Verkennung wird
im *Triumph der Empfindsamkeit* aufgelöst, damit aber auch die Vergött-

lichung des Dichters abgewehrt. Die darin enthaltene poetische Selbstkritik wird am Fetisch des Prinzen, der ausgestopften Puppe, virulent. Andrason hält die in ihr enthaltenen Schriften nicht ohne Grund für gefährlich und will sie gegenüber den Hoffräulein sekretieren, ja sogar verbrennen, denn in ihnen liegt „diese magische Gewalt [...], die den Prinzen an eine abgeschmackte ausgestopfte Puppe fesselt" (FA I 5, S. 112). Die Bücher haben die Kraft, „den hoch und fein empfindenden Prinzen an sich zu ziehen, wie sonst magische Zeichen, geweihte Kerzen, Alraune und Totenköpfe, Geister und Schätze an sich zu ziehen pflegen!" (FA I 5, S. 113). Die Folgen, die Bücher wie *Werther* für empfindsame Leser haben können, werden am Verhalten des Prinzen drastisch sichtbar. Sie sind, da sie die Essenz der Puppe bilden – in der man eine Vorläuferin der aufblasbaren Plastikpuppen heutiger Erotikversandhäuser sehen kann –, verantwortlich für seine sexuelle Perversion. Er ist nicht nur unfähig zu persönlichen Beziehungen, sondern auch zu einem sachgerechten Umgang mit der Natur, wie an der „Reisenatur" (FA I 5, S. 83), die er verpackt mit sich führt, zu sehen ist. Sein Weltverhältnis ist völlig gestört, er ist lebens- und beziehungsunfähig. Damit leidet er objektiv an den Folgen, die den Gläubigen solcher Schicksalslehren nach dem Verlust ihrer allgemeinen Verbindlichkeit drohen. Unter der skizzierten Voraussetzung eines Frühhistorismus ist die im Stück dargestellte Gesellschaft von derselben Sinnkrise befallen wie in *Satyros*. Auch hier führt sie zur Idolatrie, jedoch in anderer Form als in der frühen Groteske. Während die Hofgesellschaft von ihrer Glaubens- als Orakelsucht anscheinend kuriert werden kann, erweist sich der als Fetischismus ausgemünzte Privatmythos des Prinzen als therapieresistent. Mandandane hingegen kann geheilt werden: Der vierte Akt enthält ein „Monodrama", *Proserpina*, das mit der Haupthandlung zunächst kaum verknüpft zu sein scheint. Doch der Handlungsraum der Unterwelt symbolisiert eben die Asozialität Mandandanes. Sie wird aus der autistischen Welt des Monodramas befreit. Indem dramenintern die Mode des Monodramas kritisiert wird, wird gleichzeitig Poesiekritik geübt.

Die Poesiekritik im *Triumph der Empfindsamkeit* – literaturgeschichtlich als Vorbereitung von Goethes Klassikkonzept zu deuten – ist einerseits Kritik an einer Rezeptionshaltung, die literarische Texte zum Fetisch erhebt, andererseits eine geradezu ideologiekritisch zu nennende Entlarvung der zeitgenössischen Orakelsucht. Sie führt vor Augen, dass man dann, wenn man einen göttlichen Spruch erwartet, nur mehr mit Poesie als Ergebnis rechnen darf. Wenn man sich diese Kritik zu Herzen nimmt, so die ‚Moral' des Stücks, wird der Mensch wieder gesellschaftsfähig und lebenstüchtig, auf Kosten des Prinzen, der als lächerliche Figur in seinem Wahn befangen bleibt. Ihn aus diesem Wahn herauszureißen, wäre zu riskant und würde unberechenbare Folgen nach sich ziehen – für ihn selbst, aber auch für die anderen Figuren und damit die Beziehungen der gesamten Hofgesellschaft.

Liest man den *Triumph der Empfindsamkeit* vor dem biographischen Hintergrund von Goethes eigener Orakelneigung, enthüllt das Drama unter der humoristischen Oberfläche psychische Abgründe, die noch weit tiefer reichen als die auch anderswo vom Autor geübte *Werther*-Selbstkritik. Es geht um die Reflexion seiner eigenen Beziehungs(un)fähigkeit und um die Möglichkeiten eines Lebens außerhalb der Literatur, ohne die Mitmenschen für das Werk zu funktionalisieren. Das war so rückhaltlos nur in dieser leichten, spielerischen Form möglich. Wie spielerisch Goethe die dramatische Form in diesem höfischen Kontext gebrauchte, zeigt die durchgehende Selbstreflexivität, zum Beispiel am Ende des fünften Aktes:

> ANDRASON   Ich bin in der größten Verlegenheit.
> SORA   Wie?
> ANDRASON   Der fünfte Akt geht zu Ende und wir sind erst recht verwickelt!
> SORA   So laßt den sechsten spielen!
> ANDRASON   Das ist außer aller Art.
> SORA   Ihr seid ein Deutscher, und auf dem Deutschen Theater geht alles an.
> ANDRASON   Das Publikum dauert mich nur; es weiß noch kein Mensch woran er ist.
> SORA   Das geschieht ihnen oft.
> ANDRASON   Sie könnten denken, wir wollten sie zum Besten haben.
> SORA   Würden sie sich sehr irren?
> ANDRASON   Freilich! denn eigentlich spielen wir uns selber.
> SORA   Ich habe so etwas gemerkt.
> ANDRASON   Mut gefaßt! – O ihr Götter! Seht wie ihr euerm Orakel Erfüllung, dem Zuschauer Geduld und diesem Stück eine Entwicklung gebt! denn ohne ein Wunder weiß ich nicht, wie wir auf gute Art aus einander kommen sollen. (FA I 5, S. 116)

Während Literatur und Theater im bürgerlichen Kontext ernste Angelegenheiten sind, sind sie im höfisch-aristokratischen Milieu Fest und Spiel. Da sich auch Gesangseinlagen finden, kann man hier von einem Vorläufer des theatralischen ‚Gesamtkunstwerks‘ sprechen, das Richard Wagner im 19. Jahrhundert anstrebte.

„Sie wissen wie simbolisch mein Daseyn ist"

Eigentlich aber spielt Goethe sich immer nur selbst, schreibt nur von sich
selber, und wir haben so etwas inzwischen gemerkt. Im unmittelbaren zeit-
lichen Umfeld des *Triumphs der Empfindsamkeit* wird das Orakelthema auf
ganz andere Art und Weise durchgespielt, nämlich in der *Harzreise im Winter*. Vom 29. November bis zum 16. Dezember 1777 legte Goethe im Harz zu
Fuß und zu Pferde annähernd 500 km zurück.[5] Er entfernte sich dabei von
der herzoglichen Jagdgesellschaft und lernte den Harzer Bergbau kennen.
Jedoch verfolgte er noch ein bestimmtes Ziel, über das er sich in seinen Briefen an Charlotte von Stein zunächst nur kryptisch äußerte, dabei aber das
Thema der Schicksalsgläubigkeit bereits am 4. Dezember ansprechend: „Ich
weis nun noch nicht wie sich diese Irrfahrt endigen wird, so gewohnt bin ich
mich vom Schicksaale leiten zu lassen, dass ich gar keine Hast mehr in mir
spüre, nur manchmal dämmern leise Träume von Sorglichkeit wieder auf,
die werden aber auch schwinden. |:NB. ich rede hier von einer kindischen
Sorglichkeit, nie übers ganze, sondern über einzelne kleine Fälle.:|" (FA II 2,
S. 115) Und zwei Tage später: „ich hab einen Wunsch auf den Vollmond
wenn ihn die Götter erhöhren, wärs grosen Dancks werth." (ebd.) Am
10. Dezember schließlich lüftet er das Geheimnis: Es ist ihm gelungen, den
Brocken, den höchsten Berg im Harz, zu besteigen, von dem bislang keine
winterliche Besteigung bezeugt war. Goethes Führer hatte sie denn auch zunächst für unmöglich erklärt und ihn davon abzubringen versucht. Goethe
nahm das Gelingen als Schicksalszeichen:

> Mit mir verfährt Gott wie mit seinen alten heiligen, und ich weis nicht wo-
> her mir's kommt. Wenn ich zum Befestigungs Zeichen bitte dass möge das
> Fell trocken seyn und die Tenne nass so ists so, und umgekehrt auch, und
> mehr als alles die übermütterliche Leitung zu meinen Wünschen. Das Ziel
> meines Verlangens ist erreicht, es hängt an vielen Fäden, und viele Fäden
> hingen davon, Sie wissen wie simbolisch mein Daseyn ist – – Und die
> Demuth die sich die Götter zu verherrlichen einen Spas machen, und die
> Hingebenheit von Augenblick zu Augenblick, die ich habe, und die vollste
> Erfüllung meiner Hoffnungen.

---

[5] So die Rekonstruktion von Albrecht Schöne: Götterzeichen, Liebeszauber, Satanskult. Neue Einblicke in alte Goethetexte. München 1982, S. 25.

Abb. 3: Der Brocken im Mondlicht. Kohlezeichnung Goethes von Dezember 1777.

Ich will Ihnen entdecken |:sagen Sie's niemand:| dass meine Reise auf den Harz war, dass ich wünschte den Brocken zu besteigen, und nun liebste bin ich heut oben gewesen, ganz natürlich, ob mir's schon seit 8 Tagen alle Menschen als unmöglich versichern. [...]

Ich sagte: ich hab einen Wunsch auf den Vollmond! – Nun Liebste tret ich vor die Thüre hinaus da liegt der Brocken im hohen herrlichen Mondschein über den Fichten vor mir und ich war oben heut und habe auf dem Teufels Altar meinem Gott den liebsten Danck geopfert. (FA II 2, S. 119)

Die Brockenbesteigung wird dem lyrischen Ich auch in der *Harzreise im Winter* entweder zur Orakelbefragung oder zur Bestätigung des göttergleichen Selbstbewusstseins. Eine mögliche Lesart der Hymne, die ihren hohen Ton durch Goethes poetische Selbstkritik etwas bricht, wäre, das lyrische Ich auf den Spuren Andrasons und des Prinzen aus dem *Triumph der Empfindsamkeit* zu sehen, mit dem Unterschied, dass sich das lyrische Ich sein Orakel selbst erkämpft. „Denn ein Gott hat / Jedem seine Bahn / Vorgezeichnet" (FA I 1, S. 322), so beginnt die zweite Strophe, die an den „Dämon" aus dem ersten der ‚orphischen' *Urworte* denken lässt. Doch welche Bahn dies ist, kann man naturgemäß erst im Rückblick erkennen. In dieser Perspektive wird der gesamte Lebenslauf zu einer permanenten Orakelbefragung, und dem Individuum ist auf jeder Etappe aufgegeben, seine Lebensbahn als geglückte geltend zu machen und das Gelingen zu erweisen. Nur durch dieses Selbstmanagement kann vermieden werden, dass der ‚Dämon' – als das Orakel, das das Leben bestimmt – zum unbegriffenen Schicksal wird, dessen Gewalt das Ich hilflos unterworfen ist. Als helfende Macht tritt dabei in der *Harzreise im Winter* die Liebe in den Blick. Auch dies ist in den späten orphischen *Urworten* ähnlich. Freilich ist in der Hymne die Liebe noch wie im *Werther* zu einer ganzheitlichen Instanz abstrahiert, die bei der Feier des Gelingens nicht an zwischenmenschliche Beziehungen denken lässt:

> Mit der dämmernden Fackel
> Leuchtest du [die Liebe; B. H.] ihm [dem Dichter; B. H.]
> Durch die Furten bei Nacht,
> Über grundlose Wege
> Auf öden Gefilden;
> Mit dem tausendfarbigen Morgen
> Lachst du in's Herz ihm;
> Mit dem beizenden Sturm
> Trägst du ihn hoch empor;
> Winterströme stürzen vom Felsen
> In seine Psalmen,
> Und Altar des lieblichsten Danks
> Wird ihm des gefürchteten Gipfels
> Schneebehangner Scheitel,
> Den mit Geisterreihen
> Kränzten ahndende Völker. (FA I 1, S. 324)

Das aus den ständischen Bindungen freigesetzte geniale Subjekt, das emanzipierte moderne Individuum, ist noch nicht gesellschaftsfähig und muss erst wieder sozialisiert werden. Dass dabei die Liebe so, wie sie bislang konzipiert ist, nicht unbedingt hilft, sondern die Asozialität verschlimmern kann, hatte *Werther* gezeigt und auf anderer Ebene selbstreflexiv auch *Der Triumph der Empfindsamkeit,* praktisch gleichzeitig mit der Hymne entstanden. Er liefert einen selbstkritischen Kommentar zum biographischen und hymnischen Überschwang der Harzreise. Auch wenn er die Erkenntnis zuweilen verdrängt – Goethe ist sich der Gefahr bewusst, dass er ein falscher Prophet sein könnte. Propheten, Orakel, Schicksalszeichen stehen trotz allem Wunsch, den günstigen Auspizien zu glauben, in Goethes Leben und Werk im Zwielicht. Dieses Zwielicht wird nach der Französischen Revolution immer düsterer.

„Narr und Krafft, und Lump so nah verwandt"

So lassen sich beim Thema der Religionskritik Verbindungslinien von Goethes Frühwerk bis in die nachitalienische Zeit ziehen. In diesem Zusammenhang ist in einem weiteren chronologischen Vorgriff auf das „Lustspiel" *Der Groß-Cophta* zu verweisen. Dort wird der soziale Raum deutlicher als bisher charakterisiert, in dem solche zwielichtigen Prophetien mit der Aussicht auf Erfolg auftreten können. Die Charakteristik betrifft den Zustand der Gesellschaft im weitesten Sinne und im Hinblick auf ihre Stabilität. Diese muss nachhaltig gefährdet sein, damit der Anspruch eines religiösen Führers geglaubt wird. Im Unterschied zu *Satyros* und dem *Triumph der Empfindsamkeit* tritt jedoch hier ein historisches Substrat hinzu, das der Vorgeschichte der Französischen Revolution angehört: die Hochstapelei des Grafen Cagliostro einerseits und die Halsbandaffäre in Frankreich andererseits. *Der Groß-Cophta* wurde 1791, also nach der Französischen Revolution und als erstes Stück unter Goethes Hoftheaterdirektion überhaupt uraufgeführt. Es war bereits vor der Französischen Revolution als Oper geplant, gehört also wiederum dem höfisch-aristokratischen Theaterkontext zu. Die Verbindung der religiösen und der historischen Aspekte ist für Goethes Sichtweise der Geschehnisse von Anfang an prägend: Cagliostro und Christus werden auf der Grundlage der über beide überlieferten Wundergeschichten und der historischen Lage in den 1780er Jahren ineinandergeblendet. Diese Verquickung wurde viel kritisiert und hat der Rezeption des Stücks geschadet, ist aber für Goethes Verständnis von Geschichte und Politik charakteristisch.

Cagliostro, der die ‚Ägyptische Loge' erneuern wollte und die Lehre ihres legendären Führers, des ‚Groß-Cophta', verkündete, gehört in die Reihe der Prophetenfiguren aus Goethes Frühwerk – ein falscher Prophet wie Satyros. Goethe schrieb am 18. März 1781 an Lavater: „Calliostro ist immer ein merckwürdiger Mensch. Und doch sind Narr und Krafft, und Lump so nah verwandt. Ich darf nichts drüber sagen. ich bin über diesen Fleck unbeweglich. Doch lassen solche Menschen, Seiten der Menschheit sehen, die im gemeinen gange unbemerckt blieben." (FA II 2, S. 339) Goethe ist deshalb so wortkarg, weil er sich in der Prophetenfrage in seinen Dichtungen bereits sehr weitgehend exponiert hatte und nun zögert, erneut seine eigene poetische Rolle zu reflektieren, indem er sich zu Cagliostro äußert. Am 22. Juni 1781 findet sich an Lavater eine ausführlichere Stellungnahme:

Was die geheimen Künste des C[agliostro] betrift, bin ich sehr mißtrauisch gegen alle Geschichten [...]. Ich habe Spuren, um nicht zu sagen Nachrichten, von einer großen Masse Lügen, die im Finstern schleicht, von der du noch keine Ahndung zu haben scheinst. Glaube mir, unsere moralische und politische Welt ist mit unterirdischen Gängen, Kellern und Cloaken minieret, wie eine große Stadt zu sein pflegt, an deren Zusammenhang, und ihrer Bewohnenden Verhältnisse wohl niemand denkt und sinnt; nur wird es dem, der davon einige Kundschaft hat, viel begreiflicher, wenn da einmal der Erdboden einstürzt, dort einmal ein Rauch aus einer Schlucht aufsteigt, und hier wunderbare Stimmen gehört werden. Glaube mir, das Unterirdische geht so natürlich zu als das Überirdische, und wer bei Tage und unter freiem Himmel nicht Geister bannt, ruft sie um Mitternacht in keinem Gewölbe. Glaube mir, du bist ein größerer Hexenmeister als je einer, der sich mit Abacadabra gewaffnet hat. (FA II 2, S. 360)

Der Groß-Cophta ist als Kritik an einer verkommenen absolutistischen Gesellschaft zu lesen, die die Voraussetzungen selbst verschuldet hat, welche die von Goethe beklagte Revolution unausweichlich machten. Wo dem falschen Propheten geglaubt wird, ist auch der gesellschaftliche und materielle Betrug möglich und umgekehrt: In der korrupten, verdorbenen Gesellschaft kann jede Hochstapelei als Offenbarung auftreten. In einer Notiz vom Herbst 1791, kurz nach Vollendung des *Groß-Cophta*, äußerte sich Goethe zu den Erfolgsbedingungen der falschen Propheten:

Die Beschräncktheit worin die Menschen leben, der Druck der mehr oder weniger auf ihnen liegt, macht sie alle wo nicht immer doch sehr oft hülfsbedürftig und da die ächten, nächsten, vernünftigen Mittel der Hülfe oft fehlen, so ist es kein Wunder, daß die Sehnsucht sich nach fernen, unächten, unvernünftigen Mitteln umsehe. Es ist deßhalb einem Menschen so leicht eine große Anzahl an sich zu ziehen und zu beherrschen, wenn er nur ihrer dringenden Noth abzuhelfen und ihre Übel mit Hoffnung zu lindern versteht. Wir sehen daher kaum Einen Großkophta entlarvt ja eingesperrt, so sehen wir schon einen andern wieder entstehen. Und da nun einmal diese Geschöpfe aus der sittlichen Welt nicht zu vertilgen sind, so ist es wenigstens räthlich, von ihnen so viel man kann sich zu unterrichten und ihre Wirckungen wo nicht im Ganzen doch in der Nähe zu hindern.[6]

[6] Julius Wahle: Aus dem Goethe- und Schiller-Archiv. In: Jahrbuch der Goethe-Gesellschaft 14 (1928), S. 93–100, hier S. 100.

Religiöser und gesellschaftlicher Betrug gehen Hand in Hand, und es ist klar, dass die religiösen und pseudo-religiösen Lehren und Geheimlehren im Drama historisch abgewirtschaftet haben, zu betrügerischen Zwecken aber noch immer gewinnbringend eingesetzt werden können – auch wenn der Betrug im Rahmen poetischer Gerechtigkeit milde, vielleicht zu milde, bestraft wird. Die dargestellte Gesellschaft ist deutlich die des niederen Adels des Ancien Régime, der als moralisch besonders verkommen gezeichnet wird. Der Herrscher selbst bleibt von der Kritik ausgenommen, er weiß nichts von der Intrige mit dem Halsband. Nach dem Ende des Gottesgnadentums im Absolutismus entsteht ein Vakuum, das in die Frage gefasst werden kann: Wie wird politische Macht ohne Religion begründet? Das Bedürfnis nach Größe, das sich rein subjektiv als nicht erfüllbar erwies, bleibt auf gesellschaftlichem Feld bestehen und führt zum Erfolg der Hochstapelei. Goethe wollte – so in einem Brief an den Komponisten Johann Friedrich Reichardt vom 29. Juli 1792 – den *Groß-Cophta*, der auf der Bühne und auch in der Goethe-Forschung überwiegend durchfiel, „wenigstens alle Jahre einmal als ein Wahrzeichen aufführen lassen" (FA II 3, S. 619).

7

Mann und Frau

Das moderne Individuum, das sich bislang aus Goethes Leben und Texten herausbildete, war ein männliches Individuum. Das liegt zum einen daran, dass dem Autor Goethe trotz allen Maskenspiels die männliche Rolle geläufiger war als die weibliche. Es wäre unredlich zu verschweigen, wie klischeehaft er sich in der Geschlechterfrage oft äußerte. Während er der älteren Forschung teilweise als eine Art vorbildlicher Frauenversteher galt, konnte er auch misogyne Männerkumpaneien pflegen. In besonderem Maß geschah dies offenbar in der Zeit nach Schillers Tod mit seinem langjährigen Mitarbeiter Friedrich Wilhelm Riemer, aus dessen Gesprächsaufzeichnungen viele einschlägige Äußerungen überliefert sind, so wie diese vom 20. November 1806:

> Der Streit, ob die männliche Schönheit in ihrer Vollkommenheit, oder die weibliche in ihrer Art höher stehe, kann nur aus der größern oder geringern Annäherung der männlichen oder der weiblichen Form an die Idee geschlichtet werden. Nun reicht die männliche aber mehr an die Idee: denn in ihr hört das Reale auf. Die Männerbrust ist keine Brust mehr. Des Weibes Brust ist ein Reales, denn sie säugt damit. Die Zeugungsteile des Mannes sind nicht so in die Organisation des übrigen integrierend als bei dem Weibe. Ihr Geschäft ist bloß begeisternd, denn was der Mann auch dabei tun mag – wir wissen's ja so nicht –, ist ja doch nicht so real wie des Weibes Anteil, das die Keime hergibt. Des Weibes innere Organisation ist zum Zeugen eingerichtet. – Des Mannes Bildung geht offenbar über die des Weibes hinaus und ist keineswegs die vorletzte Stufe. Des Mannes Brust ist nicht etwa die Andeutung zu der darauf folgenden Weiberbrust, sondern die Weiberbrust, die von den Zitzen der Tiere heraufgekommen ist, ob sie gleich in dieser Doppelgestalt ihre höchste Schönheit erreicht hat, geht im Manne über den Zweck hinaus (denn er säugt ja nicht), sondern ist mehr ein Schmuck und Hindeutung auf eine höhere Bedeutung. – Das Weib ist ein organisiertes Gebären, das Organ des Gebärens. Des Mannes *telos* ist viel idealer und geistiger. Und sein Verdienst besteht im ideellen und geistigen Wirken.[1]

---

[1] Goethes Gespräche, Bd. II, S. 157.

Doch auch die Gegenposition – Goethe als ‚Frauenversteher' – lässt sich auf den ersten Blick mit einer Gesprächsaufzeichnung Riemers (vom 24. November 1809) stützen: „Merkwürdige Reflexion Goethes über sich selbst: Daß er das Ideelle unter einer weiblichen Form oder unter der Form des Weibes konzipiert. Wie ein Mann sei, das wisse er ja nicht. Den Mann zu schildern sei ihm nur biographisch möglich, es müsse etwas Historisches zum Grunde liegen."[2] Riemers Distanzierung spricht für die Authentizität der Äußerung, die es in sich hat: Der Frau wird ein Identitätskern zugeschrieben, den der Mann in dieser Form nicht besitze. Seine Identität lasse sich nicht wesenhaft festlegen, sondern nur in der Abfolge von Selbstzuständen im Lebensprozess induktiv – und narrativ – erfahren. Individualität ist nicht vorgängig vorhanden, sondern kann nur erschrieben werden. Doch dies soll nur für den Mann gelten. Die Frau wird damit auf- und abgewertet zugleich, wobei entgegen dem ersten Anschein die Abwertung überwiegt, werden ihr doch die Entwicklungsmöglichkeiten abgesprochen. Von dieser Äußerung her gesehen scheint es kein Zufall zu sein, wenn das moderne Individuum bei Goethe vorwiegend männlich ist – die Frau nämlich wäre nach dieser Lesart kein *modernes* Individuum.

Dass Goethe homoerotische Neigungen zugeschrieben wurden, versteht sich nach diesen Äußerungen fast von selbst. Im Kontext der Zeit dürfte indes die Vorstellung einer ästhetischen Höherwertigkeit des Mannes mit einer vorwiegend heterosexuellen Präferenz selbstverständlich vereinbar gewesen sein. „Er entwickelte", so weiß der Kanzler Friedrich von Müller unter dem Datum vom 7. April 1830 zu berichten, „wie diese Verirrung" – gemeint ist die „griechische Liebe" – „eigentlich daher komme, daß nach rein ästhetischem Maßstab der *Mann* immerhin weit schöner, vorzüglicher, vollendeter wie die Frau sei. Ein solches einmal entstandenes Gefühl schwenke dann leicht ins Tierische, grob Materielle hinüber. Die Knabenliebe sei so alt wie die Menschheit, und man könne daher sagen, sie liege *in* der Natur, ob sie gleich *gegen* die Natur sei."[3] Seinem Herzog Carl August gegenüber konnte Goethe sich in diesen Fragen zwanglos äußern, denn ihr gemeinsames männerbündisches Treiben in Goethes früher Weimarer Zeit, durch das er sich moralischen Tadel von verschiedenen Seiten zugezogen hatte, begründete ihre Vertrautheit. So berichtete er dem Herzog am 29. Dezember 1787 aus Rom:

---

[2] Goethes Gespräche, Bd. II, S. 485.
[3] Goethes Gespräche, Bd. III/2, S. 603 f.

Mich hat der süße kleine Gott in einen bösen Weltwinckel relegirt. Die
öffentlichen Mädchen der Lust sind unsicher wie überall. Die Zitellen (un-
verheurathete Mädchen) sind keuscher als irgendwo, sie lassen sich nicht
anrühren [...] Denn entweder man soll sie heurathen oder sie verheurathen
und wenn sie einen Mann haben, dann ist die Messe gesungen. Ja man kann
fast sagen, daß alle verheurathete Weiber dem zu Gebote stehn, der die Familie erhalten will. Das sind denn alles böse Bedingungen und zu naschen
ist nur bey denen, die so unsicher sind als öffentliche Creaturen. Was das
Herz betrifft; so gehört es gar nicht in die Terminologie der hiesigen Liebes-
kanzley.

Nach diesem Beytrag zur statistischen Kenntniß des Landes werden Sie
urtheilen, wie knapp unsre Zustände seyn müßen und werden ein sonder-
bar Phenomen begreifen, das ich nirgends so starck als hier gesehen habe, es
ist die Liebe der Männer untereinander. Vorausgesetzt daß sie selten biß
zum höchsten Grad der Sinnlichkeit getrieben wird, sondern sich in den
mittlern Regionen der Neigung und Leidenschafft verweilt; so kann ich
sagen, daß ich die schönsten Erscheinungen davon, welche wir nur aus griechischen Überlieferungen haben, [...] hier mit eignen Augen sehen und als
ein aufmercksamer Naturforscher, das phisische und moralische davon be-
obachten konnte. Es ist eine Materie von der sich kaum reden, geschweige
schreiben läßt, sie sey also, zu künftigen Unterhaltungen aufgespart. (FA
II 3, S. 365)

Ehe oder Karriere?

Wenn man sich dem Verhältnis von Mann und Frau bei Goethe nähern will,
führt wie in vielen anderen Fällen ein indirekter Weg am ehesten ans Ziel.
Nach diesen allgemeinen Äußerungen über die Geschlechter soll daher der
Blick auf das Werk gerichtet werden, um von dort aus wieder ins Leben zu-
rückzuführen. Von Goethes eigenem Rollenverständnis einmal abgesehen,
liegt der Fokus bei der modernen Lebensgestaltung zunächst deshalb auf
dem männlichen Individuum, weil die Individualisierungchancen noch
für längere Zeit geschlechtsspezifisch ungleich verteilt sind. In *Wilhelm
Meisters Lehrjahren* wird die Frage der weiblichen Individuation durch Goethe thematisiert, zuvor aber bereits in einigen Dramen. Bei zweien von
ihnen ist eine Frau die Titelfigur, bei *Stella* und bei *Iphigenie*. Bei *Clavigo*
und *Stella*, die entstehungsgeschichtlich eng mit *Werther* zusammenhängen,
ist außerdem die dort nicht gelöste bzw. aporetisch beantwortete Frage einer
sozial kompatiblen Liebeskonzeption von Belang.

Clavigo ist, wie bereits erwähnt, das erste Stück Goethes, das er unter eigenem Namen veröffentlichte. Schon aus diesem Grund verdient es eine nähere Aufmerksamkeit, als ihm gewöhnlich zuteil wird. Wenn man Goethes Bericht in *Dichtung und Wahrheit* Glauben schenken darf, hat er es in nur einer Woche verfasst, als Teil eines Frankfurter Gesellschaftsspiels, des sogenannten Mariage-Spiels, bei dem den Teilnehmern jeweils für eine bestimmte Zeit Partner zugelost wurden. Goethe las in dem sich jeweils freitags versammelnden Kreis den 1774 erschienenen Reisebericht von Pierre Augustin Caron de Beaumarchais vor und brachte auf Anregung seiner Partnerin in der nächsten Woche das fertige Stück mit, in das ganze Teile des übersetzten Reiseberichts wörtlich eingingen. *Clavigo* ist daher als „Dokumentartheater" bezeichnet worden.[4] Hier zeigt sich wieder einmal, dass Kreativität nicht mit Originalität gleichzusetzen ist und die Genieästhetik nicht unbedingt so aussah, wie man es sich heute vorstellt. Goethe machte denn auch völlig zu Recht geltend, dass die übernommenen Teile von seinem eigenen Stück nicht zu trennen, also in seinen geistigen ‚Besitz', den es als solchen im juristischen Sinne ja noch nicht gab, übergegangen seien. Hier zeigt sich also Kreativität als innovative Kombinatorik von Bekanntem und als Intertextualität. Wie großen Wert Goethe selbst auf diese Form der Kreativität legte und dass er daher *Clavigo* ganz und gar nicht als Nebenwerk einstufte, zeigt ein Brief an Friedrich Jacobi vom 21. August 1774, in dem er eine grundsätzliche Äußerung über den künstlerischen Schöpfungsakt mit Bezug auf *Clavigo* formuliert: „Sieh lieber, was doch alles schreibens anfang und Ende ist die Reproducktion der Welt um mich, durch die innre Welt die alles packt, verbindet, neuschafft, knetet und in eigner Form, Manier, wieder hinstellt, das bleibt ewig Geheimniss Gott sey Danck, das ich auch nicht offenbaren will den Gaffern u. Schwäzzern." (FA II 1, S. 389) Er spricht von seinen Werken als seinen „Kinder[n]" und davon, dass sich Beaumarchais' „Chara[ck]ter seine Taht, mit Charackteren und Thaten in mir amalgamirten", dass „die Menschen" von ihm „gestempelt" seien: „ich fordre das kritischte Messer auf die blos übersezten Stellen abzutrennen vom Ganzen, ohn es zu zerfleischen, ohne tödliche Wunde [...] der Strucktur, Lebens organisation des Stücks zu versezzen!" (FA II 1, S. 389 f.) Auf diese unauflösbare Verbindung von Außen und Innen, Vorlage und Eigen-

---

[4] Gunter Reiß: Clavigo. In: Goethe-Handbuch in vier Bänden. Hrsg. von Bernd Witte u. a. Bd. 2: Dramen. Stuttgart/Weimar 1997, S. 106–122, hier S. 107.

anteil im schöpferischen Akt legt Goethe deshalb so viel Wert, weil hierdurch eine – im *Werther* scheiternde – Verbindung der zum Solipsismus neigenden genialen Individualität mit der Welt möglich war. Die Möglichkeit einer solchen Verbindung und damit der Rettung des, zunächst männlichen, Individuums aus seinem Solipsismus wird in den Dramen anhand der Frauenbeziehungen erprobt.

In der Rezeption wurde *Clavigo* sofort mit *Götz* verglichen und als Rückkehr zur Dramenform Lessing'scher Prägung beurteilt, was teils begrüßt, teils als ästhetischer Rückschritt getadelt wurde. In der Forschung wurde der schwankende Clavigo, dem man die charakterliche Eignung zum Tragödienhelden absprach, gerne biographisch auf Goethes eigenes Verhalten Frauen gegenüber bezogen. Andererseits sprach Goethe selbst in einem Brief an den Hainbund-Dichter Gottlieb Friedrich Ernst Schönborn vom 1. Juni 1774 davon, dass sein Held „ein unbestimmter halb gros halb kleiner Mensch, der Pendant zum *Weislingen* im Götz, vielmehr Weislingen selbst in der ganzen Rundheit einer Hauptperson" sei (FA II 1, S. 375).

Clavigo, ein Neuankömmling in Madrid, verliebt sich in eine bürgerliche französische Frau, Marie, und verspricht ihr die Ehe. Er macht am Hof Karriere, wird Archivarius des Königs und gibt eine „Wochenschrift" heraus – „eine der ersten in Europa" (FA I 4, S. 445), wie er gleich eingangs betont. Er ist also ein Schriftsteller. „Wir Spanier wenigstens haben keinen neuern Autor, der so viel Stärke des Gedankens, so viel blühende Einbildungskraft mit einem so glänzenden und leichten Styl verbände". (ebd.) So charakterisiert ihn sein Freund Carlos. Zur Vollendung fehlt ihm jedoch eine inspirierende Muse. Aus Karriererücksichten hat er das Heiratsversprechen gegenüber Marie gebrochen. Er wundert sich in der ersten Szene über seine Veränderlichkeit. Die Unbeständigkeit des Individuums verhindert offenbar die Beständigkeit in der Liebe. Die Untreue scheint eine mittelbare oder unmittelbare Folge der Gestaltung einer Karriere außerhalb einer vorgegebenen Laufbahn, der Umstellung von Rollenbestimmtheit auf Rollendistanz. Zugleich erscheint hier der Hof als Sphäre selbstbestimmter Tätigkeit, souveränen Handelns und eines autonomen Selbstentwurfs, was wiederum nicht mehr sozial vermittelbar ist. Der privat-familiäre bürgerliche Raum, in den Clavigo durch die Heirat Maries eintreten würde, erscheint dagegen als Raum der Fremdbestimmung.

Maries Rolle ist im Unterschied zu derjenigen Clavigos festgelegt. Genauer gesagt hat sie die Wahl zwischen zwei nationalkulturellen Stereotypen. Manchmal, wenn „der spanische Geist" über sie kommt, wie sie sagt, kann sie Clavigo hassen und möchte ihn erdolchen oder vergiften. Dann jedoch, wie sie ihrer Schwester Sophie gesteht, „war das gutherzige französische Mädchen wieder da, das keine Liebestränke kennt und keine Dolche zur Rache" (FA I 4, S. 449). Sie würde sich gerne über die Rücksichten der Ehre hinwegsetzen: „Warum soll eine Französin in Spanien nicht Französin sein. Wir wollen ihn laufen lassen und uns einen andern nehmen." (FA I 4, S. 450) Die Pointe des Spiels mit Geschlechts- und Nationalstereotypen ist nun, dass es sich bei den Männern umgekehrt verhält und die Klischees vertauscht sind: Maries Bruder Beaumarchais verhält sich als Franzose in Spanien als ehrenfester Spanier, während die Spanier, namentlich Carlos, eher als moralisch laxe Franzosen auftreten. Die Spanier im Stück haben keine rigiden Ehrbegriffe und entsprechen eher den empfindsamen Vorurteilen gegen die französische Adelskultur, während die Franzosen den privat-familiären bürgerlichen Diskurs der Empfindsamkeit pflegen – eine klassische Konstellation des Bürgerlichen Trauerspiels, mit ungewohnt und originell verteilten Rollen.

Maries Familie sinnt also auf Wiederherstellung der durch den Bruch des Heiratsversprechens verletzten bürgerlichen Ehre, und ihr aus Frankreich angereister Bruder Beaumarchais tritt als ihr Sachwalter auf. Der wankelmütige Clavigo erneuert sein Versprechen. Dass das mit Marie geteilte und dadurch verdoppelte Gefühl ihn zum „doppelten Menschen" macht (FA I 4, S. 465), wie er am Ende des zweiten Aktes formuliert, ist ganz wörtlich als Selbstverdopplung durch Liebe zu verstehen, und zwar konkret als Identitätsspaltung. Während das moderne Individuum in seiner Identitätskarriere per definitionem nie dasselbe sein kann, glaubt Sophie feststellen zu können: „Er ist noch der Alte" (FA I 4, S. 466). Auch Clavigo will sich dieser Selbsttäuschung gerne hingeben: „Ja sie ist's! Sie ist's! Und ich bin Clavigo. [...] – bin ich nicht ebenderselbe? Sind Sie nicht ebendieselbe?" (FA I 4, S. 469) Sie ist noch dieselbe, er ist es nicht. Trotzdem will er sie glauben machen, dass es „uns gegangen ist wie allen andern" (FA I 4, S. 470). Das kann nicht gut gehen, denn mit der Vergleichbarkeit eines allgemeinen Schicksals kann sich das exorbitante Individuum nicht zufriedengeben. Carlos spricht dies im vierten Akt aus:

> Mit deinem Herzen, deinen Gesinnungen, die einen ruhigen Bürger glücklich machen würden, mußtest du den unseligen Hang nach Größe verbinden! [...] Wenn dein Herz nicht größer ist, als anderer ihr's; wenn du nicht

im Stande bist, dich gelassen über Verhältnisse hinaus zu setzen, die einen
gemeinen Menschen ängstigen würden, so bist du mit all deinen Bändern
und Sternen, bist mit der Krone selbst nur ein gemeiner Mensch. (FA I 4,
S. 478)

Das bürgerlich-empfindsame Herz ist der erstrebten Größe nicht gewachsen.
Carlos benennt die beiden Optionen: „entweder du heuratest Marien, und
findest dein Glück in einem stillen bürgerlichen Leben, in den ruhigen häus-
lichen Freuden; oder du führst auf der ehrenvollen Bahn deinen Lauf weiter
nach dem nahen Ziele" (FA I 4, S. 479). Was er empfiehlt, ist klar:

Möge deine Seele sich erweitern, und die Gewißheit des großen Gefühls
über dich kommen, daß außerordentliche Menschen eben auch darin außerordentliche Menschen sind, weil ihre Pflichten von den Pflichten des gemeinen Menschen abgehen; daß der, dessen Werk es ist, ein großes Ganze zu
übersehen, zu regieren, zu erhalten, sich keinen Vorwurf zu machen braucht,
geringe Verhältnisse vernachlässiget, Kleinigkeiten dem Wohle des Ganzen
aufgeopfert zu haben. (FA I 4, S. 480)

Clavigo bricht also sein Eheversprechen erneut. Nun zeigt sich die Kehrseite
der empfindsamen bürgerlichen Ehrbegriffe: Beaumarchais verwandelt sich
vor den Augen und Ohren seiner Schwestern und der Bühnenzuschauer in
einen Kannibalen: „Ach! der grimmige, entsetzliche Durst nach seinem
Blute füllt mich ganz. [...] Ich schnaube nach seiner Spur, meine Zähne
gelüstet's nach seinem Fleische, meinen Gaumen nach seinem Blute. Bin ich
ein rasendes Tier geworden! Mir glüht in jeder Ader, mir zuckt in jeder
Nerve die Begier nach ihm, nach ihm!" (FA I 4, S. 486 f.) So weit ist es mit
der Empfindsamkeit gekommen, dass selbst die Verwandlung in ein Tier
selbstreflexiv analysiert und nüchtern beobachtend protokolliert wird. Beaumarchais' Erregung ist alles andere als spontan, sie ist kalkuliert und hoch
rhetorisch: „O hätt ich ihn drüben über dem Meere!" Er wünscht sich gemeinsam mit Clavigo nach Übersee, wo seiner Vorstellung zufolge die Men-
schenfresser wohnen und zivilisatorische Rücksichten nicht mehr in An-
schlag zu bringen sind. „Fangen wollt ich ihn lebendig, und an einen Pfahl
gebunden stückweise seine Glieder ablösen, vor seinem Angesichte braten
und mir's schmecken lassen, und euch auftischen, Weiber!" (FA I 4, S. 487)
Marie bleibt angesichts dieser anthropophagen Zerstückelungsphantasie
kein anderer Ausweg als die hysterische Inszenierung, die sie nicht überlebt.
Reuig wirft sich Clavigo an ihren Sarg und erhält von Beaumarchais den
Todesstoß.

Marie hat also keinen Spielraum, um ihre Individualität zu entfalten. Die Frau ist funktionalisiert als Medium der Vermittlung von Individualität und Sozialität. Dieses Problem erweist sich als vorläufig unlösbar. Drei Konzeptionen prallen aufeinander: Carlos versteht die Liebe als Bedürfnisbefriedigung, Beaumarchais vertritt den Vorrang der Ehe vor der Liebe. Keines dieser Vorbilder kann Clavigo helfen, der eine dritte Konzeption entwickeln möchte: Er steht vor dem Problem, wie eine empfindsame Liebe auf Dauer gestellt werden kann, die nicht auf Tugend basiert. Genau dies ist offenbar nicht möglich. Clavigo kann sich diese Unmöglichkeit aber nicht erklären, er versteht den Wandel seines eigenen Ichs nicht. Der Treuebruch ist keine Lösung für ihn, weil er die Unerklärlichkeit des Wandels erst recht vor Augen führt. Die dauernde empfindsame Liebe sollte dafür bürgen, dass es so etwas wie Individualität als Kern der Persönlichkeit überhaupt gäbe, was weiter ungewiss bleibt. Auch der Tragödientod ist keine Lösung, sondern markiert die objektive Unlösbarkeit des Problems. Es ist ein deutlich als solcher markierter Theaterschluss mit leicht opernhaftem Gepräge – ein nächtlicher Leichenzug mit Musik. Für solche opernhaften Schlüsse hatte Goethe schon vor der Arbeit für das Weimarer Hoftheater eine gewisse Vorliebe. Abgesehen von den Fest- und Maskenspielen ist der Schluss des *Egmont* dafür sicherlich das bekannteste Beispiel. Und natürlich abgesehen vom Schluss des *Faust II*, Goethes größter Oper als dramatischem Gesamtkunstwerk.

Hier, bei Clavigo, hat also nicht etwa die Moralität im Sinne des Bürgerlichen Trauerspiels gesiegt, sondern Goethe reflektiert das Genre und seine standardisierten Lösungen. Clavigo hat Marie nicht auf immer entsagt, sondern er wurde in seinem Schwanken zwischen den beiden Polen, zwischen denen ihm eine endgültige Entscheidung nicht möglich ist, ‚lediglich' durch den Tod unterbrochen. Es wäre der dramatischen Form nicht angemessen, hier gewissermaßen Lessing'sche Forderungen nach psychologischer Wahrscheinlichkeit des Charakters als Maßstab anzulegen. Dass Goethe eine solche Vorstellung von der Einheit des Charakters eher fern lag, dürfte inzwischen nicht mehr allzu sehr befremden. Das Problem war, wie die erfahrene Dissoziierung des Ichs mit den Anforderungen einer Gestaltung des eigenen Lebenslaufs in Einklang gebracht werden konnte. Anscheinend unlösbare, zumindest immer wieder aktuelle Entscheidungsfragen wie: Ehe oder Karriere? oder das Problem, Liebe als Passion dauerhaft zu leben, gehören zu den bleibenden Themen der Moderne. Auf die Frage nach der Möglichkeit eines Zusammenlebens von Mann und Frau und der damit eventuell verbundenen Sozialisierung des (genialen) Individuums gab Goethes *Clavigo* keine Antwort. Keine Antwort ist, das gilt ebenfalls hier, auch eine Antwort, und das Stück war in dieser Antwortverweigerung auf der Bühne durchaus erfolgreich.

„Für Liebende"

Goethe hat später die Option vertreten, er hätte Stücke dieser Art am Fließband produzieren können: „Hätte ich damals ein Dutzend Stücke der Art geschrieben, welches mir bei einiger Aufmunterung ein leichtes gewesen wäre; so hätten sich vielleicht drei oder vier davon auf dem Theater erhalten." (FA I 14, S. 721) Was er nachträglich in *Dichtung und Wahrheit* erwog, hat er in diesem Umfang nicht realisiert, aber ein weiteres Drama gibt es, das in diese Kategorie fällt und sie zugleich wieder sprengt: *Stella* – „Ein Schauspiel für Liebende", so der Untertitel. Das Stück ist 1775 entstanden, vor Goethes Weimarer Zeit und vor seiner Reise in die Schweiz, und Anfang 1776 erschienen, als er bereits in Weimar war. Es überbrückt also die Schwelle dieser Lebenswende Goethes. Wie bei allen seinen frühen Werken veranstaltete der Berliner Verleger Himburg auch in diesem Fall wieder mehrere Nachdrucke, und wiederum dienten diese als Grundlage der Neubearbeitung des Textes im vierten Band von Goethes *Schriften* 1787. 1806 arbeitete Goethe den Schluss für die erste Weimarer Aufführung erneut um. Von diesen Veränderungen in den späteren Fassungen ist noch zu sprechen. Über die erste Fassung schrieb Goethe am 1. August 1775 an die bekannte Romanschriftstellerin Sophie von La Roche: „Es ist nicht ein Stück für jedermann." (FA II 1, S. 463) Aber laut Untertitel „für Liebende" – dies sind also offenbar nicht alle Menschen. Die Einschränkung im Hinblick auf die Eignung für das Publikum bezog sich vermutlich auf das Grundmotiv, das denkbar einfach und elementar ist – ein altes Komödienmotiv, das aktuellen Konfliktstoff barg und immer birgt: ein Mann zwischen zwei Frauen. Denkbar – und konventionell – wären nun unterschiedliche Varianten: Die beiden Frauen könnten kontrastiert werden: die Tugendhafte und die Wollüstige, die Ehefrau und die Geliebte, die Seelenfreundin und die erotische Partnerin und anderes mehr, um das Dreieck entweder aufzulösen oder zu entschärfen. Das alles spielt mit, aber Goethe wählt eine radikale Lösung.

Der erste Akt beginnt im Posthaus, einem Wirtshaus mit Postkutschen-
station. Wie bereits anlässlich Goethes Herkunft erwähnt, handelt es sich
dabei um einen gesellschaftlich riskanten Ort, einen Ort der unvorherseh-
baren und potenziell konfliktträchtigen Begegnungen zwischen Angehöri-
gen unterschiedlicher Stände. Ein klassischer Handlungsraum für eine Ko-
mödie, die jedoch in ein Problemstück umkippen kann, ein Bürgerliches
Trauerspiel beispielsweise. Madame Sommer, wie sie zunächst genannt
wird, da sie inkognito reist (später heißt sie Cezilie), kommt mit ihrer Tochter Luzie an, die zu einer in der Nachbarschaft des Posthauses wohnenden
Baronesse als Kammerjungfer in Dienst soll. Die Mutter denkt an ihre zer-
brochene Ehe zurück. Ihr Mann hat sie verlassen, als Luzie sieben Jahre alt
war. Auch die Baronesse, so erfährt Madame Sommer von der Postmeisterin, wurde vor drei Jahren nicht von ihrem Mann, aber von ihrem Geliebten
verlassen. Die Postmeisterin lebt ebenfalls ohne Mann, aber sie wurde nicht
verlassen, ihr Mann ist vor kurzem verstorben. Es handelt sich also zunächst
um eine Dramenwelt ohne Männer, in die – wir befinden uns noch immer
im ersten Akt – Fernando eintritt. Er kennt offenbar den Ort. „Himmlischer
Anblick! So seh ich dich wieder! Den Schauplatz all meiner Glückseligkeit!"
(FA I 4, S. 539) So ruft er bei seinem Auftrittsmonolog aus. Er will Stella,
seine verlassene Geliebte (die Baronesse), wieder aufsuchen: „Sie wird sein
wie sie war. Ja, Stella, du hast dich nicht verändert. Das sagt mir mein Herz."
(FA I 4, S. 540) Dies lässt aufhorchen, wiederum wird der Frau keine individuelle Entwicklung zugestanden. Zudem spielte sich die Liebe zwischen
Fernando und Stella an einem dezidiert gesellschaftsfernen, utopischen Ort
ab, denn Fernando war verheiratet. Er möchte nun zu Stella zurückkehren,
nachdem er jahrelang schuldgetrieben auf vergeblicher Suche nach Frau und
Kindern war, die er tot glaubt: „Und wenn du um mich schwebst, teurer
Schatten meines unglücklichen Weibes, vergib mir, verlaß mich! Du bist dahin; so laß mich dich vergessen, in den Armen des Engels alles vergessen,
meine Schicksale, allen Verlust, meine Schmerzen, und meine Reue." (ebd.)
Bereits zu diesem Zeitpunkt ist es nicht allzu riskant zu diagnostizieren,
dass es sich bei Fernando um einen ähnlichen Männertyp wie Clavigo handeln dürfte. Vorderhand haben offenbar viele Männerfiguren bei Goethe
dasselbe Problem, ihre Individualität als diskontinuierliche Abfolge von
Selbstzuständen zu erleben, die eine dauernde Beziehung unmöglich machen.

Der zweite Akt zeigt Stella auf der Bühne. Ihr Auftrittsmonolog macht
schon sprachlich deutlich, dass sie nicht dem erwartbaren und von Marie

in *Clavigo* verkörperten Rollenschema folgt und nicht zufällig im Titel des Stücks steht. Bemerkenswert ist, wie sie über das vergangene Glück mit ihrem Geliebten spricht:

> Sonst, da er dich noch liebte, noch in deinem Schoße lag, füllte sein Blick deine ganze Seele; und – o Gott im Himmel! dein Rathschluß ist unerforschlich – wenn ich von seinen Küssen, meine Augen zu dir hinaufwendete, mein Herz an dem seinen glühte, und ich mit bebenden Lippen seine große Seele in mich trank, und ich dann mit Wonnetränen zu dir hinaufsah, und aus vollem Herzen zu dir sprach: Laß uns glücklich Vater! du hast uns so glücklich gemacht! – Es war dein Wille nicht. (FA I 4, S. 544)

Man erkennt die Wenn-dann-Konstruktion, es ist der Werther-Ton, in dem Stella spricht. Sie konnte als Frau die Liebe als Ganzheitskorrespondenz erleben, etwas dadurch abgemildert und relativiert, dass sie Gott anruft und nicht die Liebe selbst ihre Religion bildet. Bei dem folgenden Aufeinandertreffen mit Madame Sommer wird indes klar, dass beide in ihrer Liebe zu ihren Männern, die sie verlassen haben, beständig sind, dass sie ihre Identität aus dieser gewesenen Übereinstimmung mit dem geliebten Mann beziehen. Immer wieder wird das Herz als weibliches Zentralorgan benannt, und nun finden die beiden Frauen ihre Identität im wechselseitigen Mitleiden. Nach Auskunft Stellas sind die Frauen zur autonomen Gestaltung ihres Lebens nicht in der Lage, ihr Leben wird vom Herzen gesteuert: „Wir können ja doch einmal nichts dafür daß wir so sind! – Was hab ich nicht alles getan! Was nicht alles versucht! – Ja was halfs! – Es [das Herz; B. H.] wollte das – just das – und keine Welt, und sonst nichts in der Welt – Ach der Geliebte ist überall, und alles ist für den Geliebten." (FA I 4, S. 545)

Den Frauen gelingt, was Werther nicht gelungen war, was Clavigo nicht gelungen war, was überhaupt den Männern nicht gelungen war, was sie aber in dieser von den Frauen als Treue realisierten Form auch gar nicht erstrebten: die Totalitätskorrespondenz in der Liebe. Der Preis dafür ist bei den Frauen – und damit wird auch ex negativo deutlich, warum dies den Männern nicht gelang – die völlige Selbstaufgabe, eine Existenz geradezu aus zweiter Hand, oder genauer: aus zweitem Körper, nur durch das Medium des Geliebten: „STELLA Ein Jahrtausend von Tränen und Schmerzen vermögten die Seligkeit nicht aufzuwiegen der ersten Blicke, des Zitterns, Stammlens, des Nahens, Weichens – des Vergessens sein selbst – den ersten flüchtigen feurigen Kuß, und die erste ruhig atmende Umarmung – Madame! Sie versinken meine Teure! – Wo sind Sie?"

Wo sie ist, ist klar, bei den Männern, und daher nicht – oder doch gerade ganz? – bei sich selbst.

MADAME SOMMER   Männer! Männer!

STELLA   Sie machen uns glücklich und elend! Mit welchen Ahndungen von Seligkeit erfüllen sie unser Herz, welche neue und unbekannte Gefühle und Hoffnungen schwellen unsere Seele, wenn ihre stürmende Leidenschaft sich jeder unserer Nerven mitteilt. Wie oft hat alles an mir gezittert und geklungen, wenn er in unbändigen Tränen die Leiden einer Welt an meinen Busen hinströmte, ich bat ihn um Gottes willen sich zu schonen –! mich! – Vergebens – Bis in's innerste Mark fachte er mir die Flammen die ihn durchwühlten. Und so ward das Mädgen von Kopf bis zu'n Sohlen ganz Herz, ganz Gefühl. Und wo ist denn nun der Himmelsstrich für dies Geschöpf um drinne zu atmen, um Nahrung drunter zu finden? (FA I 4, S. 546 f.)

Die Frauen finden Selbstauflösung und Weltverlust im Geliebten. Die Männer hatten dies nur im Tod finden können, weil sie in der eigenen Individualität gefangen waren und nicht den Bezug zur Partnerin finden konnten. Die Frauen hingegen können ihre eigene Individualität nicht ausleben, weil sie in derjenigen des geliebten Mannes gefangen sind. In mehreren aufeinanderfolgenden Anläufen von Wenn-dann-Konstruktionen formuliert Stella die Erfahrung des Selbst- und Weltverlusts mit punktuellen karitativen Ersatzbefriedigungen und dem hinzukommenden Verlust ihres toten Kindes:

wenn mir's glückt, wenn eine gute Gottheit mir an einem heitern Frühlingsmorgen den Schmerz von der Seele weggehoben zu haben scheint. Wenn ich ruhig erwache, und die liebe Sonne auf meinen blühenden Bäumen leuchtet, und ich mich tätig, munter fühle zu den Geschäften des Tags, dann ist mirs wohl, dann treib ich eine Zeitlang herum, verrichte und ordne, und führe meine Leute an, und in der Freiheit des Herzens dank ich laut auf zum Himmel für die glücklichen Stunden.
   [...] O wenn ich manchmal von Gedanken in Gedanken sinke, freundliche Träume der Vergangenheit vor meine Seele bringe, hoffnungsvolle Zukunft ahnde, und so in des Mondes Dämmerung, meinen Garten auf und ab walle; dann mich's auf einmal ergreift! ergreift daß ich allein bin; vergebens nach allen vier Winden meine Arme ausstrecke, den Zauber der Liebe vergebens mit einem Drang, einer Fülle ausspreche, daß ich meine, ich müßte den Mond herunter ziehen! – Und ich allein bin, keine Stimme mir aus dem Gebüsch antwortet, und die Sterne kalt und freundlich über meine Qual herabblinken! – Und dann auf einmal das Grab meines Kindes zu meinen Füßen! –
   [...] Wenn so ein Bauerkind auf dem Spaziergange barfuß mir entgegen lauft, und mit den großen unschuldigen Augen mir eine Kußhand reicht, es

durchdringt mir Mark und Gebeine! So groß denk ich, wär meine Mina; ich
heb es ängstlich liebend in die Höhe, küß es hundertmal. Mein Herz ist zer-
rissen! die Tränen stürzen aus meinen Augen und ich fliehe. (FA I 4, S. 547 f.)

Erzählen ist für Stella Therapie: „wohl, sehr wohl ist mirs, daß mein Herz
sich wieder öffnen, daß ich das alles losschwätzen kann, was mich so drängt!
– Ja wenn ich euch einmal anfange von ihm zu erzählen! der mir alles war!"
(FA I 4, S. 548 f.) Sie zeigt Madame Sommer und deren Tochter das Porträt
ihres Mannes. Madame Sommer ruft aus: „Gott!" (FA I 4, S. 549), was von
bezeichnender Zweideutigkeit ist – einmal Ausruf des Erschreckens, zum
anderen unwillkürliche Benennung. Er ist für Stella Gott, sein Porträt im
Kabinett ist ein Heiligenporträt, Stella hat ihre Besucherinnen an ihren
Altar geführt. Luzie erkennt auf dem Porträt Fernando. Damit nicht genug.
Auch Madame Sommer hat auf dem Porträt ihren Gemahl, Luzies Vater,
erkannt, was aber Stella noch nicht bemerkt hat. Im dritten Akt tritt nun
Fernando mit Stella auf; Madame Sommer und Luzie haben sich zurückgezogen. Fernando und Stella knüpfen unmittelbar an ihre frühere Beziehung
an. Für Stella hat sich nichts geändert, dass Menschen sich ändern könnten,
liegt außerhalb ihres Vorstellungsvermögens. Für sie ist die Individualität
auch in ihrer Unbeständigkeit festgelegt: „Gott verzeih dir's daß du so ein
Bösewicht, und so gut bist – Gott verzeih dir's, der dich so gemacht hat – so
flatterhaft und so treu." (FA I 4, S. 552) Im Gespräch zwischen Fernando
und Stellas Verwalter werden jedoch die Gründe für die Untreue offen benannt, so offen, dass die Szene für den Druck in den *Schriften* 1787 stark
abgemildert wurde. Der Verwalter fragt ihn: „Bleiben Sie denn nun jetzt?
Soll des Vagierens ein Ende werden? Seit ich Frau und Kinder habe, befind
ich mich in einem Eckelgen der Welt ganz wohl, da mir sonst alles zu eng
war. [...] Ich weiß noch wohl, als unsere gute liebe Cezilie zwei drei Jahr
Ihre Gemahlin war, wie's Ihnen wurmte, Ihnen alles nicht recht war, wie Sie
glaubten gefesselt, gefangen zu sein; wie Sie nach Freiheit schnappten." (FA
I 4, S. 554) Cezilie ist Madame Sommer, und Fernando hat bereits zweimal
die Aporie nicht ertragen, die unendlichen Möglichkeiten des Lebens durch
eine konkrete, Verantwortung fordernde Realität einschränken zu müssen.
Ohne Realisierung in der Liebe bleibt die Ganzheitskorrespondenz unzureichend – die Liebe als Bindung an eine konkrete Person bedeutet Fesselung
und Einschränkung. Selbstbestimmte Entfaltung der Individualität hier
und Orientierungslosigkeit und Selbstverlust da. Dies ist die nun schon ver-

traute Aporie, vor die das Individuum ohne festen sozialen Ort und ohne soziale Bestätigung seiner Individualität gestellt ist. „Nichts ist bleibend", erkennt Madame Sommer. „Können wir wissen was in dem Busen der Männer schlägt!" Sie spricht gegenüber Fernando von der grundsätzlichen Fremdheit der Geschlechter: „Ich bedaure den Mann der sich an ein Mädgen hängt. [...] Er wird aus seiner Welt in die unsere herüber gezogen, mit der er doch im Grunde wenig gemeines hat. Er betrügt sich eine Zeitlang, und weh uns, wenn ihm die Augen aufgehen!" (FA I 4, S. 557 f.) Sie will daher auf Fernando verzichten. Dieser hingegen will die soeben erst wiedergefundenen Totgeglaubten nicht lassen. Er möchte mit Frau und Tochter fort, aber andererseits hat er ja bereits Stella wiedergesehen.

Stellas Frauenrolle unterscheidet sich deutlich von derjenigen Cezilies. Sie ist, wie schon erwähnt und wie hier noch einmal deutlich wird, wie das männliche Individuum der Ganzheitskorrespondenz in der Liebe fähig, scheint aber darüber hinaus im Unterschied zum Mann fähig zu sein, diese Ganzheitskorrespondenz in der Liebe zu einer Person auf Dauer zu stellen: „Er ist wieder da! – Und in einem Wink steht rings um mich die Schöpfung lebevoll – ich bin ganz Leben – – und neues wärmeres glühenderes Leben will ich von seinen Lippen trinken." (FA I 4, S. 561 f.) Freilich wird damit wieder die völlige Fixierung auf den Geliebten betont und zum anderen hat diese Liebe den Realitätstest in Form des Nachwuchses noch nicht bestehen müssen; ihr Kind ist ja gestorben.

Im vierten Akt erfolgt nun die Zuspitzung: Fernando gesteht Stella, dass er mit Frau und Kind abreisen möchte: „Stella! die ich in meinen Armen fasse! Stella! die du mir alles bist! Stella! – *kalt:* Ich verlasse dich." (FA I 4, S. 565) Sie fällt in Ohnmacht – Zeichen des Weltverlusts.

Im fünften Akt drohen Katastrophen: Man sieht Stella mit einem Messer, Fernando mit Pistolen. Cezilie tritt jedoch auf und möchte die Verwicklungen lösen, indem sie auf ihren Mann verzichtet und abreist. Fernando ist dazu nicht fähig: „Der kalte Sinn löst den Knoten nicht." (FA I 4, S. 571) Daraufhin erzählt Cezilie eine Sage als Vorbild der Schlusslösung einer Ménage à trois:

> An ihrem Hals, rief das treue Weib, in tausend Tränen rief sie: Nimm alles was ich dir geben kann! Nimm die Hälfte des, der ganz dein gehört – Nimm ihn ganz! Laß mir ihn ganz. Jede soll ihn haben, ohne der andern was zu rauben – Und rief sie an seinem Hals, zu seinen Füßen: Wir sind dein! – – –
> Sie faßten seine Hände, hingen an ihm – Und Gott im Himmel freute sich

der Liebe, und sein heiliger Statthalter sprach seinen Segen dazu. Und ihr
Glück, und ihre Liebe faßte selig Eine Wohnung, Ein Bett und Ein Grab.
[...]
FERNANDO *beide umarmend:* Mein! Mein!
STELLA *seine Hand fassend, an ihm hangend:* Ich bin dein!
CEZILIE *seine Hand fassend, an seinem Hals:* Wir sind dein! (FA I 4, S. 573 f.)

Damit wird eine im wörtlichen Sinn literarische Lösung empfohlen, nämlich die aus dem 16. Jahrhundert stammende und im 18. Jahrhundert in
verschiedenen Fassungen überlieferte Sage des Grafen von Gleichen. Sie
geht vermutlich auf ein Grabdenkmal im Erfurter Dom zurück, das den
Grafen zwischen zwei Frauen zeigt, die jedoch wahrscheinlich nacheinander und nicht gleichzeitig seine Frauen waren. Bei Goethes *Stella* wird in
dieser frühen Fassung der deutlich als literarische Utopie markierte
Schluss einer Vereinigung der Männer- und Frauenrollen empfohlen,
wobei nicht gesagt wird, ob von einer der Frauen, mutmaßlich Cezilie, erotische Enthaltsamkeit verlangt wird. Davon ist dezidiert nicht die Rede.
Individualität und Sozialität, Freiheit und Bindung, Veränderung und
Identität scheinen miteinander vereinbar, oder aber im fiktiven Charakter
dieser Schlusswendung erst recht unvereinbar. Natürlich wurde der
Schluss so gelesen, als würden Hurerei, Ehebruch, womöglich Bigamie
propagiert – eine identifikatorische Lektüre ohne Fiktionsbewusstsein,
wie im Fall des *Werther*. Goethe spielte im vorliegenden Fall mit der Provokation eines solchen Rezeptionsverhaltens, vor dem er in anderen
Zusammenhängen ausdrücklich gewarnt hatte: In der ersten Fassung des
Triumphs der Empfindsamkeit hatte auch *Stella* neben dem *Werther* im
Bauch der Puppe gesteckt (vgl. FA I 5, S. 978).
    In der Aufklärung wurde vom Theater die exemplarische Demonstra-
tion von Tugend und Moral erwartet. Die Uraufführung fand am 8. Februar
1776 am Hamburger Nationaltheater statt. Der aus dem Streit mit Lessing
bekannte Hauptpastor Johann Melchior Goeze sorgte dafür, dass weitere
Aufführungen des Stücks untersagt wurden. Der Rezensent der *Hambur-
gischen Nachrichten* sprach von einem Verstoß „gegen alle Grundsätze der
christlichen Religion, der biblischen und philosophischen Moral, der bürgerlichen Verfassungen, ja des gesunden Menschenverstandes".[5] Mehr ging

---

[5] Der junge Goethe in seiner Zeit, Bd. 1, S. 760.

nicht. Es gab jedoch auch etliche positive Stimmen, die offenbar bereits über ein anderes, ästhetisches Rezeptionsverhalten verfügten.

Bei aller Provokation der zeitgenössischen Moral sollte nicht übersehen werden, dass die Schlusslösung durch die Vorbilderzählung geradezu göttlich beglaubigt ist. Liebe hat – noch oder wieder – eine religiöse Bedeutung, die radikal individualistische Lösung ist in der überindividuellen, göttlichen Ordnung aufgehoben. Natürlich kann man es auch so sehen, dass dadurch die Schraube der Provokation sogar noch eine Windung weiter gedreht wurde. Wie auch immer: Für die Weimarer Aufführung 1806 änderte Goethe den Schluss radikal: Stella vergiftet sich – sie opfert sich; Fernando erschießt sich – wie Werther. Dadurch gelang das Kunststück, die Unlösbarkeit der Problematik so scharf wie im *Werther* vor Augen zu stellen, indem die Ganzheitskorrespondenz nur im Tod gefunden werden konnte, und doch der zeitgenössischen Moral zu genügen. Das Stück trug nun nicht mehr den Untertitel „Ein Schauspiel für Liebende", sondern die Genrebezeichnung „Ein Trauerspiel".

Wenn es aber ein „Schauspiel für Liebende" sein sollte, so müsste eine wirkungsästhetische Konzeption dahinterstehen. Alle Liebenden (wenn auch nicht „jedermann") sollen ihre Individualitätsproblematik paradigmatisch formuliert finden. Wie auch immer man heute – sofern ein heutiges Publikum sich als Liebende sieht – das beurteilen mag: Für den Dramatiker jedenfalls bietet sich in diesem Untertitel ein Ausweg aus dem Solipsismus der Individualität. Wenn die Sozialisierung des genialen Subjekts in einer auf Dauer gestellten Liebe nicht gelingen kann, so doch zumindest – unter der Voraussetzung, dass das Subjekt ein Dichter bzw. ein Dramatiker ist – in der Gemeinschaft mit anderen Individuen, die als Liebende in derselben Lage sind. Das geniale Subjekt steht dann nicht mehr in einer Reihe mit den Propheten und den großen Genies der Geschichte, sondern mit anderen modernen Menschen, denen es genauso geht. Nicht nur die großen Gestalten der Vergangenheit empfinden auf dieselbe Weise, sondern die normalen liebenden Menschen der Gegenwart – sofern Liebende ‚normal' sein können. Das Genie wird ein Stück Normalität. Damit wird noch deutlicher, inwiefern das einzigartige Individuum als paradigmatisch für den modernen Menschen stehen kann. Oder genauer: für den modernen Mann. Die Frau wird zwar aufgewertet, kommt als Protagonistin in den Blick, ihre Rolle wird differenziert und derjenigen des Mannes angenähert, aber gerade darin ganz auf das Vorbild bezogen.

Deutsche Geschwisterliebe – römische Erotik

Welcher Weg führt nun von *Stella* zu *Iphigenie*? Eine mögliche Antwort
wäre: keiner. Den Autor der *Stella* scheint mit dem Autor der *Iphigenie* nichts
zu verbinden. Der Zufall der biographischen Identität der beiden Autorenrollen kann kaum darüber hinwegtäuschen, dass mit diesen beiden Dramen
ein geradezu musterhafter Beleg für die These der Unbeständigkeit und se-
mantischen Kernlosigkeit des modernen Individuums vorliegt. Auch dann,
wenn es sich um *ein* Individuum handelt, das diese Unbeständigkeit poetisch gestaltet.

Aber kann man im Fall der *Iphigenie* überhaupt noch von Unbeständigkeit reden? Ist die klassische Dramenform nicht ein Paradebeispiel für endlich erreichte Beständigkeit? Die Polemik gegen die Säulen in dem Text *Von
Deutscher Baukunst* noch im Ohr, muss man sich vergegenwärtigen, dass
mit *Iphigenie* Goethes Versuch vor uns liegt, auf *seine* Art ein Grieche zu
sein, und nicht etwa in der Art des klassizistischen Klischees, unter dessen
Maßgabe schon Zeitgenossen das Drama rezipierten. Die Problemkontinuität gegenüber den früheren Dramen besteht bei allen Unterschieden in der
Formulierung zumindest in zweierlei: zum einen in der allmählich stärker
hervortretenden Bedeutung der Frau und dem Umstand, dass sie zunächst
rein passiv gegenüber den Männern ist, schließlich aber die Schlusswendung
herbeiführt. Zum anderen in der Rolle des Orakels, das auch hier wieder als
Inbegriff von Autoritätsgläubigkeit dient und zu dessen Deutung auch hier
wieder eine hermeneutische Fähigkeit im Laufe des Textes erst entwickelt
werden muss. So wie im *Triumph der Empfindsamkeit*, der entstehungsgeschichtlich der am 6. April 1779 auf dem Weimarer Liebhabertheater mit
Goethe in der Rolle des Orest uraufgeführten ersten Prosafassung der *Iphigenie* benachbart ist. Es ist in *Iphigenie* zwar ständig von Göttern die Rede
und jede Figur beruft sich auf ihre Spielart der Gläubigkeit, aber die Götter
treten nicht auf. Die Menschen müssen selber, ohne transzendente Hilfe,
ihre primitive kulturelle Semiotik so weit verfeinern, dass sie die Zeichen
richtig deuten können. Denn diese scheinen ebenso willkürlich zu sein wie
Macht und Herrschaft. Das apollinische Orakel setzt die Handlung in Gang.
Es führt als Voraussetzung der Entsühnung des Geschlechterfluchs der
Tantaliden die Heimführung der Schwester an. Das Orakel wird von der
Schwester Apollos, der Göttin Diana, deren Bild geraubt werden soll, auf
Iphigenie, die Schwester von Orest, umgedeutet.

Auch hier hat das Drama wieder eine wirkungsgeschichtliche Intention, indem auf dem Theater eine kulturelle Kompetenz eingeübt werden soll, nämlich die durch Literatur vermittelbare Kompetenz der kulturellen Zeichendeutung. Was unter Rekurs auf die Religion zur Gewalt führt oder zu führen droht – die Wiedereinführung der abgeschafften Menschenopfer bei den Taurern –, soll auf poetische Weise mit friedlichen Mitteln bewältigt werden. Gewaltvermeidung, kulturelle Mündigkeit durch Poesie: Der Literatur bzw. dem Theater wurde viel zugetraut in dieser Phase der deutschen Literaturgeschichte. Zugleich aber wurden der utopische und der illusionäre Grundzug deutlich herausgestellt. Goethes Drama ist alles andere als klassizistisch naiv oder naiv klassizistisch. Auch wenn der Ausgang die Umdeutung des Orakels bestätigt, dass der Mensch handeln muss, wird seine bzw. im Fall Iphigenies ihre autonome und eigenverantwortliche, damit aber auch riskante und kontingente Entscheidung durch die Götter nicht abgenommen. Auch wenn an die Götter geglaubt wird, muss gehandelt werden, als gäbe es sie nicht.

Entstehungsgeschichtlich ist der Zusammenhang zwischen Gewaltandrohung – in diesem Fall Kriegsgefahr – und deren literarischer Bewältigung unmittelbar greifbar. Fünf Tage vor dem Beginn der Niederschrift der *Iphigenie* im Februar 1779 hatte Goethe ein gutachterliches Votum für Herzog Carl August zu verfassen, wie dem preußischen Verlangen nach Rekrutenaushebungen in Sachsen-Weimar-Eisenach zu begegnen sei, ohne sich gegen Friedrich II. in Opposition zu setzen. Der sogenannte Bayerische Erbfolgekrieg zwischen Preußen und Österreich braute sich zusammen, die preußische Armee war in Böhmen einmarschiert, und die kleinen thüringischen Herzogtümer drohten zwischen die Fronten der Großmächte zu geraten und zwischen ihnen zerrieben zu werden. Das antikisierende Schauspiel ist vor diesem Hintergrund auch ein Stück gesellschaftliche Literaturtherapie wie der *Triumph der Empfindsamkeit*. Dort wurden die Dramenfiguren mit Ausnahme des Prinzen von ihrer Orakelsucht therapiert und auf dem Weg über die im Stück verkündete Moral auch das Theaterpublikum. In der *Iphigenie* ist es Orest, der von der Fixierung auf den Atridenfluch geheilt wird, und damit womöglich auch das Publikum von der Fixierung auf gewaltsame Problemlösungen.

Vor diesem Hintergrund erstrebter Pazifisierung lässt die im Drama formulierte Gewaltsemantik umso mehr aufhorchen. Dies betrifft jeweils das Verhältnis Iphigenies zu den beiden männlichen Bezugsfiguren: Thoas und Orest. Über Ersteren heißt es: „Sinnt er vom Altar / Mich in sein Bette mit

Gewalt zu ziehn?" (FA I 5, S.560), während sie über Letzteren sagt: „es reiß't / Mein Innerstes gewaltig mich zum Bruder" (FA I 5, S.589), und: „Meinen Bruder / Ergriff das Herz mit einziger Gewalt" (FA I 5, S.599). Die Bedeutsamkeit der Bruder-Schwester-Beziehung überdeckt alle anderen Beziehungen im Drama. Sogar das scheinbar alles beherrschende Orakel wird zum blinden Motiv. Orest wird allein durch das Wiedersehen mit der Schwester, durch ihre pure Präsenz, geheilt, bevor das Orakel in irgendeiner Weise befolgt wird. Die Umdeutung des Orakels ist für die Lösung des Geschlechterfluchs eigentlich überflüssig oder schon längst erfolgt, die Umdeutung bestätigt nur die Lösung.

In dieser Therapie des Subjekts ist die Frau wiederum dem Mann zu- und untergeordnet, denn er (Orest) ist es, dessen Weltverhältnis wiederhergestellt, der wieder gesellschaftsfähig gemacht werden soll. Unter den vorliegenden Auspizien scheint dies, anders als bei *Clavigo* und *Stella*, erstmals zu gelingen – unter der einigermaßen idiosynkratischen und daher nicht als klassischer Maßstab taugenden Voraussetzung nämlich, dass das Verhältnis eines zwischen Geschwistern und daher kein ‚normales' Liebesverhältnis ist. Als biographisches Substrat kann Goethes außergewöhnlich enges Verhältnis zu seiner Schwester Cornelia benannt werden, deren Heirat und Wegzug ins badische Emmendingen 1773 für ihn einen wirklichen Verlust bedeutete. Dieses spezifische Verhältnis übertrug er in seiner ersten Weimarer Zeit, also der Entstehungszeit der Prosafassung der *Iphigenie*, auf Charlotte von Stein.[6] Die Spezifik eines solchen Geschwisterverhältnisses, wie es auch bei Iphigenie und Orest vorliegt, ist nicht so sehr die Asexualität, sondern der Umstand, dass ein solches Verhältnis im Unterschied zu einem ‚normalen' Liebesverhältnis unveränderbar ist, der Zeit nicht unterliegt. Ein solches Verhältnis gestaltet Goethe poetisch in dem Briefgedicht an Charlotte von Stein aus dem Jahr 1776, *Warum gabst du uns die Tiefen Blicke*, wo ein vollständiges Erkennen des Wesens des jeweils anderen den gewöhnlichen Liebesverhältnissen entgegengesetzt wird:

> Warum gabst du uns die Tiefen Blicke
> Unsre Zukunft ahndungsvoll zu schaun

[6] Vgl. Hartmut Reinhardt: Die Geschwister und der König. Zur Psychologie der Figurenkonstellation in Goethes „Iphigenie auf Tauris". In: Johann Wolfgang Goethe. Lyrik und Drama. Neue Wege der Forschung. Hrsg. von Bernd Hamacher und Rüdiger Nutt-Kofoth. Darmstadt 2007, S.171–188.

Unsrer Liebe, unserm Erdenglücke
Wähnend selig nimmer hinzutraun?
Warum gabst uns Schicksal die Gefühle
Uns einander in das Herz zu sehn,
Um durch all die seltenen Gewühle
Unser wahr Verhältnis auszuspähn.
[...]
Sag was will das Schicksal uns bereiten?
Sag wie band es uns so rein genau?
Ach du warst in abgelebten Zeiten
Meine Schwester oder meine Frau.
[...]
Und von allem dem schwebt ein Erinnern
Nur noch um das ungewisse Herz
Fühlt die alte Wahrheit ewig gleich im Innern,
Und der neue Zustand wird ihm Schmerz.
Und wir scheinen uns nur halb beseelet
Dämmernd ist um uns der hellste Tag.
Glücklich daß das Schicksal das uns quälet
Uns doch nicht verändern mag. (FA I 1, S. 229–231)

Eine solche Liebe wie die zwischen Bruder und Schwester ist nicht veränderbar, beide kennen den wahren Kern des bzw. der anderen, den Kern, von dem immer fraglich war, ob er überhaupt existierte. Die Liebesproblematik bestand ja bisher darin, dass eine enthusiastische empfindsame Liebe nicht dauerhaft sein konnte. Die Liebe hatte sich als ebenso veränderlich wie das Individuum erwiesen. Weil dieses nicht beständig sein konnte, konnte auch die Liebe nicht dauern. Dieses Problem schien es zwischen Bruder und Schwester nicht zu geben. Mochte das Individuum sich verändern, die bleibende Gemeinschaft der Geschwister schien dieses Problem zu lösen und für den nötigen Gegenhalt zu sorgen. Freilich um einen gewissen Preis, der bei Iphigenie dadurch deutlich hervortritt, dass eine andere männliche Beziehung neben der zu ihrem Bruder überhaupt nicht vorstellbar erscheint. So aber gewinnt das Individuum – und zwar erstmals Mann und Frau gleichermaßen – die Kraft zu ethisch sozialem Handeln, wie es Iphigenie gegenüber Thoas im dritten Auftritt des fünften Aufzugs beansprucht: „Hat denn zur unerhörten Tat der Mann / Allein das Recht? Drückt denn Unmögliches / Nur Er an die gewalt'ge Heldenbrust?" (FA I 5, S. 610) Die ‚unerhörte Tat' ist das in der Philosophie der Aufklärung und beispielsweise auch bei Lessing diskutierte „Opus supererogatum". Es ist eine moralische Tat, die über das durch Gebote und Gesetze Geforderte hinausgeht, moralische Gebote aus freien Stücken übertrifft und übererfüllt, ja selbst gegen das durch die Vernunft im Sinne eines wohlverstandenen Eigeninteresses Gebotene verstößt, um gerade dadurch reine Menschlichkeit zu ermöglichen. Eine Tat für die Gemeinschaft also, die auf die Gefahr hin, sich selbst zu schaden und zu gefährden, das Eigeninteresse hinter das Gemeinwohl zurückstellt. Dieses „Opus supererogatum" geht Iphigenie gegenüber Thoas ein. In rückhaltloser Offenheit und Wahrhaftigkeit wagt sie alles, indem sie den von Pylades geschmiedeten Plan zum Raub des Götterbildes und zur anschließenden Flucht verrät, und sie gewinnt alles, obwohl sie nicht nur sich selbst, sondern Orest und Pylades mit gefährdet. Danach jedoch, in diesem Äußersten, scheinen sich Iphigenies Handlungsmöglichkeiten erschöpft zu haben, und Orest ergreift die Schlussinitiative im zweiten Teil des fünften Aktes. Er stellt damit unter Beweis, wie handlungsfähig er durch die liebende Tat seiner Schwester geworden ist. Orest deutet das Orakel um und Iphigenie wird durch ihren Bruder als mythische Heilige eingesetzt: „du bist den Deinen wieder, / Du Heilige, geschenkt. Von dir berührt / War ich geheilt" (FA I 5, S. 617 f.). Iphigenie wird funktionalisiert zur Entsühnung der Väterwelt und zur Verwirklichung der Männerziele. Das hilfsbedürftige männliche Subjekt, das man inzwischen kaum mehr als Genie wird bezeichnen können, wird durch die idealisierte Frau erlöst, die nun in einer dauernden Beziehung fixiert werden kann, da sie nicht Geliebte, sondern Schwester ist.

Goethe selbst wurde dieser Lösungsversuch lebensgeschichtlich fremd, als ihm eine solche geschwisterliche Lebensform seit seinen italienischen Erfahrungen nicht mehr vorstellbar war. Bei der Fertigstellung der Versfassung versuchte er zwar, den Zusammenhang mit Charlotte von Stein noch präsent zu halten. Er schrieb ihr aus Rom am 13. Januar 1787: „heute geht auch Iphigenie ab, o möptest du fühlen wie viel Gedancken zu dir herüber und hinüber gegangen sind biß das Stück so stand." (FA II 3, S. 224) In der *Campagne in Frankreich* berichtet er dann viele Jahre später davon, wie er im November 1792, also fünf Jahre nach dem Erscheinen des Dramas, bei seinem Besuch im Kreis um Jacobi in Pempelfort bei Düsseldorf gedrängt worden sei, *Iphigenie* vorzulesen, er sich diesem Ansinnen aber widersetzte: „Meine Freunde [...] versuchten mancherlei um frühere Gefühle durch ältere Arbeiten wieder hervorzurufen und gaben mir Iphigenien zur abendlichen Vorlesung in

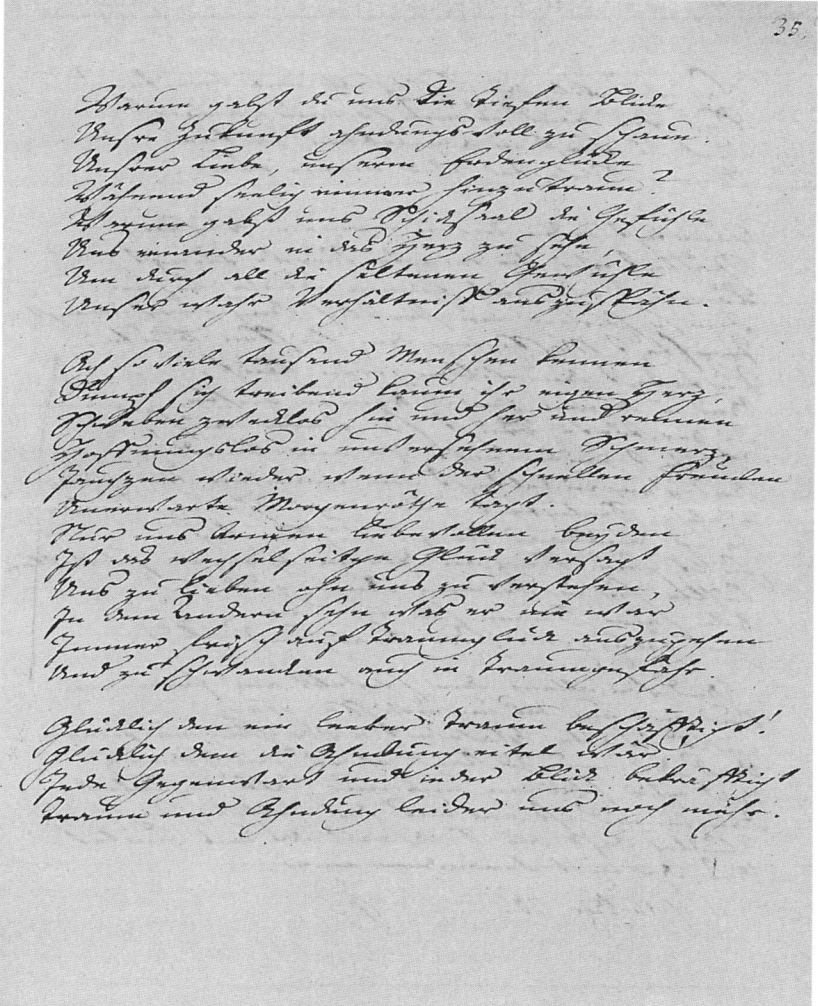

Abb. 4: *Warum gabst du uns die Tiefen Blicke*, 14. April 1776, Handschrift aus dem Nachlass Charlotte von Steins.

die Hand; das wollte mir aber gar nicht munden, dem zarten Sinne fühlt' ich mich entfremdet, auch von andern vorgetragen war mir ein solcher Anklang lästig." (FA I 16, S. 516 f.) Diesmal funktionierte die Literatur nicht mehr als Gegenhalt und Therapeutikum der kriegerischen Zeitläufte, wie noch zur

Entstehungszeit. Weitere zehn Jahre später, anlässlich Schillers Bühnenbear-beitung, bezeichnete Goethe sein Stück am 19. Januar 1802 als „ganz verteu-felt human" (FA II 5, S. 215). Das war einerseits Ausdruck der Distanzierung, andererseits einer gewissen Hochachtung, eines Respekts vor einer Form der Humanität, der er sich womöglich selbst nicht mehr gewachsen fühlte. Denn dazu war ein „Opus supererogatum" im Bereich des Erotischen zu vollbrin-gen, an dessen friedenstiftendem Nutzen mittlerweile Zweifel erlaubt sein mochten.

So wie *Stella* die Lebensschwelle von Frankfurt nach Weimar über-brückt, so *Iphigenie* diejenige von Weimar nach Italien. Die Versfassung in fünfhebigen Jamben, dem Blankvers, konnte Goethe erst in Italien fertig-stellen, sie erschien 1787 im dritten Band seiner *Schriften*, der ersten Ge-samtausgabe bei Göschen. Die auf das Geschwisterverhältnis fixierte Lie-beskonzeption gehört der voritalienischen Zeit an; sie vor allem ist es, die ihm später an dem Drama fremd wurde. Was sich geändert hat, lässt sich an zwei Gedichten illustrieren, und der Unterschied fällt unmittelbar auf: Es ist der Wechsel von der deutschen Kurrentschrift zur lateinischen Antiqua. Das Anamnesis-Gedicht *Warum gabst du uns die Tiefen Blicke* an Charlotte von Stein ist in deutscher Kurrentschrift geschrieben.

Ihm gegenübergestellt ist die erste Hälfte der fünften *Römischen Elegie* (ursprünglich die sechste in der Handschrift der *Erotica Romana*), eine Abschrift für Jacobi aus dem Jahr 1793 in lateinischer Schrift:

> Froh empfind ich mich nun auf klassischem Boden begeistert,
> Lauter und reizender spricht Vorwelt und Mitwelt zu mir;
> Ich befolge den Rath durchblättre die Werke der Alten
> Mit geschäftiger Hand täglich mit neuem Genuss;
> Aber die Nächte hindurch hält Amor mich anders beschäftigt,
> Werd ich auch halb nur gelehrt bin ich doch doppelt vergnügt!
> Und belehr ich mich nicht? wenn ich des lieblichen Busens
> Formen spähe die Hand leite die Hüften hinab.
> Dann versteh ich erst recht den Marmor ich denk und vergleiche,
> Sehe mit fühlendem Aug fühle mit sehender Hand.

Im Druck verlief der Wechsel entsprechend von der Fraktur zur Antiqua, und zwar allgemein bis zu den Befreiungskriegen 1806, als eine nationalis-tische Rückbewegung zur deutschen Schrift einsetzte. Als Goethes Drama *Die natürliche Tochter* in Antiqua erschien, schrieb seine Mutter im Weih-nachtsbrief vom 25. Dezember 1807 an seine Frau Christiane:

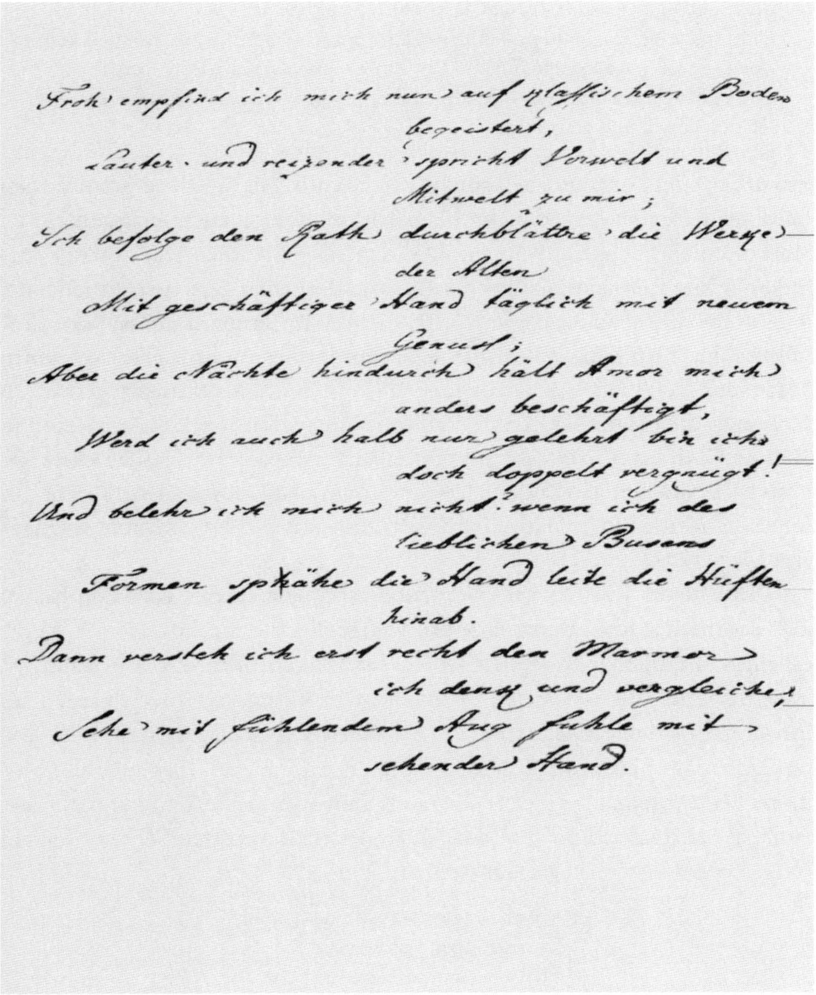

Abb. 5: *Fünfte Römische Elegie*, Handschrift für Friedrich Heinrich Jacobi, 1. Februar 1793.

Seine Eugenie das ist ein Meister-Stück – aber die Großmutter hat auf neue die Lateinischen Lettern und den kleinen Druck zum Adrachmelech gewünscht, Er laße ja nichts mehr so in die Welt ausgehn – halte fest an deuschem Sinn – deuschen Buchstaben den wenn das Ding so fortgeht; so wird in 50 Jahren kein Deusch mehr weder geredet noch geschrieben – und du

und Schiller Ihr seid hernach Classische Schriefsteller – wie Horatz Lifius –
Ovid u wie sie alle heißen, denn wo keine Sprache mehr ist, da ist auch kein
Volck – was werden alsdann die Profesoren Euch zergliedern – auslegen –
und der Jugend einpleuen – draum so lang es geht – deusch, deusch geredet
– geschrieben und gedruckt.[7]

Inhaltlich und konzeptionell sind die in lateinischer Schrift geschriebenen
Römischen Elegien gerade nicht ‚klassisch‘ in diesem abwertend gemeinten
Sinn des nicht mehr Lebendigen. Die ‚deutsche‘ Liebeskonzeption der vor-
italienischen Zeit ist diejenige der unveränderlichen Geschwisterliebe, die
‚klassische‘ Liebeskonzeption, zu der Goethe in Italien fand, ist vom Ein-
schluss der Sinnlichkeit bestimmt. Ein erotisches *Opus supererogatum* in
Form des Verzichts auf sexuelle Erfüllung wird nicht mehr gefordert.
Nachdem die Elegien 1795 unter Sekretierung der erotisch freizügigsten in
Schillers Zeitschrift *Die Horen* veröffentlicht worden waren, ließ der Weimarer Generalsuperintendent Herder einem zeitgenössischen Bericht zufolge verlauten, „[d]ie ‚Horen‘ müßten nun mit dem u gedruckt werden"
(FA I 1, S. 1092).
    Das Muster von Goethes Frauenbeziehungen in der voritalienischen
Zeit lässt sich mithin durch eine problemgeschichtliche Analyse der Werke
erhellen, die nicht biographistisch im schlechten Sinne ist. Biographisch
ergiebiger, als die von vielen Spekulationen umrankten Beziehungen im
Einzelnen herzuerzählen, ist es, deren Muster freizulegen, das wiederum
repräsentative Bedeutung für das (in diesem Fall: Liebes-)Leben in der Moderne beanspruchen darf. Für die frühe Zeit kann es resümierend an dem
zunächst titellosen und im März 1775 erstmals veröffentlichten Gedicht
Neue Liebe neues Leben gezeigt werden:

> Herz mein Herz was soll das geben?
> Was bedränget dich so sehr?
> Welch ein fremdes neues Leben!
> Ich erkenne dich nicht mehr!
> Weg ist alles was du liebtest,
> Weg worum du dich betrübtest,
> Weg dein Fleiß und deine Ruh,
> Ach wie kamst du nur dazu.

---

[7] Die Briefe der Frau Rath Goethe. Gesammelt und hrsg. von Albert Köster.
7. Aufl. Leipzig 1956, S. 535 f.

Fesselt dich die Jugendblüte?
Diese liebliche Gestalt,
Dieser Blick voll Treu und Güte,
Mit unendlicher Gewalt?
Will ich rasch mich ihr entziehen
Mich ermannen ihr entfliehen;
Führet mich im Augenblick
Ach mein Weg zu ihr zurück.

Und an diesem Zauberfädgen
Das sich nicht zerreißen läßt
Hält das liebe lose Mädgen
Mich so wider willen fest.
Muß in ihrem Zauberkreise
Leben nun auf ihre Weise.
Die Verändrung ach wie groß!
Liebe liebe laß mich los. (FA I 1, S. 167)

Biographisch ist dieses Gedicht auf Goethes Verhältnis mit der Frankfurter Bankierstochter Lili Schönemann zu beziehen, mit der er 1775 kurzzeitig verlobt war und dann durch seine erste Schweizer Reise von Mai bis Juli 1775 eine zeitweilige Trennung herbeiführte, um zu erproben, wie weit das „Zauberfädgen" gelockert und gedehnt werden könnte. Die überindividuelle Bedeutsamkeit dieses Vorgangs zeigt sich daran, dass er bei der zweiten Schweizreise 1779 wiederholt wurde, diesmal aus der Beziehung zur Weimarer Hofdame Charlotte von Stein heraus.[8] Nun war es die Beziehung zu ihr, die ihn fesselte und die auch diesmal den Schritt nach Italien über den Gotthard, den äußersten Punkt der Entfernung vom Zentrum, nicht zuließ. Im Gedicht sind alle Motive versammelt: die Unerklärlichkeit des Individuums, des lyrischen Ichs, für sich selbst und eine notwendige, als zwanghaft erlebte, undurchschaute Unbeständigkeit, auf deren Hintergrund eine Beständigkeit in Liebesdingen unmöglich und als gewaltsame, entfremdende Fessel erlebt werden muss. Und zwar so lange, wie die Flexibilität des Ich-Konzepts nicht erfolgreich mit der Liebeskonzeption verbunden werden kann. Dies aber scheint Goethe vor Italien nicht möglich zu sein. Sichtbar sind nur zwei Alternativen: Auf der einen Seite die vor allem in der Vorweimarer Zeit auch literarisch immer wieder durchgearbeitete Untreue. Das Verlöbnis mit Lili

---

[8] Vgl. Nikolaus Lohse: Die Begehung der Grenze. Goethes Selbstinterpretation der Schweizreise von 1779. In: Goethe-Jahrbuch 117 (2000), S. 78–91.

Schönemann, das auch gesellschaftlich und familiär unter keinem guten
Stern stand (unter anderem wegen der konfessionellen Spannungen zwischen Lutheranern und Reformierten, denen die Schönemanns angehör-
ten), wurde nach wenigen Monaten wieder gelöst. Auf der anderen Seite in
der Weimarer Zeit der geschilderte Versuch einer Umlenkung in ein ge-
schwisterartiges, platonisches Liebesverhältnis mit Charlotte von Stein. Nur
phasenweise, besonders in der Zeit ihrer größten Annäherung und Intimität
im Jahr 1781 (nach dem Ausweis von Goethes Briefen), wird eine Alternative
sichtbar:

> Deine Liebe ist mir wie der Morgen und Abendstern, er geht nach der Sonne
> unter und vor der Sonne wieder auf. Ja wie ein Gestirn des Pols das nie un-
> tergehend über unserm Haupt einen ewig lebendigen Kranz flicht. Ich bete
> daß es mir auf der Bahn des Lebens die Götter nie verdunckeln mögen. [...]
> Wir haben noch so keinen schönen Frühling zu sammen erlebt, mögte er
> keinen Herbst haben. (FA II 2, S. 340)

In diesem Brief vom 22. März 1781 betet Goethe um die bisher noch nicht
erlebte Dauerhaftigkeit der Liebe, die dem Individuum Beständigkeit verleihen könnte. *Wie* intim die Beziehung der beiden zu diesem Zeitpunkt war,
darüber zu spekulieren ist müßig. Jedenfalls sollte man sich hüten, Charlotte von Stein in frauenverachtender Weise als ,frigide' zu bezeichnen, wie
man es in der biographischen Literatur bis heute immer noch lesen kann.
Das Illusionäre seines Gebets drückt indes Goethe selbst aus, wenn er
wünscht, auf diesen beginnenden Frühling möge kein Herbst folgen. Das ist
in der Natur so wenig möglich wie der Überschwang für diesen Liebesfrüh-
ling aufrechterhalten werden konnte, obwohl Goethe schon in einem Brief
am Tag darauf eine Erfahrung formulierte, die eine Lösungsmöglichkeit eröffnete. Aber sie konnte nicht dauerhaft ergriffen werden und bewahrte das
Verhältnis schließlich nicht vor herbstlichen Entwicklungen: „Sagen kan ich
nicht, und darfs nicht begreifen was deine Liebe für ein Umkehrens in meinem innersten würckt. Es ist ein Zustand den ich so alt ich bin noch nicht
kenne. Wer lernt aus in der Liebe." (FA II 2, S. 340 f.)

8
Die Krise der Adoleszenz und das Scheitern
der Selbstbeschreibung: Die Schwelle Weimar

Die negative Bewertung von Goethes erstem Weimarer Jahrzehnt, die man in der Forschung und in der biographischen Literatur häufig lesen kann, ist vor allen Dingen dadurch bedingt, dass sie vom Ende her, von der Flucht nach Italien, vorgenommen wird. Man kann gewichtige Selbstaussagen Goethes dafür anführen, dass er an poetischer Unproduktivität gelitten habe, durch höfische und amtliche Geschäfte überhäuft gewesen sei, dass die skizzierte Entwicklungslosigkeit des Verhältnisses zu Charlotte von Stein zu einem immer bedrückenderen Problem geworden sei – und was der guten Gründe mehr sind, einen dunklen Hintergrund zu zeichnen, vor dem sich der italienische Himmel umso strahlender abheben kann. Literarisch gilt das erste Weimarer Jahrzehnt als Periode der Entwürfe und Fragmente, die Ausbeute erscheint auf den ersten Blick verschwindend gering. Kein größeres Werk wurde abgeschlossen, keines der Dramen: nicht *Egmont*, nicht *Iphigenie*, nicht *Tasso*, geschweige denn *Faust*, den Goethe aus Frankfurt mitgebracht und dann über ein Jahrzehnt liegengelassen hatte. Aber auch der zweite Roman, *Wilhelm Meisters theatralische Sendung*, an dem er kontinuierlich arbeitete, blieb unbeendet. Bedenkt man allerdings, dass die angebliche poetische Neugeburt Goethes in Italien kein einziges neues größeres literarisches Projekt zeitigte, sondern lediglich die Umarbeitung und teilweise Fertigstellung dessen, was in Weimar begonnen worden war, so relativiert sich die Sicht. Man kann durchaus behaupten, dass das erste Weimarer Jahrzehnt an Produktivität der Zeit davor nur deshalb nachstand, weil die offiziellen Verpflichtungen in einem solchen Maß zugenommen hatten, dass die Ausführung mit der gestaltenden Einbildungskraft nicht mehr Schritt halten konnte. Zudem stammen einige der bedeutendsten lyrischen Dichtungen Goethes aus dieser Zeit – erinnert sei hier beispielhaft an die Hymne *Harzreise im Winter* und das Briefgedicht *Warum gabst du uns die Tiefen Blicke*. Goethes Briefe aus dieser Zeit suchen ihresgleichen.

Die vorherrschend negative Bewertung der Jahre von 1775 bis 1786 ist auch dadurch bedingt, dass Goethe sich über diesen Zeitraum nie zusammenhängend geäußert hat. Die chronologische autobiographische Darstellung in *Dichtung und Wahrheit* wurde, wie bereits erwähnt, nur bis zum Aufbruch nach Weimar geführt. Zwar wurde dieser erste Teil des Gesamtprojekts *Aus meinem Leben* nicht mehr fortgesetzt, doch gibt es bis zum Jahr 1822 immerhin eine Art Surrogat, die Annalen der *Tag- und Jahres-Hefte*. Aus ihnen ist jedoch für die fragliche Zeit nichts zu gewinnen außer einer kaum mehr als einige Zeilen umfassenden Erwähnung einiger der literarischen Projekte. Die annalistische Schmallippigkeit lockert sich erst für das Jahr 1794; dann wird die Darstellung breiter.

Betrachtet man Goethes Biographie unter problemgeschichtlichem und werkgenetischem Blickwinkel, so behalten die beiden Schwellen 1775 und 1786 zwar ihre Bedeutung, rücken aber insofern in eine neue Beleuchtung, als sie im einen wie im anderen Fall von wichtigen Texten umschlossen werden, die das Diesseits und Jenseits der Schwelle jeweils verbinden: *Stella* hier, *Iphigenie* und, wie im Folgenden darzulegen, *Wilhelm Meister* da. Was bislang in Bezug auf die Verschränkung von Subjekt- und Liebeskonzeption dargestellt wurde, ist nun um weitere Horizonte von Goethes Leben zu erweitern. Er wurde an den Weimarer Hof geholt, um – mit zunächst unklarer Aufgabenstellung – den soeben mündig gewordenen Herzog Carl August bei seinen Regierungsaufgaben zu unterstützen. Ein Ansinnen, das der Herzog gegen den nicht unbeträchtlichen Widerstand der Verwaltungselite seines Landes durchsetzte, so dass Goethe schließlich Mitglied des Geheimen Consiliums, des Beratungsgremiums für den allein entscheidungsbefugten Herzog, wurde.

Nicht nur Carl August war soeben mündig geworden. Auch für Goethe, obwohl älter als der Herzog, bedeutete der Umzug nach Weimar das definitive Ende seiner Jugend. Im Alter von 26 Jahren zog er endgültig von zu Hause aus und baute sich eine vom Elternhaus unabhängige Existenz auf. Die gesamte Zeit bis zu diesem Schritt galt der Goethe-Forschung und -Biographik seit jeher als Jugend. 100 Jahre später, 1875, erschien erstmals eine Ausgabe, die Goethes Briefe und Dichtungen sogar bis 1776, also bis einschließlich des ersten Weimarer Jahres, unter den Titel *Der junge Goethe* stellte.[1] Die Neubearbeitungen dieser Ausgabe durch Max Morris 1909–1912

---

[1] *Der junge Goethe. Seine Briefe und Dichtungen von 1764–1776.* Mit einer Einleitung von Michael Bernays. 3 Bde. Leipzig 1875.

und durch Hanna Fischer-Lamberg 1963–1974 zogen die zeitliche Grenze dann mit dem Übergang nach Weimar, doch noch die jüngste Nachfolgerin dieser Edition – der wichtigsten Edition für diese Periode von Goethes Schaffen – verwendet den Titel *Der junge Goethe*, ohne dass diese eingefahrene Bezeichnung je problematisiert worden wäre.[2] Zwar scheint das verzögerte Ende von Goethes Jugend aus heutiger Sicht schon wieder ein Kriterium für seine Modernität zu sein, doch wird man zunächst zu fragen haben, wieso der Autor in der ganzen Rezeptionsgeschichte bis zum Alter von 26 Jahren fraglos als ,jung' gelten konnte, und wieso er es danach nicht mehr ist. Die Altersgrenze des Lebensabschnitts ,Jugend' war zu Goethes Zeit nicht festgelegt. Das Wörterbuch von Adelung spricht 1796 davon, dass ,Jugend' in engerer Bedeutung „die Lebenszeit von dem ersten bis 25sten oder 30sten Jahre" umfasse,[3] und Campe schreibt noch 1808, dass die Jugend „keine genaue bestimmte Grenze, bis wohin sie sich erstreckt, hat".[4] Die Vorstellung von Jugend ist eng an das Konzept Erziehung und allmählich auch an das der Bildung geknüpft. Das Ende der Jugend ist mit dem zeitlich nicht festgelegten Eintritt in die bürgerliche Gesellschaft erreicht, dem Ergreifen eines Berufs oder bürgerlichen Amtes, häufig verbunden mit Eheschließung und Familiengründung.

Bei Goethe lässt sich dieses Ende der Jugend in bereits modernem Sinn nicht genau markieren: Zwar wurde er am 31. August 1771 vom Frankfurter Schöffengericht zur Advokatur zugelassen, doch wurde er in seiner Anwaltstätigkeit maßgeblich von seinem Vater unterstützt. In der Goethe-Biographik wurde der Beginn der Anwaltstätigkeit denn auch nie als eigentliches Ende seiner Jugend in Erwägung gezogen, ebenso wenig wie seine Verlobung 1775. Erst mit dem Schritt nach Weimar schien die Schwelle zum Erwachsenenalter überschritten, doch gründete Goethe zunächst keine Familie, und auch die berufliche Bestimmung blieb vorerst vage. Er pflegte mit Carl August eine Art Männerkumpanei mit Jagd- und Festgesellschaften, die von maßgeblichen zeitgenössischen Beobachtern in- und außerhalb Weimars –

---

[2] Vgl.: Der junge Goethe in seiner Zeit.
[3] Johann Christoph Adelung: Grammatisch-kritisches Wörterbuch der Hochdeutschen Mundart, mit beständiger Vergleichung der übrigen Mundarten, besonders aber des Oberdeutschen. 2. Theil. 2. vermehrte und verbesserte Ausg. Leipzig 1796, Sp. 1445.
[4] Joachim Heinrich Campe: Wörterbuch der Deutschen Sprache. 2. Theil. Braunschweig 1808, S. 852.

darunter der vom jungen Goethe bewunderte Klopstock, dem er im *Werther* ein literarisches Denkmal gesetzt hatte – einer harschen moralischen Kritik unterzogen wurde. Goethe benahm sich anscheinend nicht wie ein Erwachsener, der in der Lage wäre, öffentlich oder gar politisch verantwortlich zu handeln, sondern steckte in einer spätpubertären Verlängerung der Jugend. Nicht zuletzt durch den Einfluss Charlotte von Steins wuchs er indes bald in seine amtlichen Aufgaben hinein und wirkte mäßigend auf die Eskapaden des Herzogs ein. Das Huldigungsgedicht *Ilmenau* zu dessen Geburtstag am 3. September 1783 zieht in diesem Sinn Bilanz: Ilmenau war einerseits ein bevorzugtes Ziel der wilden Züge des herzoglichen Gefolges, andererseits der Standort eines Silber- und Kupferbergwerks, für dessen 1784 erfolgte Inbetriebnahme sich Goethe leidenschaftlich engagierte, galt es doch als größte wirtschaftliche Hoffnung des armen Landes. Doch sie erfüllte sich nicht, wie bereits in den neunziger Jahren klar wurde, da man des immer wieder in die Stollen einbrechenden Wassers nicht Herr werden konnte und das Unternehmen schließlich 1812/13 liquidiert werden musste.

Das Gedicht spielt auf dieses ökonomische Engagement zum Wohl des Landes an, ebenso wird die Intention zur bilanzierenden Rekapitulation der Vergangenheit und zum Neuanfang deutlich:

> Wie kehrt ich oft mit wechselndem Geschicke
> Erhabner Berg an deinen Fuß zurücke
> O laß mich heut an deinen sachten Höhn
> Ein jugendlich ein neues Eden sehn,
> Ich hab es wohl auch mit um euch verdienet
> Ich sorge still indes ihr ruhig grünet.
>
> Laßt mich vergessen, daß auch hier die Welt
> So manch Geschöpf in Erde-Fesseln hält.
> Der Landmann leichtem Sand den Samen anvertraut
> Und seinen Kohl dem frechen Wilde baut,
> Der Knappe karges Brot in Klüften sucht,
> Der Köhler zittert wenn der Jäger flucht,
> Verjüngt euch mir wie ihr es oft getan
> Als fing ich heut ein neues Leben an. (FA I 1, S. 263)

Die Anspielung auf Wild und Jagd dürfte der Adressat verstanden haben, denn Goethe hatte schon häufiger versucht, die Klagen der Landbevölkerung über die Schäden, die dadurch zustande kamen, dass der Herzog von seiner Leidenschaft zur Wildschweinjagd nicht lassen mochte, seinem Landesherrn zu Ohren zu bringen und plausibel zu machen. Vom Anfang eines neuen Lebens wird nicht nur in eigener Sache gesprochen, dies wird vielmehr in moralischer Absicht auch dem Adressaten im Gewand der Huldigung anempfohlen. Was in *Neue Liebe neues Leben* noch unverstanden war, wird nun, von der Liebe abgekoppelt, zum bewussten Programm der Lebensgestaltung.

Das lyrische Ich imaginiert ein „nächtliches Gelag" (FA I 1, S. 264), wie es häufig vorgefallen sein dürfte, und spricht dabei in lyrischer Selbstverdoppelung sein früheres Ich an, das ihm zunächst nicht recht Auskunft zu geben willens oder in der Lage ist:

> Ich bin dir nicht im Stande selbst zu sagen
> Woher ich sei wer mich hierher gesandt
> Von fernen Zonen bin ich herverschlagen
> Und durch die Freundschaft festgebannt. (FA I 1, S. 266)

Die Bilanz der bisherigen freundschaftlichen Tätigkeit, die das Ich sich selbst eröffnet, fällt gemischt aus:

> Wer kennt sich selbst? wer weiß was er vermag?
> Hat nie der Mutige Verwegnes unternommen
> Und was du tust sagt erst der andre Tag
> War es zum Schaden oder Frommen. (ebd.)

Die Problematik ist inzwischen bekannt: Die Folgen des Handelns sind nicht absehbar und haben mit den ursprünglichen Intentionen nichts mehr zu tun. Dies kann dem Subjekt nur halb und halb zur Last gelegt werden, zumal es die „arme Kunst" nicht beherrschte, sich „künstlich zu betragen", also in den höfisch-adligen Verhaltensformen nicht geübt war.

> Nun sitz ich hier zugleich erhoben und gedrückt
> Unschuldig und gestraft, und schuldig und beglückt. (ebd.)

Neu an dieser Gestaltung der Subjektproblematik im Werk Goethes ist, dass er diesem Selbstgespräch eine therapeutische Richtung zu geben vermag. Es bleibt nicht bei der Darstellung der unverstandenen Unbeständigkeit des Subjekts. Indem sich das Ich zu seiner Vergangenheit bekennt, und bliebe diese auch zumindest teilweise unverstanden, lässt sich eine moralische Einheit der Person gewinnen. Was es dem Adressaten als Aufgabe zuspricht, formuliert das Ich auch in eigener Sache:

> Der kann sich manchen Wunsch gewähren,
> Der kalt sich selbst und seinem Willen lebt
> Allein wer andre wohl zu leiten strebt
> Muß fähig sein viel zu entbehren. (FA I 1, S. 268)

Die Stetigkeit, die auf dieser Basis in der Schlussstrophe eingefordert wird, steht unter einer doppelten Optik: Sie ist als Anforderung an den Herzog zur verantwortlichen Regierung formuliert, gleichzeitig aber vom lyrischen Ich sich selbst zugesprochen im Hinblick auf das Erfordernis einer aktiven, selbstverantworteten Gestaltung des eigenen Lebens.

Goethe ist also im Laufe seines ersten Weimarer Jahrzehnts offenbar erwachsen geworden. Warum aber konnte oder wollte er dieses Erwachsenwerden nicht in seiner Autobiographie beschreiben? Um eine Antwort auf diese Frage zu bekommen, muss man den Roman Goethes lesen, der – unter anderem – genau hiervon erzählt: von den Schwierigkeiten des Erwachsenwerdens. Da Goethe diese Schwierigkeiten literarisch verarbeitete und damit auch objektivierte, lassen sich einige seiner Texte mit Gewinn nicht nur für seine eigenen, sondern für die modernetypischen Probleme im Übergang von der Jugend zum Erwachsenenalter lesen. Zumal bei Goethe noch eine besondere Pointe hinzukommt: Jugend und Erzählen erweisen sich als unmittelbar verbunden.

9
Jugend, Adoleszenz, Erzählen

Mit *Wilhelm Meisters Lehrjahren* verhält es sich ähnlich wie mit *Iphigenie*: Der Text überbrückt die Schwelle Italien. Der Roman wurde in Fraktur gedruckt, wodurch augenfällig ist, dass er nicht nur in der ursprünglichen Konzeptionsphase der voritalienischen Zeit angehörte, sondern in wesentlichen Teilen in den Problemkonstellationen der ersten Weimarer Zeit verwurzelt ist. Eine solche Nachträglichkeit der literarischen Bearbeitung ist ein Charakteristikum nicht nur Goethes, sondern kann in der Geschichte der Literatur immer wieder nachgewiesen werden. Dass die Frakturschrift dem Roman in diesem Sinn nicht äußerlich ist, machte Thomas Mann, ein exzellenter Kenner des Goethe'schen Werks, 1911 in einer Stellungnahme zum sogenannten Schriftenstreit zwischen Befürwortern von Fraktur und Antiqua geltend. In die völlige Verdrängung der Fraktur durch die Antiqua sei er nicht bereit einzuwilligen: „Auch gibt es ja Fälle, wo diese ja schlechthin unmöglich ist. Den ‚Wilhelm Meister' in Antiqua – nicht wahr, das ginge nicht."[1]

Der Roman begleitete fast Goethes gesamtes erstes Weimarer Jahrzehnt; von 1777 bis 1786 schrieb er bis zum siebten Buch, damals noch unter dem Titel *Wilhelm Meisters theatralische Sendung*. Durch den Italienaufenthalt wurde die Arbeit für viele Jahre unterbrochen. Erst 1791, intensiv sogar erst 1794, nahm Goethe den Roman wieder auf, arbeitete ihn um und gab – eine gängige Veröffentlichungspraxis der Zeit – die ersten beiden Bücher vor der Fertigstellung in Druck, um sich zur Weiterarbeit zu zwingen. Gleichzeitig, 1794, fragte Schiller bei Goethe um die Mitarbeit an seiner Zeitschrift

---

[1] Thomas Mann: Fraktur oder Antiqua? In: Ders.: Große kommentierte Frankfurter Ausgabe. Werke – Briefe – Tagebücher. Hrsg. von Heinrich Detering u. a. Bd. 14.1: Essays I. 1893–1914. Hrsg. und textkritisch durchgesehen von Heinrich Detering unter Mitwirkung von Stephan Stachorski. Frankfurt a. M. 2002, S. 299 f., hier S. 300.

Die Horen an. Wenn auch eine Publikation des Romans in der Zeitschrift nicht in Frage kam, da der Vertrag mit dem Verleger bereits geschlossen war (stattdessen überließ Goethe Schiller die *Unterhaltungen deutscher Ausgewanderten* für die *Horen*), bildete *Wilhelm Meister* fortan bis zu seiner Fertigstellung 1796 den Gegenstand intensiver Diskussionen zwischen Goethe und Schiller. Schiller wurde Goethes wichtigster Gesprächspartner und Berater während der Arbeit am Roman. Das alte Manuskript, das Goethe der Umarbeitung zugrunde legte, ist nicht erhalten, aber er hatte Abschriften versandt, unter anderem an Barbara Schultheß in Zürich. Sie schrieb das Werk mit ihrer Tochter ab, da sie die nach und nach erhaltene Handschrift wieder zurückschicken musste. Diese Abschrift kam 1910 wieder ans Licht und wurde 1911 unter dem erwähnten Titel *Wilhelm Meisters theatralische Sendung* erstmals ediert. Die Abschrift reicht bis zum Ende des sechsten Buchs. Die Unterschiede der beiden Texte betreffen nicht nur den Inhalt – das Theater wird, wie schon am Titel erkennbar, in seiner Bedeutung zurückgestuft –, sondern auch die Erzählweise.

Unter der Perspektive von Goethes Lebensentwürfen und der Entwicklung von Individualität, die im Roman mit Erziehung bzw. Bildung verknüpft wird, sind die *Lehrjahre* als die in größere gesellschaftliche Bereiche geführte Gestaltung der Problematik in den Blick zu nehmen. *Wilhelm Meisters Lehrjahre* gilt als *das* Muster des klassischen deutschen Bildungsromans, ein Etikett, das ihm aufs Ganze gesehen eher geschadet hat. Auch wenn in literaturgeschichtlichen Darstellungen das Genre Bildungsroman heute nicht mehr bei Goethe beginnt, sondern meist bei Wielands *Geschichte des Agathon* (1766/67), wurden die Vorgaben zur Explikation des Genrebegriffs aus Goethes *Lehrjahren* abgeleitet, und zwar aus einer ganz bestimmten Interpretation des Romans. Wie bereits eingangs erwähnt, ließ sich die Germanistik ihre Begriffe oft von Goethe vorgeben oder bildete sie nach Goethe'schen Mustern. So war es auch im Fall der Bezeichnung ‚Bildungsroman'. Er wurde erstmals 1819 von Karl von Morgenstern verwendet und 1870 von Wilhelm Dilthey mit breiter Wirkung durchgesetzt, wobei er Goethes Roman als traditionsbildendes Muster geltend machte.[2] Als Genrebezeichnung etabliert, wirkte der Begriff als Muster wieder auf die Interpre-

---

[2] Vgl. Jürgen Jacobs: Bildungsroman. In: Reallexikon der deutschen Literaturwissenschaft. Hrsg. von Klaus Weimar u. a. Bd. 1. Berlin/New York 1997, S. 230–233, hier S. 230.

tation des Romans zurück und sorgte für eine Vorstrukturierung des Text-
verständnisses und die Etablierung eines Erwartungshorizontes. Beides
verdeckte den Blick auf wichtige Facetten des Textes, die in der Rezeptionsgeschichte häufig durch das angelegte Raster fielen. Dass vor allem der angebliche harmonische Ausgleich zwischen inneren Anlagen und äußeren
Verhältnissen am Schluss mit einem Fragezeichen zu versehen ist, blieb der
Forschung natürlich nicht verborgen. Problematisch an der Genrebezeichnung ‚Bildungsroman' ist, dass sich eigentlich kein Exemplar finden lässt,
das alle angeblichen Merkmale aufweist. Ihre Prägung verweist aber auf ein
gesellschaftliches Bedürfnis, das von der Literatur offenbar nicht ohne Weiteres gelöst werden kann. Oder bei dem sich wieder einmal zeigt, dass Literatur weniger ein Diskurs zur Lösung von Problemen als vielmehr ein Diskurs ist, der ungelöste – und vielleicht auch unlösbare – Probleme offenhält,
gewissermaßen dafür sorgt, dass sie nicht in Vergessenheit geraten und auf
der Tagesordnung der Kultur bleiben.

Im Hinblick auf Goethes literarische Gestaltungen modernen Lebens
lässt sich der Roman als paradigmatische Erzählung der Entwicklung von
Individualität lesen, verstanden als Voraussetzung und Grundlegung des
Sozialen. Diese Verknüpfung von Individualität und Sozialität war Goethe
bislang noch nicht gelungen, weder in seinem Werk noch in seinem Leben.
Dass er das nun mit *Wilhelm Meisters Lehrjahren* beispielhaft – und zwar
gleich für das „Romanhafte" überhaupt – geleistet habe, ist eine Behauptung, die mit weitreichenden Folgen, aber durchaus nicht ohne Ironisierung,
etwa der Philosoph Georg Wilhelm Friedrich Hegel erhob:

[D]ie […] in neueren Romanen agierenden Helden […] stehen als Individuen mit ihren subjektiven Zwecken der Liebe, Ehre, Ehrsucht oder mit
ihren Idealen der Weltverbesserung dieser bestehenden Ordnung und
Prosa der Wirklichkeit gegenüber, die ihnen von allen Seiten Schwierigkeiten in den Weg legt. Da schrauben sich nun die subjektiven Wünsche und
Forderungen in diesem Gegensatze ins Unermeßliche in die Höhe; denn
jeder findet vor sich eine bezauberte, für ihn ganz ungehörige Welt, die er
bekämpfen muß, weil sie sich gegen ihn sperrt und in ihrer spröden Festigkeit seinen Leidenschaften nicht nachgibt, sondern den Willen eines Vaters, einer Tante, bürgerliche Verhältnisse usf. als ein Hindernis vorschiebt.
Besonders sind Jünglinge diese neuen Ritter, die sich durch den Weltlauf,
der sich statt ihrer Ideale realisiert, durchschlagen müssen und es nun für
ein Unglück halten, daß es überhaupt Familie, bürgerliche Gesellschaft,
Staat, Gesetze, Berufsgeschäfte usf. gibt, weil diese substantiellen Lebens-

beziehungen sich mit ihren Schranken grausam den Idealen und dem unendlichen Rechte des Herzens entgegensetzen. Nun gilt es, ein Loch in
diese Ordnung der Dinge hineinzustoßen, die Welt zu verändern, zu ver-
bessern oder ihr zum Trotz sich wenigstens einen Himmel auf Erden her-
auszuschneiden: das Mädchen, wie es sein soll, sich zu suchen, es zu finden
und es nun den schlimmen Verwandten oder sonstigen Mißverhältnissen
abzugewinnen, abzuerobern und abzutrotzen. Diese Kämpfe nun aber
sind in der modernen Welt nichts weiteres als die Lehrjahre, die Erziehung
des Individuums an der vorhandenen Wirklichkeit, und erhalten dadurch
ihren wahren Sinn. Denn das Ende solcher Lehrjahre besteht darin, daß
sich das Subjekt die Hörner abläuft, mit seinem Wünschen und Meinen
sich in die bestehenden Verhältnisse und die Vernünftigkeit derselben hin-
einbildet, in die Verkettung der Welt eintritt und in ihr sich einen ange-
messenen Standpunkt erwirbt. Mag einer auch noch soviel sich mit der
Welt herumgezankt haben, umhergeschoben worden sein – zuletzt be-
kömmt er meistens doch sein Mädchen und irgendeine Stellung, heiratet
und wird ein Philister so gut wie die anderen auch: die Frau steht der
Haushaltung vor, Kinder bleiben nicht aus, das angebetete Weib, das erst
die Einzige, ein Engel war, nimmt sich ohngefähr ebenso aus wie alle anderen, das Amt gibt Arbeit und Verdrießlichkeiten, die Ehe Hauskreuz, und
so ist der ganze Katzenjammer der übrigen da.[3]

Zwar mag das „besonders" für „Jünglinge" gelten, doch ist das Thema Mann
und Frau im Sinn der geschlechtsspezifischen Modellierung von Lebensläufen im Auge zu behalten. Es geht bei diesen Lebensläufen im *Wilhelm Meister*,
wie auch in anderen Fällen bei Goethe und vor allem in der Problemstellung
seiner Autobiographie, wieder um Selbstmanagement und Selbststeuerung
gegenüber einer unkontrollierbar kontingenten Steuerung von außen. Diese
wurde traditionell mit religiösen Weihen versehen und wird im Roman durch
die Instanz der Turmgesellschaft vertreten.

   Bereits im ersten Kapitel des ersten Buchs geht es zwischen der Schau-
spielerin Mariane und ihrer Dienerin und Vertrauten Barbara um das
Thema Mann und Frau. Mariane erscheint, vom Theater kommend, in
Männerkleidern in ihrer Wohnung. Diese Tracht sei „gefährlich", wie Barbara meint (FA I 9, S. 360). Das Theater erscheint als Freiraum, in dem die
geschlechtliche Rollenidentität nicht festgelegt ist. Damit wird auf die bürgerlichen moralischen Vorurteile gegen das Theater angespielt. Sie sorgen

---

[3] Georg Wilhelm Friedrich Hegel: Ästhetik. Hrsg. von Friedrich Bassenge.
Bd. 1. Frankfurt a. M. o. J. [1955], S. 567 f.

dafür, dass Wilhelm seine Geliebte Mariane verlassen wird. Zugleich aber liegt in der Möglichkeit des Spiels mit Rollen und Identitäten die Attraktivität des Theaters für Wilhelm. Es ist ein Raum, um die eigene Individualität, die sozial nicht mehr festgelegt ist bzw. deren sozialer Festlegung durch seinen Vater Wilhelm entkommen möchte, zu erproben. Seine Liebe zum Theater wurde von seiner Mutter durch das Puppenspiel geweckt. Die Stereotypisierung der Elternrollen verweist auf Goethes eigene zitierte Stilisierung, derzufolge er von seiner Mutter die Liebe zur Kunst und vom Vater den Sinn für den Ernst des Lebens geerbt habe. Wilhelm erzählt Mariane vom Puppenspiel und spricht von seinem Leben in einer Weise, als sei er bereits am Ziel:

> Es ist eine schöne Empfindung, liebe Mariane, […] wenn wir uns alter Zeiten und alter unschädlicher Irrtümer erinnern, besonders wenn es in einem Augenblicke geschieht, da wir eine Höhe glücklich erreicht haben, von welcher wir uns umsehen und den zurückgelegten Weg überschauen können. Es ist so angenehm, selbstzufrieden, sich mancher Hindernisse zu erinnern, die wir oft mit einem peinlichen Gefühle für unüberwindlich hielten, und dasjenige, was wir jetzt entwickelt *sind*, mit dem zu vergleichen, was wir damals unentwickelt *waren*. Aber unaussprechlich glücklich fühl' ich mich jetzt, da ich in diesem Augenblicke mit dir von dem Vergangnen rede, weil ich zugleich vorwärts in das reizende Land schaue, das wir zusammen Hand in Hand durchwandern können. (FA I 9, S. 367)

Das klingt wie ein klassischer Romanschluss – der Held Hand in Hand mit seiner Braut auf den Weg in den Sonnenaufgang: auflösende Rückwendung und abschließende Vorausdeutung in einem. Aber der Roman hat ja noch kaum begonnen, Wilhelm ist alles andere als entwickelt, er täuscht sich über seine Situation, hat sein Leben keineswegs im Griff. Umso rascher ist er mit Lehren für andere bei der Hand und scheint das Erfolgsrezept für ein gelingendes Leben zu kennen. Über Melina, durch den er fest mit dem Theater verbunden wird, ruft er aus: „nicht in deinem Stande, sondern in dir liegt das armselige, über das du nicht Herr werden kannst! Welcher Mensch in der Welt, der ohne innern Beruf ein Handwerk, eine Kunst oder irgend eine Lebensart ergriffe, müßte nicht wie du seinen Zustand unerträglich finden? Wer *mit* einem Talente *zu* einem Talente geboren ist, findet in demselben sein schönstes Dasein!" (FA I 9, S. 406) Talent reicht also nicht, man braucht Talent zu seinem Talent, um sich „aus dem engen Kreise, worin sich andere kümmerlich abängstigen, emporheben" zu können (FA I 9, S. 407). Diese

wohlfeilen Lehren sagt Wilhelm Melina keineswegs ins Gesicht – er „mußte"
sich vielmehr, kaum dass er allein war, in diesen „Ausrufungen Luft machen" (FA I 9, S. 406). Es ist klar, dass es so einfach nicht geht, es genügt
nicht, einfach nur stark genug zu wollen, um ein gelingendes Leben führen
zu können. Selbststeuerung und Kontingenz geraten in Konflikt. Dieses
Konfliktverhältnis wird noch im ersten Buch (17. Kapitel) von einem Unbekannten thematisiert, der Wilhelm auf der Straße anspricht und ins Gespräch zieht. Er wirft Wilhelm vor, mit der Rede vom „Schicksal" „seinen
lebhaften Neigungen den Willen höherer Wesen unterzuschieben". Auf dessen Rückfrage: „So glauben Sie kein Schicksal? Keine Macht, die über uns
waltet, und alles zu unserm Besten lenkt?", entgegnet der Fremde:

> Das Gewebe dieser Welt ist aus Notwendigkeit und Zufall gebildet, die Ver-
> nunft des Menschen stellt sich zwischen beide, und weiß sie zu beherrschen,
> sie behandelt das Notwendige als den Grund ihres Daseins, das Zufällige
> weiß sie zu lenken, zu leiten und zu nutzen, und nur, indem sie fest und
> unerschütterlich steht, verdient der Mensch ein Gott der Erde genannt zu
> werden. Wehe dem, der sich von Jugend auf gewöhnt, in dem Notwendigen
> etwas Willkürliches finden zu wollen, der dem Zufälligen eine Art von Ver-
> nunft zuschreiben möchte, welcher zu folgen sogar eine Religion sei. Heißt
> das etwas weiter, als seinem eignem Verstande entsagen, und seinen Neigun-
> gen unbedingten Raum geben? Wir bilden uns ein, fromm zu sein, indem
> wir ohne Überlegung hinschlendern, uns durch angenehme Zufälle deter-
> minieren lassen, und endlich dem Resultate eines solchen schwankenden
> Lebens den Namen einer göttlichen Führung geben. (FA I 9, S. 423 f.)

Diese Lehre schätzt die Möglichkeiten der Lebenssteuerung weit optimis-
tischer ein als Goethe im das vierte Buch von *Dichtung und Wahrheit* abschließenden Wagenlenkerbild. Sie bedeutet nach den Worten des Unbekannten einen reinen Pragmatismus. Es geht ihm nicht um Ontologie, es
geht ihm weder um „Glauben" noch um Erkenntnis als Versuch, „mir Dinge,
die uns allen unbegreiflich sind, einigermaßen denkbar zu machen" (FA I 9,
S. 423). Es gehe nur um „die Frage, welche Vorstellungsart zu unserm Besten
gereicht" (ebd.). Die Frage lautet also, wie die Kontrolle über den eigenen
Lebenslauf im Sinn von Selbstbestimmung gewonnen werden oder wie man
zumindest die Illusion gewinnen kann, man übe diese Selbstbestimmung
aus. Denn der Unbekannte, der Wilhelm diese Denkungsart empfiehlt, ent-
puppt sich im Nachhinein pikanterweise als Abgesandter der Turmgesellschaft, jener Institution, die auf für Wilhelm undurchschaubare Weise len-

kend und steuernd auf sein Leben Einfluss nimmt, in diesem Sinn Schicksal spielt und von der Funktion her zwischen Erziehungsinstitution und Religion steht. Einige Zeit später trifft Wilhelm einen weiteren Fremden, einen Geistlichen, ebenfalls ein Emissär der Turmgesellschaft, der erneut ein Gespräch über Schicksal und Erziehung mit ihm führt.

Eine zentrale Szene des Romans ist im vierten Buch der Überfall auf das Theaterensemble und Wilhelms Rettung durch eine geheimnisvolle Amazone. Das vom Romanbeginn her bekannte Motiv der Frau in Männerkleidern wird wieder aufgenommen. Es handelt sich um Natalie, die zum Schluss Wilhelms Frau werden wird. Ihre Gestalt und Erscheinung wecken unterschiedliche Jugendreminiszenzen in Wilhelm, und zwar literarische und künstlerische. Einmal an Tassos „edle heldenmütige Chlorinde" (FA I 9, S. 598), ein literarisches Modell der androgynen Frau, und an das Bild vom kranken Königssohn, „an dessen Lager die schöne teilnehmende Prinzessin mit stiller Bescheidenheit herantritt" (ebd.), das sich als Motiv durch den ganzen Roman zieht. „Sollten nicht, sagte er manchmal im Stillen zu sich selbst, uns in der Jugend wie im Schlafe, die Bilder zukünftiger Schicksale umschweben, und unserm unbefangenen Auge ahndungsvoll sichtbar werden? sollten die Keime dessen, was uns begegnen wird, nicht schon von der Hand des Schicksals ausgestreut, sollte nicht ein Vorgenuß der Früchte, die wir einst zu brechen hoffen, möglich sein?" (ebd.) Das ist die bereits bekannte Vorstellung der Prädestination des Lebenslaufs durch den angeborenen Charakter, den „Dämon" der Individualität. Nach allem, was über diese Konzeption bei Goethe bislang zu erfahren war, darf man mit guten Gründen vermuten, dass sie sich nicht ungebrochen durchsetzen wird.

Das dritte Kapitel des fünften Buches füllt ein Brief Wilhelms an seinen Jugendfreund Werner, der die kaufmännisch-bürgerliche Welt und damit den Gegenpol zu Wilhelms Theaterexistenz verkörpert. Dieser Brief steht fast in der Mitte des Romans. In ihm fasst Wilhelm das Programm der Ausbildung der Individualität in einem Satz zusammen: „Daß ich dir's mit Einem Worte sage, mich selbst, ganz wie ich da bin, auszubilden, das war dunkel von Jugend auf mein Wunsch und meine Absicht." Diese Entfaltung der Individualität im Sinn des ‚Dämons‘ sei jedoch nur dem Adligen, nicht dem Bürger möglich: „Wäre ich ein Edelmann, so wäre unser Streit bald abgetan; da ich aber nur ein Bürger bin, so muß ich einen eigenen Weg nehmen, und ich wünsche daß Du mich verstehen mögest." Der Adlige also könne sich durch seinen Stand definieren, weil dieser ihm die Ausbildung seiner Individualität erlaube. Dem Bürger sei dies nicht möglich: „in Deutschland ist nur dem Edelmann eine gewisse allgemeine, wenn ich sagen darf personelle Ausbildung möglich. Ein Bürger kann sich Verdienst erwerben und zur höchsten Not seinen Geist ausbilden; seine Persönlichkeit geht aber verloren, er mag sich stellen wie er will." (FA I 9, S. 657) Der Bürger solle „einzelne Fähigkeiten ausbilden, um brauchbar zu werden, und es wird schon voraus gesetzt, daß in seinem Wesen keine Harmonie sei, noch sein dürfe, weil er, um sich auf Eine Weise brauchbar zu machen, alles übrige vernachlässigen muß". In diesem Zwang zur beruflichen Spezialisierung sieht Wilhelm sein Dilemma: „Ich habe nun einmal gerade zu jener harmonischen Ausbildung meiner Natur, die mir meine Geburt versagt, eine unwiderstehliche Neigung." (FA I 9, S. 659) Die gesuchte allseitige Bildung sei ihm – auch dieser Befund ist bei Goethe nicht mehr neu – als Bürger nur außerhalb seines Standes möglich, und in der Orientierung am Adel dient ihm die Existenz auf dem Theater als Surrogat. Das Ausprobieren von Rollen und Masken soll zu einer gleichmäßigen Ausbildung aller körperlichen und geistigen Fähigkeiten führen. Dabei handelt es sich um ein typisches bürgerliches Missverständnis der adligen Verhaltenslehren, die nicht auf ein bürgerliches Bildungskonzept in dem von Wilhelm unterstellten Sinn zielten, sondern auf ein situationsadäquates Verhaltensprogramm im Sinn reiner Performanz. Wilhelm missversteht das Performative der höfischen Moralistik als substanziell und verhält sich auf dem Theater nicht eigentlich performativ; er spielt nicht Hamlet, er ist Hamlet – ein Kennzeichen des Dilettanten im Unterschied zum wirklichen Bühnenkünstler. Die Turmgesellschaft bringt Wilhelm dazu, dieses Missverständnis zu erkennen. Der Erkenntnisprozess führt dazu, dass Wilhelm sich enttäuscht vom Theater abwendet.

Sozialisationsgeschichten – männlich und weiblich

Im Unterschied zur ersten Konzeption des Romans, der *Theatralischen Sendung*, wird das Theater in den *Lehrjahren* deutlich abgewertet. Mit dem fünften Buch, der Aufführung von Shakespeares *Hamlet* und dem Tod Aurelies, ist Wilhelms Theaterexistenz zu Ende. Damit hat sich jedoch das Thema Theater im Roman keineswegs erledigt, wie man meinen könnte und wie in der Forschung gelegentlich argumentiert wird. Das Theater ist nicht nur eine zu überwindende experimentelle Existenzform auf Wilhelms Bildungsweg, vielmehr wird die Thematik auf die strukturelle Ebene des Romans gehoben. Nun wird nämlich der ganze Roman zur Bühne und in diesem nicht mehr bloß thematischen, sondern selbstreflexiven Sinn zu einem Theaterroman. Dies zeigt sich unmittelbar nach dem Ende der Theaterhandlung im sechsten Buch, den „Bekenntnissen einer schönen Seele", bei denen es sich zunächst um ein ähnliches Monodrama zu handeln scheint wie bei *Proserpina* aus dem *Triumph der Empfindsamkeit*. Die „Schöne Seele" scheint bei der ersten Lektüre ebenso aus dem Figurengeflecht des Romans herauszufallen, wie das ihr gewidmete sechste Buch mit der Handlung kaum verbunden zu sein scheint. Dieser Eindruck erweist sich im Nachhinein als falsch. Gerade die Schöne Seele ist fest im Netz der Verwandtschaftsbeziehungen des Romans verknüpft, sie ist unter anderem die Tante der vier Geschwister Lothario, Natalie, Gräfin und Friedrich. Bei den „Bekenntnissen" handelt es sich um ihre Autobiographie. Innerhalb des Bildungsromans – wenn man die *Lehrjahre* mit den genannten Einschränkungen als solchen bezeichnen möchte – wird ein alternativer Bildungsroman erzählt, und zwar der Bildungsroman einer Frau, der Roman einer weiblichen Sozialisation unter den Bedingungen des 18. Jahrhunderts. Bildung war für Frauen vor allen Dingen im religiösen Bereich möglich, und so ist das sechste Buch als Parallel- und Kontrasterzählung zu Wilhelms Lebensgeschichte zu lesen. Die Autobiographie steht als Genre in der pietistischen Tradition der Selbsterforschung. In der Literaturgeschichte wurde dieses ‚niedrige', weil nicht fiktionale und nur halb literarische Genre wie Brief und Tagebuch häufig mit einer Gender-Markierung versehen und als typische Form ‚weiblichen' Schreibens verstanden – mit Goethes Autobiographie als Ausnahme, die zugleich die literarischen Maßstäbe setzte. Zugleich ist die Geschichte der Schönen Seele schon von der erzählerischen Form her ein Musterbeispiel dafür, wie eine vermeintlich isolierte Individualität fest in das soziale Netz eingewoben werden kann. Ihre Papiere dienen den Romanfiguren als zentraler Referenztext ihrer Selbstkonstitution. Was die Schöne Seele hingegen von allen anderen Figuren trennt, ist ihre enge Bindung an Gott. Dadurch sind bei ihr die Lebensprobleme, mit denen Wilhelm zu kämpfen hat – zuvorderst die Problematik des Verhältnisses von Kontingenz und Steuerung –, in einer prästabilierten Harmonie von vornherein in Gott gelöst. Darum kann ein solches Leben auch nicht nachgelebt werden. Die Lösung, die die Schöne Seele findet, ist für die anderen Figuren zur Selbsterkenntnis wichtig, kann aber nicht nachgeahmt werden. Dies wird innerhalb ihrer Erzählung von ihrem Onkel ausgesprochen:

Des Menschen größtes Verdienst bleibt wohl, wenn er die Umstände so viel als möglich bestimmt und sich so wenig als möglich von ihnen bestimmen läßt. Das ganze Weltwesen liegt vor uns, wie ein großer Steinbruch vor dem Baumeister, der nur dann den Namen verdient, wenn er aus diesen zufälligen Naturmassen, ein in seinem Geiste entsprungenes Urbild mit der größten Ökonomie, Zweckmäßigkeit und Festigkeit zusammen stellt. Alles außer uns ist nur Element, ja ich darf wohl sagen, auch alles an uns; aber tief in uns liegt diese schöpferische Kraft, die das zu erschaffen vermag, was sein soll, und uns nicht ruhen und rasten läßt, bis wir es außer uns oder an uns auf eine oder die andere Weise dargestellt haben. Sie, liebe Nichte, haben vielleicht das beste Teil erwählt; Sie haben Ihr sittliches Wesen, Ihre tiefe liebevolle Natur mit sich selbst und mit dem höchsten Wesen übereinstimmend zu machen gesucht, indes wir andere wohl auch nicht zu tadeln sind, wenn wir den sinnlichen Menschen in seinem Umfange zu kennen und tätig in Einheit zu bringen suchen. (FA I 9, S. 777)

Das heißt, sie klammert einen Teil ihres Menschseins aus, nämlich die Sinnlichkeit, auf die die anderen Figuren offenbar nicht verzichten wollen. Die Schöne Seele schreibt dagegen über sich: „Es war als wenn meine Seele ohne Gesellschaft des Körpers dächte, sie sah den Körper selbst als ein, ihr fremdes, Wesen an, wie man etwa ein Kleid ansieht. [...] der Körper wird wie ein Kleid zerreißen, aber Ich, das wohlbekannte Ich, Ich bin." (FA I 9, S. 788) Diese aus dem platonisierenden Christentum stammende Lehre vom Körper als dem Gefängnis der Seele wird in Goethes Roman ihrerseits gefangengesetzt, nämlich in der Binnenerzählung des sechsten Buchs, der Autobiographie der Schönen Seele, eingeschlossen. Goethes Antikekonzeption aus seiner Erfahrung Roms favorisierte die ‚heidnische' Lehre des ‚commercium mentis et corporis', der untrennbaren Gemeinschaft und Zusammengehörigkeit von Körper und Seele, Körper und Geist. Darum kann jene christliche Lösung der Problematik der Steuerung des Lebenslaufs für die anderen Romanfiguren nicht zum Vorbild werden, auch nicht für die Frauen. Dies drückt sich darin aus, dass die vier Neffen und Nichten, die nach dem Tod ihrer Eltern verwaist sind, der Schönen Seele weggenommen werden, sie darf sie nicht erziehen. Dahinter steckt der Abbé, ein Funktionär der Turmgesellschaft, deren Erziehungspläne von der Schönen Seele wie folgt kommentiert werden: „Aber das, was ich nicht an diesen Erziehern billigen kann, ist, daß sie alles von den Kindern zu entfernen suchen, was sie zu dem Umgange mit sich selbst und mit dem unsichtbaren, einzigen treuen Freund führen könne. Ja es verdrießt mich oft

von dem Oheim, daß er mich deshalb für die Kinder für gefährlich hält."
(FA I 9, S. 792)

Der Abbé, der hinter dieser Anordnung steckt, ist ein Geistlicher, steht
also vermeintlich auf derselben Seite wie die Schöne Seele und ist doch ihr
Gegenspieler in Erziehungsfragen. Hier bilden sich die scharfen zeitgenössischen innerkirchlichen Diskussionen und Streitigkeiten zwischen Pietismus
und Orthodoxie ab. Da aber auch der Abbé keineswegs ein orthodoxer
Geistlicher ist, geht es um die zentrale Frage, ob und wie Religion als Sozia-
lisationsinstrument eingesetzt werden kann, darf oder soll. Diese Frage wird
in *Wilhelm Meisters Wanderjahren* wieder begegnen. Der Pietismus scheint
sozial nur bedingt kompatibel zu sein, als Medium der gesellschaftlichen
Selbstverständigung – ähnlich wie die Autobiographie der Schönen Seele
dann im weiteren Romanverlauf verwendet wird. Als Rollenmodell zur Lösung der Individualitätsproblematik wird er nicht empfohlen, um es milde
auszudrücken. Hier führt Goethe eine Auseinandersetzung mit seinen eigenen weltanschaulichen Prägungen, vor allem aus der Zeit seiner Krankheit
in Frankfurt zwischen den Studienaufenthalten in Leipzig und Straßburg.

Innerhalb des Romans wird aber noch eine andere Lösung der Individualitätsproblematik erprobt. Sie besteht darin, die Verwirklichung der Individualität in die Geschichte zu verlegen, die nicht teleologisch in einem höchsten Punkt der Bildung des Subjekts kulminiert, sondern eine Reihe von
diskontinuierlichen Zuständen durchläuft, die jedoch insofern ein sinnvolles Ganzes bilden, als sie in der Erzählung einer Person zugerechnet werden
können. In diesem Sinn formuliert Therese im siebten Buch gegenüber Wilhelm das Programm einer narrativen Identitätskonstruktion bzw. -verge-
wisserung: „Die Geschichte des Menschen ist sein Charakter. Ich will Ihnen
erzählen, wie es mir ergangen ist." (FA I 9, S. 820) Es kommt nicht auf Kern
oder Wesen eines Individuums an, sondern auf die Verkettung seiner Zustände. Die Einheit liegt dann in dieser Verkettung und nirgendwo sonst –
die Wesenslehre des Ichs wird gegenstandslos. Diese Lösung kann nun wiederum selbstreflexiv auf den Roman als Ganzes bezogen werden. Ihre
Bedeutung ist auch darin ausgedrückt, dass sich im Lehrbrief, den Wilhelm
nach seiner Initiation im Turm erhält, eine analoge Formulierung findet,
diesmal nicht auf die einzelnen Abschnitte eines Menschenlebens, sondern
auf die Menschheit als Ganzes bezogen: „Nur alle Menschen machen die
Menschheit aus, nur alle Kräfte zusammengenommen die Welt." (FA I 9,
S. 932) Hier ist der Fokus also ein anderer: Im Zentrum steht nicht das auf

seine Authentizität sich berufende, sondern das im Kontinuum der Tradition als Teil der Menschheit sich erfahrende Individuum. Durch die narrative Identitätskonstruktion soll also Wilhelms Einsicht in die Unmöglichkeit einer „harmonischen Ausbildung" unter den Bedingungen einer funktional differenzierten Gesellschaft aufgefangen werden. Für den Lebenslauf als Ganzes kommt dies einer Rechtfertigung der Kontingenz gleich. ‚Tyche' und ‚Ananke', „Zufall" und „Nötigung" aus jenem idealtypischen Verlaufsmodell der *Urworte. Orphisch* wären entschärft. Gleichwohl können Wilhelms „Lehrjahre" einer finalistischen Steuerung der Kontingenz, eben durch die Turmgesellschaft, nicht entbehren. Dies zeigt sich bei seiner Initiation, bei der er all jene Abgesandten wiedersieht, denen er im Roman begegnet war und die gesprächsweise auf seinen Lebenslauf und seine Entscheidungen Einfluss genommen hatten. Wilhelm wundert sich nun darüber, dass „zufällige Ereignisse" im Nachhinein „einen Zusammenhang haben" (FA I 9, S. 872).

Wenn aber das Ziel der Bildung nicht mehr die umfassende Entfaltung der Individualität als solche ist, stellt sich umso nachdrücklicher die Frage, auf welches Ziel hin der ‚Bildungsroman' eines Individuums denn überhaupt erzählt werden soll. Denn ein Ziel ist erreicht: Wilhelms Lehrzeit ist beendet, nun ist er Wilhelm *Meister,* er ist mündig und erwachsen, vollgültiges Mitglied der Gesellschaft. So scheint es zumindest, denn im ersten Kapitel des achten und letzten Buches der *Lehrjahre* wird eine eindeutige Antwort auf die Frage nach dem Ziel gegeben: In dem Moment, als sich Wilhelm zur Vaterschaft an dem mit der inzwischen verstorbenen Mariane gezeugten Felix bekennt, sind seine Lehrjahre in dem Sinn beendet, dass er zum vollgültigen Mitglied der bürgerlichen Gesellschaft geworden, seine Jugend also zu Ende sei: „In diesem Sinne waren seine Lehrjahre geendigt, und mit dem Gefühl des Vaters hatte er auch alle Tugenden eines Bürgers erworben." (FA I 9, S. 881) Die symbolische Initiation in die Gesellschaft, das Erwachsenwerden, scheint bei Wilhelm also deutlicher als bei Goethe selbst markiert zu sein.

Wenn im Roman Wilhelm die Verantwortung für seinen Sohn zu übernehmen bereit ist, sollte allerdings auch erfüllt sein, wovon der Lehrbrief spricht, dass nämlich eine einzelne Anlage zum Nutzen der Gesellschaft zur Meisterschaft zu führen sei: „Jede Anlage ist wichtig, und sie muß entwickelt werden." (FA I 9, S. 933) Doch welche Anlage sollte dies bei Wilhelm sein? Die Schwelle der Vaterschaft ist selbst nur noch ein kontingentes Ereignis und führt die Lebensgeschichte noch nicht einmal an das vorläufige Ziel des Eintritts in die bürgerliche Gesellschaft. Wilhelm ist nämlich am Ende der Lehrjahre noch weit davon entfernt, einen Beruf zu haben, den er ergreifen könnte, oder auch nur die Entscheidung für die Erlernung eines Berufs getroffen zu haben. In diesem Sinn kann Wilhelms Jugend noch nicht als abgeschlossen gelten. Diese Offenheit bildet aber die Voraussetzung dafür, dass weiter erzählt werden kann. Denn mit dem Eintritt in die bürgerliche Gesellschaft ist die Entwicklung des Individuums im sozialgeschichtlichen Sinn zu Ende. Dies gilt als Norm für das gesamte 19. und den größten Teil des 20. Jahrhunderts. Erst unter den Bedingungen der sogenannten ‚zweiten Moderne' werden Individuen unter dem Stichwort der ‚Flexibilisierung' zu lebenslanger Weiterentwicklung bzw. Veränderung gezwungen. Dadurch werden Lebensläufe erst im eigentlichen Sinn weiter erzählbar. Denn wenn keine Weiterentwicklung mehr möglich ist, wovon sollte dann noch erzählt werden?

Die Krise von Goethes autobiographischem Projekt, der Abbruch der Lebenserzählung an der Schwelle Weimar, gründet neben den schon angeführten Gründen auch in diesem Umstand: Goethes Entwicklung war im bürgerlichen Sinn mehr oder weniger abgeschlossen, und er konnte von seinem Leben nicht mehr in dem Sinn erzählen, in dem Biographie und Roman als Entwicklungsgeschichten verstanden wurden. Erzählt werden konnten dann nur außergewöhnliche Ereignisse, die den Gleichlauf des Lebens durchbrachen, im Fall Goethes vor allem die Reise nach Italien und einige Jahre später die Teilnahme am Frankreichfeldzug. Ereignishaftigkeit statt Entwicklung wird das neue Paradigma der Narration bei Goethe lauten. Bei Wilhelm ist die Jugend noch nicht zu Ende und darum kann, ja muss weitererzählt werden, wenn auch mit Abstand von einem Vierteljahrhundert, also eine ganze Generation später, in *Wilhelm Meisters Wanderjahren*. Dies macht Wilhelm zu einer modernen Figur im Sinne der geforderten Flexibilisierung und des Erfordernisses lebenslangen Lernens – ein bislang nicht bedachter Aspekt der Aktualität des Romans für die Menschen der Gegenwart unter den Bedingungen der ‚zweiten Moderne'.

Doch nun ein Blick auf einen Nebenschauplatz des Romans, auf dem noch einmal die Individualität der Frau thematisiert und auf dem die Frage der Lebenssteuerung als Frage nach der richtigen Erziehungsmethode geschlechtsspezifisch virulent wird. Wilhelm befragt Natalie über ihr Erziehungsinstitut: „Haben Sie denn [...], bei der Erziehung Ihrer klei-

nen weiblichen Welt, auch die Grundsätze jener sonderbaren Männer angenommen? lassen Sie denn auch jede Natur sich selbst ausbilden? lassen
Sie denn auch die Ihrigen suchen und irren, Mißgriffe tun, sich glücklich
am Ziel finden, oder unglücklich in die Irre verlieren?" Natalie verfolgt,
wie sie entgegnet, gegenüber den ihr anvertrauten Mädchen völlig andere
Grundsätze, denn es scheine ihr nötig, „gewisse Gesetze auszusprechen,
und den Kindern einzuschärfen, die dem Leben einen gewissen Halt geben. Ja, ich möchte beinah behaupten: es sei besser nach Regeln zu irren,
als zu irren, wenn uns die Willkür unserer Natur hin und her treibt, und
wie ich die Menschen sehe, scheint mir in ihrer Natur immer eine Lücke zu
bleiben, die nur durch ein entschieden ausgesprochenes Gesetz ausgefüllt
werden kann." (FA I 9, S. 907)

Das Erziehungskonzept der Turmgesellschaft ist ein Erziehungskonzept
,für Männer', das auf die Selbstentfaltung der Natur vertraut oder zumindest von seiner Ideologie her vorgibt, dies zu tun. Tatsächlich findet zwar
nicht Steuerung im Sinn eines direkten Eingriffs statt, aber zumindest eine
von heute aus gesehen schon an totalitäre Regime erinnernde Überwachung.
Dass man jede Natur sich selbst ausbilden lasse, ist eher das, was Wilhelm
für die Programmatik der Turmgesellschaft hält, als das, wofür sie in der
Praxis steht. Nur so aber kann noch an dem Konzept von Individualität im
emphatischen Sinn festgehalten werden, das sich im Kontrast zu Natalies
Programm auch hier wieder als männlich besetztes Konzept erweist. Es
scheint für Frauen zu gefährlich zu sein, bei denen nach den Worten Natalies nicht ausschließlich auf die Natur vertraut werden dürfe. Hier scheint
eine entschiedene Außensteuerung vonnöten. Beide Erziehungskonzepte
kommen nicht ohne latente Gewaltsamkeit aus: Bei den Frauen bzw. Mädchen wird die „Willkür" ihrer „Natur" ganz dezidiert unterdrückt, bei den
Männern handelt es sich aufgrund der Manipulationen der Turmgesellschaft, die die vermeintliche Selbstausbildung der Natur in die gewünschten
Bahnen lenken oder zumindest überwachen, um eine umso subtilere Form
,struktureller' oder ,kultureller' Gewalt.[4] Zielpunkt ist die Ablösung der –
vor allem durch Religion – außengeleiteten Normativierung, der Ausrich-
tung menschlichen Lebens an stabilen externen Normen, durch deren Inter-
nalisierung, durch die Selbst-Normalisierung eines innengeleiteten Subjekts

---

[4] Vgl. Johan Galtung: Gewalt. In: Vom Menschen. Handbuch Historische Anthropologie. Hrsg. von Christoph Wulf. Weinheim/Basel 1997, S. 913–919.

im Rahmen dynamischer Selbstanpassung.[5] Dies bedeutet letztlich auch eine Absage an den aufklärerischen Erziehungsgedanken, wenn die zivilisatorische Ordnung andere Gesetze etabliert als die Natur, die Erziehung dadurch aber stets an den Eventualitäten des Lebens zu scheitern droht. Denn Wilhelms Erziehung war ja aller Rituale und Programmatik ungeachtet nicht erfolgreich, er ist noch kein funktionales Glied der Gesellschaft. Dies versucht der Turm während des Initiationsrituals dadurch zu überspielen, dass er sich noch einmal ausdrücklich auf die überholten Leitbegriffe beruft. Die brüchig gewordenen Diskurse werden reinszeniert, nicht zuletzt, um die Dignität der eigenen Institution zu steigern, sie mit Charisma zu versehen. Tradierte Diskurse, so ließe sich schließen, werden beibehalten, um das kulturelle Profil einer Gemeinschaft zu etablieren, die ganz anderen, nämlich nur mehr rein ökonomischen Organisationsformen folgt. Es geht um eine Verschiebung und Neustrukturierung von Diskursen.[6] Dabei wird zum einen der religiöse Diskurs in den ökonomischen überführt: Christliche Barmherzigkeit wird durch anonyme Tätigkeit im Sinn des bürgerlichen Leistungsgedankens ersetzt. Zum anderen setzt der medizinisch-diätetische Diskurs ein: Leidenschaftliche Affekte werden als Wahn pathologisiert, die entweder in den Tod führen – bei Mignon und dem Harfner, die nicht zu nützlichen Mitgliedern der Gesellschaft werden können – oder durch Tätigkeit heilbar sind. Schließlich wird Kunst nicht mehr produziert, sondern archiviert, und zwar im Gedächtnisraum des Turms als Kulturträger. Dies führt freilich zu einer narrativen Raffinierung und Modernisierung, die darin besteht, dass der Roman sich selbst enthält, nämlich auf einer Rolle im Archiv der Turmgesellschaft geschrieben steht: „Wilhelm ging hin, und las die Aufschriften der Rollen. Er fand mit Verwunderung: *Lothario's Lehrjahre, Jarno's Lehrjahre* und *seine eignen Lehrjahre* daselbst aufgestellt, unter vielen andern, deren Namen ihm unbekannt waren." (FA I 9, S. 875) Die Frage, wer den Roman erzählt, stellt sich am Schluss noch einmal ganz neu. Auch diese erzählerische Anonymisierung gehört zu der Neustrukturierung von Diskursen, denn der vermeintlich allwissende Erzähler ist entmachtet.

[5] Vgl. Jürgen Link: Versuch über den Normalismus. Wie Normalität produziert wird. Opladen 1996.
[6] Vgl. Franziska Schößler: Goethes *Lehr-* und *Wanderjahre*. Eine Kulturgeschichte der Moderne. Tübingen u. a. 2002.

Ökonomisierung, Selbsterziehung, Selbstbestrafung

Die totalitäre Erziehung ist zumindest vorerst in diesem Roman gescheitert, die Jugend dauert an, aber dafür kann auch das Erzählen weitergehen. Gegen die Zufälle des Lebens, die als Preis für den Verzicht auf erzieherische Steuerung in Kauf genommen werden müssen, entwickelt der Turm das institutionelle Profil einer Versicherungsgesellschaft zur Minimierung der Geschäftsrisiken ihrer Mitglieder, wie Wilhelm erläutert wird:

> Es ist gegenwärtig nichts weniger als rätlich, nur an Einem Ort zu besitzen, nur Einem Platze sein Geld anzuvertrauen, und es ist wieder schwer an vielen Orten Aufsicht darüber zu führen; wir haben uns deswegen etwas anders ausgedacht, aus unserm alten Turm soll eine Sozietät ausgehen, die sich in alle Teile der Welt ausbreiten, in die man aus jedem Teile der Welt eintreten kann. Wir assekurieren uns unter einander unsere Existenz, auf den einzigen Fall, daß eine Staatsrevolution den einen oder den andern von seinen Besitztümern völlig vertriebe. (FA I 9, S. 944 f.)

Was zu einer ökonomisch nützlichen Existenz nicht fähig ist, wird pathologisiert und aus dem Roman ,ausgeschieden‘, wie Mignon und der Harfner. Das Neutrum ist nicht zufällig gewählt, denn Mignon wird nach ihrem Tod zum Ding: „Halten Sie sich von diesem traurigen Gegenstande entfernt", weist der Arzt, der mit der Konservierung der Leiche betraut ist, Wilhelm an (FA I 9, S. 926). Mignon, das androgyne Kind, Frucht des Inzests des Harfners und seiner Schwester Sperata, wie man im achten Buch erfährt, und Wilhelms Pflegekind – er hat sie einer Seiltänzergesellschaft abgekauft –, stirbt an gebrochenem Herzen, als Wilhelm sich mit Therese zu verbinden scheint. „O meine Therese! rief er aus. Mein Freund! mein Geliebter! mein Gatte! ja auf ewig die Deine, rief sie unter den lebhaftesten Küssen. [...] Mignon fuhr auf einmal mit der linken Hand nach dem Herzen, und indem sie den rechten Arm heftig ausstreckte, fiel sie mit einem Schrei zu Nataliens Füßen für tot nieder." (FA I 9, S. 924) Freilich werden danach die Partner noch einmal getauscht und Therese bekommt nun doch Lothario und Wilhelm Natalie; eine(r) ist wie die bzw. der andere. Der Mensch wird auf Kosten seiner Individualität auf das Typologische reduziert. Die Individualitätsproblematik wird durch Depotenzierung weginterpretiert. „Ich glaube Du heiratest nicht eher, als bis einmal irgendwo eine Braut fehlt, und Du gibst Dich alsdann, nach Deiner gewohnten Gutherzigkeit, auch als Supplement irgend einer Existenz hin." (FA I 9, S. 946) So prophezeit es Friedrich seiner

Schwester Natalie, und so tritt es kurz darauf prompt ein. Ähnlichkeit, Austauschbarkeit und emotionale Flexibilität werden zur Grundlage der ökonomischen Gesellschaft. Mignon wäre einzigartig gewesen, denn sie verkörpert gemeinsam mit ihrem Vater, dem Harfner, die Poesie im Roman – ausgedrückt in ihren Liedern. Sie ist nun deutlich als asoziales Element gekennzeichnet und der Harfner als das antike Schicksalskonzept, das durch den Zufall ersetzt wird. Bei den Exequien, der Totenfeier Mignons, singt der Chor der Kinder: „Einen müden Gespielen bringen wir euch, laßt ihn unter euch ruhen, bis das Jauchzen himmlischer Geschwister ihn dereinst wieder aufweckt." Und weiter: „Erstling der Jugend in unserm Kreise, sei willkommen! mit Trauer willkommen! Dir folge kein Knabe, kein Mädchen nach! [...] Ach! wie ungern brachten wir ihn her! Ach! und er soll hier bleiben! laßt uns auch bleiben, laßt uns weinen, weinen an seinem Sarge!" (FA I 9, S. 956) Es scheint so, als habe sich Mignons Geschlecht im Tod in anderer Weise vereindeutigt, als es zuvor im Zuge ihrer oder seiner Pubertät den Anschein hatte, als sei sie nämlich im Tod zum Knaben geworden. Andererseits wirkt hier noch das grammatische Geschlecht der Vergegenständlichung (*der* Gegenstand) nach. Mignon stirbt, als sie/er sich für eine Geschlechterrolle entscheiden müßte, als sie sich nämlich in Wilhelm verliebt.

Mignons Tod ist vielfach symbolisch verstanden worden. Sie und der Harfner als Inkarnationen der Poesie werden moralisch stigmatisiert, die Poesie ist in der funktionalen modernen Gesellschaft nicht zu brauchen. Dabei handelt es sich durchaus um eine symbolische Selbsttötung Goethes, der eine seiner Autorenrollen zu Grabe trägt. Die Modernisierung hat eine Kehrseite. In diesem sehr deutschen Bildungsroman bildet Italien den blinden Fleck. Die italienische Reise Goethes liegt, wie erwähnt, zwischen der ersten und der zweiten Konzeptionsphase, und dieser Leerstelle wird Mignon zum Opfer gebracht. Am Anfang des dritten Buches singt sie ihr berühmtes Lied:

> Kennst du das Land? wo die Zitronen blühn,
> Im dunkeln Laub die Gold-Orangen glühn,
> Ein sanfter Wind vom blauen Himmel weht,
> Die Myrte still und hoch der Lorbeer steht.
> Kennst du es wohl?
>   Dahin! Dahin!
> Mögt ich mit dir, o mein Geliebter, ziehn.
>
> Kennst du das Haus? auf Säulen ruht sein Dach,
> Es glänzt der Saal, es schimmert das Gemach,

> Und Marmorbilder stehn und sehn mich an:
> Was hat man dir, du armes Kind, getan?
> Kennst du es wohl?
>   Dahin! Dahin!
> Mögt ich mit dir, o mein Beschützer, ziehn.
>
> Kennst du den Berg und seinen Wolkensteg?
> Das Maultier sucht im Nebel seinen Weg,
> In Höhlen wohnt der Drachen alte Brut,
> Es stürzt der Fels und über ihn die Flut.
> Kennst du ihn wohl?
>   Dahin! Dahin!
> Geht unser Weg! o Vater, laß uns ziehn! (FA I 9, S. 503)

Nachdem sie das Lied zum zweitenmal geendigt hatte, hielt sie einen Augenblick inne, sah Wilhelmen scharf an und fragte: kennst du das Land? – Es
muß wohl Italien gemeint sein, versetzte Wilhelm, woher hast du das Lied-
chen? – Italien! sagte Mignon bedeutend: gehst du nach Italien, so nimm
mich mit, es friert mich hier. – Bist du schon dort gewesen, liebe Kleine?
fragte Wilhelm. – Das Kind war still und nichts weiter aus ihm zu bringen.
(FA I 9, S. 504)

Die Säulen und Marmorbilder hatte Goethe in den *Erotica Romana* verle-
bendigt und zum Sprechen gebracht. Dieses Lied gehört der ersten Arbeitsphase des Romans an und ist also vor Goethes Italienreise geschrieben. Die
dritte Strophe spielt auf die Schwierigkeiten der Alpenüberquerung an. Goethe hatte bereits zweimal auf dem Gotthardpass gestanden, in das gelobte
Land hinuntergesehen und war wieder umgekehrt. Mignon war in Italien,
sie stammt vom Lago Maggiore, wie man bei der Auflösung im achten Buch
erfährt, und erst in *Wilhelm Meisters Wanderjahren* unternimmt der Prot-
agonist die Pilgerreise in Mignons Herkunftswelt, die zugleich die Welt der
Poesie, die Welt der Kunst ist. Aus der Perspektive von Goethes erstem Weimarer Jahrzehnt ist dies ein Dokument seines Selbsterziehungsprogramms,
der Auseinandersetzung mit den Gefahren melancholischer Innerlichkeit.
In den *Lehrjahren*, nach der italienischen Reise, wird aus der Selbsterziehung geradezu eine Selbstbestrafung, wird aus diesem Land der Poesie ver-
botenes Terrain. Damit vollzog der Roman eine Revision dessen, was in den
Römischen Elegien als künstlerisches Programm verkündet worden war. In
deren sekretiertem Epilog wacht der römische Fruchtbarkeitsgott Priapus
als Vogelscheuche über den poetischen Garten und bestraft diejenigen, die
in heuchlerischer oder verbrecherischer, also moralischer Absicht die ero-

tischen Blumen ausraufen wollen, in einer homosexuellen Vergewaltigungs-
phantasie „von hinten / Mit dem Pfahle der dir rot von den Hüften entspringt"
(FA I 1, S. 440). Mignons Tod hingegen ist eine poetische Selbstbestrafung
Goethes. Damit nicht genug: Auch die erotisch emanzipierte Philine, die zu
Wilhelm den bemerkenswerten Satz spricht: „wenn ich dich lieb habe, was
geht's dich an?" (FA I 9, S. 597), fällt schließlich aus der Rolle bzw. *in* die
konventionelle Rolle zurück, wenn sie von Friedrich ein Kind erwartet und
in den *Wanderjahren* als Schneiderin wieder auftritt: „,Solltet ihr wohl denken', sagte Friedrich, ,daß das unnützeste Geschöpf von der Welt, wie es
schien, meine Philine, das nützlichste Glied der großen Kette werden wird'"
(FA I 10, S. 613).

Die Poesie wird also aus dem Roman entfernt, um Platz zu schaffen für
die ökonomischen Lehren der Turmgesellschaft. Und doch ist es keineswegs
so, wie in der Forschung unlängst behauptet wurde, dass im „Schema des
deutschen Bildungsromans" einfach das Muster des Lebenslaufs des ökonomischen Menschen erkennbar sei: „Wilhelm Meister ist ja gerade durch be-
schränktes Wissen und ungewollte Effekte, also durch eine unsichtbare und
höhere Hand, an den richtigen Ort gebracht worden."[7] Eine solche Eindeutigkeit hat bereits der erste Leser des Romans, Friedrich Schiller, vermisst,
der denn auch nichts anderes als „Ökonomie" (wenn auch in anderem Sinn)
einforderte: Der Leser, so schrieb Schiller am 8. Juli 1796 an Goethe, „sollte
doch immer klar in die Ökonomie des Ganzen blicken, wenn diese gleich
den handelnden Personen verborgen bleiben muß." (MA 8.1, S. 204) Goethe
erwiderte tags darauf, dass Schiller recht habe, diesen „Fehler" anzukreiden,
doch er verweigerte sich Schillers ökonomischem Ansinnen, indem er es
wörtlich nahm und die Metapher literalisierte: „Es ist keine Frage daß die
scheinbaren, von mir ausgesprochenen Resultate viel beschränkter sind als
der Inhalt des Werks und ich komme mir vor wie einer, der, nachdem er
viele und große Zahlen über einander gestellt, endlich mutwillig selbst Additionsfehler machte um die letzte Summe, aus, Gott weiß, was für einer
Grille, zu verringern." (MA 8.1, S. 208 f.)

Schiller forderte eine eindeutige weltanschauliche Lehre, die Goethe
nicht liefern wollte. Der Lehrbrief, den Wilhelm im Turm erhält, ist vage.
Bei seinem Inhalt, den der Abbé ihm zu beherzigen aufgibt, handelt es sich

---

[7] Joseph Vogl: Poetik des ökonomischen Menschen. In: Zeitschrift für Germanistik N. F. 17 (2007), S. 547–560, hier S. 557.

um Lebensweisheiten von erhabener Allgemeinheit, die tiefsinnig und banal zugleich sind. Man kann sich nach Art einer Kippfigur mal bei der Lektüre einer Blütenlese der wertvollsten von Goethes Maximen, mal in der Ratge-berecke einer Bahnhofsbuchhandlung wähnen. Auch Wilhelm geht es nicht anders, als er Jarno bei der Verlesung des Lehrbriefs unterbricht: „Ich bitte Sie, [...] lesen Sie mir von diesen wunderlichen Worten nichts mehr! Diese Phrasen haben mich schon verwirrt genug gemacht." (FA I 9, S. 930 f.)

Dafür, dass er seine Lehrzeit abgeschlossen hat, bietet Wilhelms Bil-dungsstand ein einigermaßen klägliches Bild. Damit aber werden nicht zuletzt die Machenschaften der pseudoreligiösen Turmgesellschaft ins Zwielicht gerückt, die am Schluss noch Wilhelms Liebesleben auf totalitär anmutende Weise reguliert, indem sie eine Scheinehe mit Natalie arran-giert, deren Vollzug sie verbietet. Je umfassender die Steuerung und die Kontrolle, desto sicherer scheinen das Scheitern und die Wiederkehr der Kontingenz zu sein.

Die weltanschaulichen „Additionsfehler" des Romans wurden auch in der älteren Forschung gelegentlich gesehen, doch drang diese Erkenntnis lange Zeit nicht durch. Goethe diese ‚Fehler' vor- oder auch nur seinen Lesern nachzurechnen, bedeutete nicht etwa, der Intentionalität des Ro-mans gerecht zu werden, sondern im Gegenteil ihn des ästhetischen Versa-gens zu bezichtigen. An Goethes Werk wurde ein Maßstab vermeintlich klassischer Harmonie und Geschlossenheit herangetragen, der aus der ger-manistischen Ideologie stammte, keinesfalls aber von Goethes Klassikver-ständnis, auf das man sich berief, bzw. nur von einer sehr verkürzten Vari-ante dessen. Die Romantiker hatten ursprünglich klarer gesehen, wenn auch die Verengung alsbald spürbar wurde. Für sie waren die *Lehrjahre* in ihrer offenen Form zunächst ein Paradigma für das erstrebte Kunstwerk der Zukunft. Friedrich Schlegel schrieb kurz nach der Veröffentlichung des Romans im 216. *Athenäums*-Fragment: „Die Französische Revolution, Fichtes Wissenschaftslehre, und Goethes Meister sind die größten Tenden-zen des Zeitalters."[8] Politik, Philosophie (Fichtes subjektiver Idealismus mit der Setzung des Nicht-Ich durch das Ich) und Literatur Seite an Seite für die Befreiung des Menschen – aber noch nicht als Ziel, sondern als

---

[8] Kritische Friedrich-Schlegel-Ausgabe. Hrsg. von Ernst Behler unter Mitwir-kung von Jean-Jacques Anstett und Hans Eichner. 1. Abt., Band 2. München/Pader-born/Wien/Zürich 1967, S. 199.

bloße „Tendenzen". Novalis wurde nach anfänglicher Begeisterung zum schärfsten und hellsichtigsten Kritiker des Buchs. 1797 schrieb er noch im 106. *Blüthenstaub*-Fragment, Goethe sei „jetzt der wahre Statthalter des poetischen Geistes auf Erden".[9] 1799/1800 urteilte er dagegen in den *Fragmenten und Studien*: „Es ist im Grunde ein fatales und albernes Buch – so pretentiös und pretiös – undichterisch im höchsten Grade, was den Geist betrift – so poëtisch auch die Darstellung ist. Es ist eine Satyre auf die Poësie, Religion etc. Aus Stroh und Hobelspänen ein wohlschmeckendes Gericht, ein Götterbild zusammengesezt. Hinten wird alles Farçe. Die Oeconomische Natur ist die Wahre – *Übrig bleibende*."[10]

Es bleibt daher zu diskutieren, ob Goethe den Prozess der Modernisierung in den *Lehrjahren* affirmativ oder kritisch begleitete. Zu gegebener Zeit ist zu sehen, wie sich das in der Fortsetzung, den *Wanderjahren*, ausnimmt.

---

[9] Novalis: Schriften. Die Werke Friedrich von Hardenbergs. Bd. 2: Das Philosophische Werk I. Hrsg. von Richard Samuel in Zusammenarbeit mit Hans-Joachim Mähl und Gerhard Schulz. Stuttgart 1968, S. 460.
[10] Novalis: Schriften. Bd. 3: Das Philosophische Werk II, S. 646.

10

Die italienische Reise und ihre Folgen

Unter der Perspektive des erschriebenen Lebens verschiebt sich die Bedeutung von Goethes italienischer Reise gegenüber konventionellen biographischen Darstellungen oder seiner eigenen Stilisierung einer künstlerischen Wiedergeburt in Italien. Fragt man nach den schriftstellerisch wichtigsten Resultaten der Jahre von 1786 bis 1788, so ist zunächst die Fertigstellung der Dramen *Iphigenie*, *Egmont* und *Torquato Tasso* zu nennen. Von *Iphigenie* war bereits die Rede. *Egmont* ist nach *Götz von Berlichingen* der zweite Versuch Goethes im ästhetischen Geschichtsdrama, wiederum als identifikatorische Auseinandersetzung mit einer Renaissance-Gestalt. In Bezug auf den hier untersuchten Aspekt moderner Lebensentwürfe ist Götz' Gegenspieler Weislingen ergiebiger als der Titelheld, und die Gestaltung dieses Figurentypus ist in *Clavigo* und *Stella*, der geringeren Prominenz dieser Dramen ungeachtet, moderner. *Torquato Tasso* ist ein bedeutendes Künstlerdrama und als solches Goethes gewichtigste literarische Selbstreflexion seiner Rolle als Dichter an einem Fürstenhof. Durch diese thematische Einschränkung ist das Drama aber weniger belangvoll im Hinblick auf die repräsentative Problematik moderner Lebensgestaltung, sofern es sich nicht um das Leben eines Künstlers handelt. In dieser Hinsicht sind andere, zunächst poetisch unscheinbarer anmutende Resultate der italienischen Reise von größerem Gewicht. Die veränderte Liebeskonzeption wurde bereits erwähnt. Anhand ihrer Reflexe in den *Lehrjahren* ist auch schon zu sehen, dass sie als ganzheitliches Konzept kaum auf Dauer gestellt werden kann und es daher auf eine Trennung der körperlich-geistigen Anteile und Bedürfnisse hinauszulaufen scheint. Goethes 1788 fast unmittelbar nach der Rückkehr aus Italien begonnene Lebenspartnerschaft mit der 1765 geborenen Christiane Vulpius war das für seine Weimarer Umwelt sichtbare Ergebnis mutmaßlicher beglückender erotischer Erfahrungen in Italien. 1789 wurde der (erst 1801 legitimierte) Sohn August geboren, drei weitere 1793, 1795 und 1802 geborene Kinder starben früh, vermutlich aufgrund einer Blutgruppen- bzw. Rhesusunverträglichkeit. 1806 fand schließlich noch die Hochzeit statt. Die Jahre der Lebensgemeinschaft bis zu Christianes Tod 1816 kann man nach den Zeugnissen als glücklich bezeichnen, auch wenn man (vermutlich auf beiden Seiten) keine allzu strengen Maßstäbe partnerschaftlicher und ehelicher Treue wird anlegen dürfen. Die Ehe war bis ins 18. Jahrhundert vom Konzept leidenschaftlicher Liebe getrennt, trotzdem lebten Goethe und Christiane Vulpius nicht das ‚romantische' Modell einer Liebe als Passion, bei der die Partner einander die ganze Welt repräsentieren. Die Problematik dieser Konzeption hatte Goethe literarisch oft genug durchgespielt. In seiner Beziehung zu Christiane liegt im Grunde ein bedeutsamer Fall von Rückwirkung der Literatur auf das Leben vor. Es handelte sich nicht um eine Vernunft-, sondern dezidiert um eine Liebesbeziehung, neben der weitere Beziehungen zur Befriedigung anderer – geistiger, aber von Fall zu Fall durchaus auch erotischer – Bedürfnisse zugelassen waren (oder zumindest vorkamen, ohne offenbar die Lebensgemeinschaft grundlegend zu gefährden). Unabhängig von der moralischen Bewertung (und ohne mit diesem Befund eine Vorbildhaftigkeit behaupten zu wollen) gelang Goethe mit Christiane durchaus die Entwicklung eines zukunftsweisenden ‚Erfolgsmodells' in Liebesdingen auf der Basis eigener früherer Erfahrungen und der Rückkopplung mit literarischen Entwürfen.

Wann immer von Goethes italienischer Reise die Rede ist, wird darüber hinaus natürlich die bildende Kunst und die lebendige Erfahrung der Antike erwähnt. Dies sind jedoch Felder, auf denen Goethes Leben und Werk weit weniger an moderne Erfahrungen anschließbar ist als in anderen Bereichen. Auf dem Feld der bildenden Kunst vertrat Goethe am ehesten, zumindest zeitweise, einen schon im damaligen Kontext überholten rigiden Klassizismus. Bedeutsamer ist daher ein anderes Fazit, unter dem Datum des 5. Oktober 1786 in Venedig im Reisetagebuch notiert, doch später nicht in die *Italienische Reise* übernommen:

> Auf dieser Reise hoff ich will ich mein Gemüth über die schönen Künste beruhigen, ihr heilig Bild mir recht in die Seele prägen und zum stillen Genuß bewahren. Dann aber mich zu den Handwerckern wenden, und wenn ich zurückkomme, Chymie und Mechanik studiren. Denn die Zeit des Schönen ist vorüber nur die Noth und das strenge Bedürfniß erfordern unsre Tage. (GT I 1, S. 266)

Diese resignative Erkenntnis beweist für die nach der Rückkehr vorgenommene Neubearbeitung des *Wilhelm Meister* und die in den neunziger Jahren

intensiv einsetzenden naturwissenschaftlichen Studien ihre diagnostische
Kraft, vor allem aber im Blick auf eine „Noth", von der 1786 noch nicht die
Rede sein konnte: die Französische Revolution. Sie machte in Goethes Leben und Werk noch weit mehr Epoche als Italien. Aufs Ganze gesehen,
diente die intensive Beschäftigung mit der bildenden Kunst Goethe eher
dazu, mit diesem Bereich seiner Interessen so weit abzuschließen, dass er
nicht mehr über seine Unschlüssigkeit wegen einer angeblichen literarisch-
künstlerischen Doppelbegabung hadern musste. Unter dem Datum des
10. April 1829 notierte Eckermann als Äußerung Goethes:

> Man hat zu allen Zeiten gesagt und wiederholt [...], man solle trachten sich
> selber zu kennen. Dies ist eine seltsame Forderung, der bis jetzt niemand
> genüget hat und der eigentlich auch niemand genügen soll. Der Mensch ist
> mit allen seinen Sinnen und Trachten aufs Äußere angewiesen, auf die Welt
> um ihn her, und er hat zu tun, diese insoweit zu kennen und sich insoweit
> dienstbar zu machen, als er es zu seinen Zwecken bedarf. Von sich selber
> weiß er bloß wenn er genießt oder leidet, und so wird er auch bloß durch
> Leiden und Freuden über sich belehrt, was er zu suchen oder zu meiden hat.
> Übrigens aber ist der Mensch ein dunkeles Wesen, er weiß nicht woher er
> kommt, noch wohin er geht, er weiß wenig von der Welt und am wenigsten
> von sich selber. Ich kenne mich auch nicht und Gott soll mich auch davor
> behüten. Was ich aber sagen wollte ist dieses, daß ich in Italien in meinem
> vierzigsten Jahre klug genug war, um mich selber insoweit zu kennen, daß
> ich kein Talent zur bildenden Kunst habe, und daß diese meine Tendenz
> eine falsche sei. [...] Ganz ohne Talent war ich jedoch nicht, besonders zu
> Landschaften, und *Hackert* sagte sehr oft: wenn Sie achtzehn Monate bei
> mir bleiben wollen, so sollen Sie etwas machen, woran Sie und Andere
> Freude haben. (FA II 12, S. 350)

Außer dem schon bekannten Topos der Unerkennbarkeit des Individuums
für sich selbst ist hier die etwas verklausulierte Aussage von Bedeutung, dass
sich offenbar der Landschaftsmaler Jakob Philipp Hackert darum verdient
gemacht hat, Goethe auf diplomatische Weise vom illusorischen Charakter
seiner künstlerischen Ambitionen überzeugt zu haben.

Die erst viel später geschriebene *Italienische Reise*, in ihrem ersten Teil
ursprünglich noch Bestandteil des Gesamtprojekts *Aus meinem Leben*, ist in
anderer als inhaltlicher Hinsicht für Goethes erschriebenes Leben relevant.
Hier zeigt sich, was sich in den *Lehrjahren* mit dem Zusammenhang von
Jugend und Erzählen abgezeichnet hatte, dass nämlich eine Umstellung von
Entwicklung auf Ereignis vonnöten war, um die Autobiographie zumindest

diskontinuierlich fortsetzen zu können. Das ist der Grund dafür, warum im Corpus von Goethes autobiographischen Schriften die Reisebeschreibungen dominieren. Reisen sind – von Kriegsereignissen abgesehen – die bedeutsamsten Begebenheiten, durch die das im zeitgenössischen Verständnis entwicklungslose und darum in gewisser Weise in seinem erzählbaren Gehalt abgeschlossene Leben eines Erwachsenen unterbrochen wird. Wegen dieser Bedeutung der Ereignishaftigkeit als Voraussetzung für die Erzählbarkeit wird Goethe später die Darstellung seiner ersten Begegnung mit Schiller unter den Titel *Glückliches Ereignis* stellen (FA I 24, S. 434–438).

Eine weitere Folge der italienischen Reise könnte auf den ersten Blick gemeinsam mit Goethes bildkünstlerischen Normvorstellungen unter der Rubrik eines, von heute aus gesehen, musealen Klassizismus verbucht werden. Die Rede ist von Goethes biographischen Schriften zu Johann Joachim Winckelmann (oder Winkelmann, wie der Name zeitgenössisch häufig geschrieben wurde) und Jakob Philipp Hackert. Bei *Winkelmann und sein Jahrhundert* – und ähnlich auch bei *Jakob Philipp Hackert* – handelt es sich um Ansätze zu multidisziplinären und multiperspektivischen Biographien, die zu ihrer Zeit ohne Beispiel waren. Bei der *Winkelmann*-Schrift figurierte Goethe 1805 auf dem Titelblatt nicht als Autor, sondern als Herausgeber von „Briefen und Aufsätzen", nämlich Briefen von Winckelmann selbst und Aufsätzen von Johann Heinrich Meyer, Karl Ludwig Fernow und Friedrich August Wolf über die Kunstgeschichte des 18. Jahrhunderts und über Winckelmann als Kunsthistoriker und Philologe. Goethe selbst steuerte „Skizzen zu einer Schilderung Winckelmanns" bei, in die wiederum verschiedene Einschübe, etwa von Wilhelm von Humboldt über Rom oder von antiken Autoren wie Quintilian, integriert wurden. Da bis in unsere Tage hinein die Schrift in den Goethe-Ausgaben fast nie vollständig abgedruckt wurde, sondern häufig nur Goethes „Skizzen", wurde sie meist völlig einseitig als Manifest eines rigorosen Klassizismus rezipiert. Die formal zukunftsweisende Darstellungsform des Gesamtprojekts galt nach einem an den Text herangetragenen – und sich ästhetisch ironischerweise seinerseits auf die Klassik berufenden – Maßstab organischer Geschlossenheit in der Wirkungsgeschichte als Verlegenheitslösung. Indem die Erzählung des linearen Lebenslaufs von Winckelmann zugunsten einer Auffächerung unterschiedlicher Aspekte aufgebrochen erscheint, erweist sich dieses Goethe'sche Publikationsprojekt als anschlussfähig an aktuelle Identitäts- und Individualitätstheorien, die die Einheit des Subjekts in Frage stellen. Damit aber erscheint die

Biographie Winckelmanns, zumindest von ihrer Form her, als „stellvertretender Lebenslauf" Goethes.[1] Er erprobte innovative biographische Darstellungsverfahren nicht zuletzt in eigener Sache und versuchte auch die einschneidendste Erfahrung seines Lebens, die Französische Revolution, autobiographisch und stellvertretend-biographisch zu bewältigen.

---

[1] Vgl. Carsten Rohde: Spiegeln und Schweben. Goethes autobiographisches Schreiben. Göttingen 2006, S. 174–176.

11
Mensch und Geschichte

Eine unmittelbare Reaktion Goethes auf die Ereignisse vom 14. Juli 1789 ist nicht überliefert. Nicht zufällig verzeichnet die monumentale Chronik *Goethes Leben von Tag zu Tag* unter diesem Datum keinen Eintrag – es gibt kein Zeugnis aus Goethes Leben für diesen Tag.[1] Diese Leerstelle entspricht der berühmten Tagebucheintragung des französischen Königs Ludwig XVI. am Tag des Sturms auf die Bastille: „Rien." Sie ist symptomatisch für die Zeitgenossenschaft epochaler Ereignisse, die vor dem Zeitalter der Massenmedien selbst von unmittelbar Beteiligten nicht in ihrer historischen Tragweite erfasst werden konnten und darum häufig keinen Niederschlag in Tagebüchern oder Ähnlichem fanden, sondern erst im Nachhinein schriftlich verarbeitet wurden.[2] Goethes verzögerte Reaktion spricht also nicht für seine politische Empfindungslosigkeit. Auch von seinem Unvermögen, auf historisch-politische Ereignisse angemessen zu reagieren, sollte nicht vorschnell gesprochen werden, selbst wenn die Texte, die thematisch im engeren Sinn als literarische Verarbeitungen der Revolution gelten, in der Forschung, bei der Leserschaft und auf dem Theater keinen guten Ruf genießen. Letztlich geht es um die Frage, ob sich auch aus einer unpolitischen Haltung heraus verantwortlich politisch handeln lässt. Eine Frage, die vor allem in Bezug auf Goethes amtliche Tätigkeit im Sinn eines aufgeklärten Absolutismus in Weimar kontroverse Antworten gefunden hat und sich mit Blick auf sein Werk ausweiten lässt.

Die Französische Revolution ist in den *Lehrjahren* verdeckt präsent. Während die entsprechenden Passagen nach der Revolution geschrieben wurden, ist die erzählte Welt diejenige des Ancien Régime. Es wird die Frage diskutiert, wie sich durch defensive Modernisierung und Reformen von oben Zustände wie in

---

[1] Vgl. Steiger/Reimann: Goethes Leben von Tag zu Tag, Bd. 3, S. 36.
[2] Vgl. Philippe Lejeune: „Rien". Journaux du 14 juillet 1789. http://www.auto-pacte.org/02%20Rien.%20Journaux%20du%2014%20juillet%201789.pdf [gesehen 15.9.2009].

Frankreich vermeiden lassen und eine Revolution damit überflüssig wird. Die Antwort, die der Roman darauf gibt, ist moderner, als man es von dieser aufgeklärt absolutistischen Position aus vielleicht erwarten würde. Die Revolution wird nämlich weniger als politisches denn als ökonomisches Ereignis gesehen. Einerseits soll den Revolutionären der Wind aus den Segeln genommen werden: Abschaffung adliger Privilegien, Einführung einer Steuerpflicht für Adlige lautet hier die Devise. Andererseits gilt es, die wirtschaftlichen Risiken eines politischen Umsturzes zu minimieren. Das Rezept lautet: Streuung des Risikos durch Globalisierung, Verteilung des Kapitals, Verlagerung der Geschäfte ins Ausland. Aus der Turmgesellschaft gliedert sich so der Auswandererbund aus, dessen Mitglieder in Amerika investieren wollen. Das wird später einen wichtigen Handlungsstrang der *Wanderjahre* bilden.

Goethe gehörte zu den ganz wenigen deutschen Intellektuellen und Schriftstellern, die die Revolution von Anfang an ablehnten. Er gab sich jedoch keinen Illusionen über den Zustand des französischen Ancien Régime hin, wie bereits anlässlich des *Groß-Cophta* zu sehen war. Die französische Adelsgesellschaft galt ihm als durch und durch korrupt. Er sah daher die Revolution aufgrund mangelnder Reformbereitschaft der Regierung als unvermeidlich, was die Sache für ihn keineswegs besser machte, denn das hieß das eine Übel mit dem anderen, noch größeren austreiben. Dennoch ist klar, dass er dem französischen Adel und Königshaus einen Großteil der Schuld an der gewaltsamen Entwicklung der Ereignisse beimaß. Es galt nun für ihn, ein Übergreifen der revolutionären Bewegung von Frankreich auf Deutschland zu verhindern und den Adel zu aufklärerischen Reformen zu bewegen, um eine Zuspitzung der gesellschaftlichen Konflikte wie in Frankreich zu vermeiden. Diesem Zweck dienten Goethes Maßnahmen als Minister in Sachsen-Weimar-Eisenach, wo er vor allem mit den Studentenunruhen an der Universität Jena zu tun hatte. Ein Teil der Forschung sieht Goethe als Parteigänger der Reaktion und als Antidemokraten, der ein geheimdienstliches Überwachungssystem zur Unterdrückung jeder Art von Opposition geschaffen habe.[3] Dass Goethe sich damit durchaus auskannte, belegt

---

[3] W. Daniel Wilson: Geheimräte gegen Geheimbünde. Ein unbekanntes Kapitel der klassisch-romantischen Geschichte Weimars. Stuttgart 1991; ders.: Das Goethe-Tabu. Protest und Menschenrechte im klassischen Weimar. München 1999. Dagegen Hartmut Reinhardt: Der Ermittler. Über den amerikanischen Goethe-Kritiker W. Daniel Wilson. In: Goethes Kritiker. Hrsg. von Karl Eibl und Bernd Scheffer. Paderborn 2001, S. 191–208.

die Turmgesellschaft. Auch ist richtig, dass Goethe alles andere als ein Demokrat war. Seine antidemokratische Haltung immunisierte ihn andererseits später gegen den Nationalismus der burschenschaftlichen Studenten. Die deutsche Kleinstaaterei schien ihm – im Unterschied zum französischen Zentralismus – günstigere Voraussetzungen für Reformen von oben zu bieten. Seine schriftstellerische Reaktion auf die Französische Revolution kann man in der Tradition des Fürstenspiegels sehen, ein wichtiges Textgenre der Frühen Neuzeit. Goethe hielt den Herrschenden den Spiegel vor.

Mit am häufigsten in diesem Zusammenhang zitiert wird ein kurzer, in naturwissenschaftlichem Kontext stehender Gelegenheitsartikel, *Bedeutende Fördernis durch ein einziges geistreiches Wort*. Dort schreibt Goethe von der „vieljährige[n] Richtung meines Geistes gegen die Französische Revolution": „es erklärt sich die grenzenlose Bemühung dieses schrecklichste aller Ereignisse in seinen Ursachen und Folgen dichterisch zu gewältigen. Schau ich in die vielen Jahre zurück, so seh ich klar wie die Anhänglichkeit an diesen unübersehlichen Gegenstand so lange Zeit her mein poetisches Vermögen fast unnützerweise aufgezehrt." (FA I 24, S. 597) Dieses Urteil hat sich die Goethe-Forschung fast geschlossen zu eigen gemacht; seine im Problemkontext der Französischen Revolution stehenden Werke, mit dem *Groß-Cophta* angefangen, gelten gemeinhin für seine schwächsten Texte. Dies ist indes zunächst der Ausdruck eines inhaltlichen Vorurteils gegen Literatur mit politischem und zeitgeschichtlichem Inhalt. Aus problemgeschichtlicher Perspektive, unter der Optik des Krisenmanagements und des erschriebenen Lebens, nehmen sich diese Wertungsfragen etwas anders aus.

Wie bereits beim *Groß-Cophta* gesehen, legte Goethe auf seine seismographischen und diagnostischen Fähigkeiten und damit auch auf das diagnostische Potenzial seiner Texte großen Wert. Entsprechend stellte er es in seinen späteren Äußerungen so dar, als habe er bereits 1785 die Halsbandaffäre als Fanal der Revolution gesehen. Er schreibt in der *Campagne in Frankreich* über die Entstehung des *Groß-Cophta*:

Schon im Jahre 1785 erschreckte mich die Halsbandgeschichte wie das Haupt der Gorgone. Durch dieses unerhört frevelhafte Beginnen sah ich die Würde der Majestät untergraben, schon im Voraus vernichtet und alle Folgeschritte von dieser Zeit an bestätigten leider allzusehr die furchtbaren Ahnungen. [...] Mit Verdruß hatte ich viele Jahre die Betrügereien kühner Phantasten und absichtlicher Schwärmer zu verwünschen Gelegenheit gehabt und mich über die unbegreifliche Verblendung vorzüglicher Menschen bei solchen frechen Zudringlichkeiten mit Widerwillen verwundert. Nun lagen die direkten und indirekten Folgen solcher Narrheiten als Verbrechen und Halbverbrechen gegen die Majestät vor mir, alle zusammen wirksam genug um den schönsten Thron der Welt zu erschüttern. (FA I 16, S. 565 f.)

Und noch deutlicher in den *Tag- und Jahres-Heften* zum Jahr 1789:

Schon im Jahr 1785 hatte die Halsbandgeschichte einen unaussprechlichen Eindruck auf mich gemacht. In dem unsittlichen Stadt- Hof- und Staats-Abgrunde, der sich hier eröffnete, erschienen mir die greulichsten Folgen gespensterhaft, deren Erscheinung ich geraume Zeit nicht los werden konnte; wobey ich mich so seltsam benahm, daß Freunde, unter denen ich mich eben auf dem Lande aufhielt, als die erste Nachricht hievon zu uns gelangte, mir nur spät, als die Revolution längst ausgebrochen war, gestanden, daß ich ihnen damals wie wahnsinnig vorgekommen sey. Ich verfolgte den Prozeß mit großer Aufmerksamkeit, bemühte mich in Sicilien um Nachrichten von Cagliostro und seiner Familie, und verwandelte zuletzt, nach gewohnter Weise, um alle Betrachtungen los zu werden, das ganze Ereigniß unter dem Titel: der *Groß-Cophta* in eine Oper, wozu der Gegenstand vielleicht besser als zu einem Schauspiele getaugt hätte. (FA I 17, S. 16 f.)

Dieser Opernplan stand unter dem Titel *Die Mystifizierten* und reicht bis 1787 zurück. Von der politischen Signifikanz, die Goethe für das Stück in Anspruch nahm und für den *Groß-Cophta* dann auch mit einem gewissen Recht in Anspruch nehmen konnte, auch wenn man die politische Aussage unterschiedlich bewerten mag, ist hier noch nichts zu spüren.

Goethes dramatische Reaktion auf die Revolution besteht außer dem *Groß-Cophta* aus den Stücken *Der Bürgergeneral* und *Die Aufgeregten*. *Der Bürgergeneral*, 1793 anonym erschienen, ist ein Lustspiel in einem Akt. Solche Lustspieleinakter wurden auf dem zeitgenössischen Theater als Nachspiele zu Tragödien gespielt. *Der Bürgergeneral* ist nicht als ein solches Nachspiel, sondern als Fortsetzung zweier Lustspiele konzipiert. Es sei denn, und diese Auffassung kann man mit gutem Grund vertreten, die Französische Revolution sei die Tragödie, zu der nun ein komödiantisches Nachspiel vorliegt. Zwar ein Nachspiel von bescheidenem Niveau, aber schlechte Texte sind zuweilen in ihrem Symptomwert besonders hoch zu schätzen. In diesem Fall ist der Symptomwert ein politischer. Im letzten Auftritt spendet der Edelmann gute Ratschläge nach allen Seiten aus: „Kinder, liebt Euch, bestellt Euren Acker wohl, und haltet gut Haus. [...] Fremde Länder laßt für sich sorgen, und den politischen Himmel betrachtet allenfalls einmal Sonn-

und Festtags. [...] Bei *sich* fange jeder an, und er wird viel zu tun finden."
(FA I 6, S. 148) Den Fürstenspiegel hält er sich selbst vor:

> In einem Lande, wo der Fürst sich vor niemand verschließt; wo alle Stände
> billig gegen einander denken; wo niemand gehindert ist, in seiner Art tätig
> zu sein; wo nützliche Einsichten und Kenntnisse allgemein verbreitet sind:
> da werden keine Parteien entstehen. Was in der Welt geschieht, wird Auf-
> merksamkeit erregen; aber aufrührische Gesinnungen ganzer Nationen
> werden keinen Einfluß haben. Wir werden in der Stille dankbar sein, daß
> wir einen heitern Himmel über uns sehen, indes unglückliche Gewitter un-
> ermeßliche Fluren verhageln. (FA I 6, S. 149)

So hat man sich den politischen Goethe vielleicht immer schon vorgestellt.
Es ist jedoch daran zu erinnern, welch große Bedeutung dem Schutz vor
Gewitter bei Goethe generell zukommt. Die Französische Revolution wird
in dieser Metaphorik zu einer Witterungskatastrophe, gegen die man entsprechende Vorkehrungen treffen muss. Auch in einem solch hanebüchenen
Stück wie dem *Bürgergeneral* sind problematische Widerhaken verborgen.
Sie gelten auch für die heutige Rezeption, denn ob es gefällt oder nicht: Das
spießbürgerliche Diskussionsniveau des *Bürgergenerals* ist immer wieder ak-
tualisierbar.

Mit den *Aufgeregten* wird Ernsthafteres angekündigt: „Politisches
Drama in fünf Akten" (FA I 6, S. 153). Vermutlich 1792 entstanden, blieb es
Fragment und wurde erst 1817 veröffentlicht, wobei Goethe aber die fehlen-
den Teile – den größten Teil des dritten und den ganzen fünften Akt – lediglich
durch Inhaltsangaben ersetzte.

Der Revolutionsanhänger in diesem Stück ist Breme von Bremenfeld, ein
„Chirurgus", also ein Barbier, eine typische Komödienfigur, da er mit den
unterschiedlichen Ständen in Kontakt kommt. Was man im ersten Aufzug
über die Revolution erfährt, ist nicht vertrauenerweckend: Der Hofmeister,
der Erzieher des Sohns der Gräfin, vernachlässigt über den politischen Diskussionen, die bis nach Mitternacht gehen, seine Aufsichtspflicht. Das Kind
fällt und holt sich eine Beule. Breme möchte eine Rebellion der Landleute
anzetteln, die auf die Wiedergewährung alter Zugeständnisse von Seiten der
Herrschaft abzielt.

Im zweiten Auftritt ist die Gräfin – die Herrschaft, gegen die sich die
Rebellion richten soll – wieder eingetroffen. Es stellt sich heraus, dass sie als
Revolutionstouristin in Paris war. Anders als die wirklichen ersten Revoluti-
onstouristen kommt sie jedoch nicht begeistert zurück, sondern desillusio-

niert und mit lauter guten politischen Lehren, wie eine Revolution zu verhindern sei. Noch am 4. Januar 1824 hat Goethe Eckermann gegenüber behauptet, die Gräfin sei ein Sprachrohr seiner politischen Ansichten.

Im dritten Aufzug werden die Gräfin und der Hofrat als ideale und vorbildliche Repräsentanten ihres jeweiligen Standes eingeführt, die Gräfin für den Adel, der Hofrat für das (gehobene) Bürgertum. Nach ihrem Dialog, der eigentlich keiner ist, sondern lediglich ein Austausch der Positionen, fehlt der Rest des Aktes, für den bei der Drucklegung ein Spiel im Spiel konzipiert ist – alle Dramenfiguren spielen Nationalversammlung. „Vielleicht bedauert man, daß der Verfasser die Schwierigkeiten einer solchen Szene nicht zur rechten Zeit zu überwinden bemüht war." (FA I 6, S. 186) Oder er war dazu nicht in der Lage, denn die Revolution lähmte deutlich seine Kreativität. Auch der fünfte Aufzug fehlt und ist nur in der späten Prosaskizze erhalten. Man wird darin durchaus auch das Versagen Goethes sehen müssen, die Auseinandersetzung mit der Revolution in ernsthafter Form auf die Bühne zu bringen und damit wirklich politisches Theater zu schaffen, zumindest zu diesem Zeitpunkt. Noch etliche Jahre später wird er bei der *Natürlichen Tochter* aus ganz ähnlichen Gründen nur den ersten Teil der geplanten Dramentrilogie ausführen können. Hier, bei den *Aufgeregten*, wird die Auflösung der Aufregungen bloß skizziert:

> Breme sucht der Sache eine Wendung, durch Beispiele aus der alten Geschichte, zu geben, und tut sich auf seine Einfälle viel zu Gute, da man sie gelten läßt […]; so schließt das Stück zu allgemeiner Zufriedenheit. Die vier Personen, deren Gegenwart einen unangenehmen Eindruck machen könnte: Caroline, der Baron, der Magister und der Amtmann, kommen nicht mehr zum Vorschein. (FA I 6, S. 206)

Wer stört, darf nicht mehr mitspielen – das kennt man schon aus den *Lehrjahren* auf anderem Problemniveau. Durch vorbildliche, verantwortungsbewusste Repräsentanten des Adels und des Bürgertums werden die Konflikte entschärft. Dabei ist es nicht einmal zu Reformen im Sinn einer defensiven Modernisierung gekommen. Im Gegenteil: Es siegt die Reaktion, auch wenn sie ein menschliches, nämlich patriarchalisches Antlitz trägt, das alte Feudalrecht. Die gute Obrigkeit schützt die alten verbrieften Rechte ihrer Untertanen. Für eine ähnliche Konstellation hatte schon Götz von Berlichingen gekämpft, dessen Aufstand ebenfalls alles andere als fortschrittliche Züge getragen hatte.

Unter dem unmittelbaren Eindruck der Revolution – und in der Gattung, die sich grundsätzlich am ehesten dafür eignet, mit Mitteln der Literatur politisch zu wirken, dem Drama – ist Goethe eine überzeugende Stellungnahme am wenigsten gelungen. Um Fragen individueller Lebensführung geht es nicht mehr, denn diese Figuren sind keine Individuen und darum nicht überzeugend. Die Individualitätsthematik war für Goethe zu grundlegend, als dass er ohne nennenswerte künstlerische Einbuße hätte darauf verzichten können.

Die erste literarische Reaktion Goethes auf die Revolution erfolgte indes auch gar nicht auf dem Theater, sondern 1790 in den *Venezianischen Epigrammen*, dem Niederschlag seiner zweiten Italienreise, als er die Herzoginmutter Anna Amalia in Venedig abholen sollte und dort verweilen musste, um auf sie zu warten. Goethe reiste diesmal widerwillig. Er wäre lieber bei Christiane und August geblieben, und seine Italienerfahrung war unter diesen Voraussetzungen eine ganz andere. Nun wurde die nationale Stereotypik von Deutschland und Italien anders gewertet als zuvor: „Deutsche Rechtlichkeit suchst du in allen Winkeln vergebens, / Leben und Weben ist hier, aber nicht Ordnung und Zucht". (FA I 1, S. 444) Das Fazit am Ende des vierten Epigramms: „Das ist Italien nicht mehr, das ich mit Schmerzen verließ." (ebd.) Mit den Distichen der Epigramme hatte er sein Genre für Zeitkritik und die Auseinandersetzung mit aktuellen Themen gefunden, das er wenige Jahre später gemeinsam mit Schiller in den *Xenien* ausführlich bediente. Die Epigramme wurden für Goethe vor allem eine Form, seinen Unmut produktiv zu wenden, und diesem Unmut konnte sich die Revolutionskritik zwanglos anlagern:

> Alle Freiheits-Apostel sie waren mir immer zuwider,
> Denn es suchte doch nur jeder die Willkür für sich.
> Willst du viele befrein, so wag es vielen zu dienen!
> Wie gefährlich das sei, willst du es wissen? versuchs. (FA I 1, S. 454)

In den Epigrammen spricht Goethe differenzierter als in den Stücken, die sich an ein breites Publikum richten. Auch wenn er an den Revolutionären kein gutes Haar lässt, sind doch die Herrschenden ebenso Zielscheibe der Kritik. Der „Pöbel", so heißt es, scheine nur dumm, weil er betrogen werde: „Seid nur redlich, und er, glaubt mir, ist menschlich und klug." (FA I 1, S. 455) Die Menschen reagierten so, wie sie behandelt werden, was zwar den Herrschern ein schlechtes Zeugnis ausstellt, ebenso aber auch den Untertanen, die nicht reif zur politischen und menschlichen Selbstbestimmung erscheinen.

Goethe hat sich, auch wenn die Texte nicht zu seinen bekanntesten und in vielen Fällen nicht zu seinen besten gehören, in einer großen Vielfalt von Genres über die Revolution geäußert, was ein Indiz für die Bedeutung darstellt, die die Problematik in literarischer Hinsicht für ihn besaß. 1795 erschien anonym in Schillers Zeitschrift *Die Horen* der Aufsatz *Literarischer Sansculottismus*. Er reagierte auf einen ebenfalls anonym 1795 in den *Horen* veröffentlichten Aufsatz von Daniel Jenisch, *Über Prosa und Beredsamkeit der Deutschen*, der das Fehlen einer klassischen deutschen Nationalliteratur beklagt hatte. Goethe entgegnet:

> Eine bedeutende Schrift ist […] nur Folge des Lebens; der Schriftsteller so wenig als der handelnde Mensch bildet die Umstände, unter denen er geboren wird und unter denen er wirkt. Jeder, auch das größte Genie, leidet von seinem Jahrhundert in einigen Stücken, wie er von andern Vorteil zieht, und einen vortrefflichen Nationalschriftsteller kann man nur von der Nation fordern.
>
> Aber auch der deutschen Nation darf es nicht zum Vorwurfe gereichen, daß ihre geographische Lage sie eng zusammen hält, indem ihre politische sie zerstückelt. Wir wollen die Umwälzungen nicht wünschen, die in Deutschland klassische Werke vorbereiten könnten.
>
> Und so ist der ungerechteste Tadel derjenige, der den Gesichtspunkt verrückt. Man sehe unsere Lage wie sie war und ist; man betrachte die individuellen Verhältnisse, in denen sich deutsche Schriftsteller bildeten, so wird man auch den Standpunkt, aus dem sie zu beurteilen sind, leicht finden. Nirgends in Deutschland ist ein Mittelpunkt gesellschaftlicher Lebensbildung, wo sich Schriftsteller zusammen fänden und nach Einer Art, in Einem Sinne, jeder in seinem Fache sich ausbilden könnten. Zerstreut geboren, höchst verschieden erzogen, meist nur sich selbst und den Eindrücken ganz verschiedener Verhältnisse überlassen[.] (FA I 18, S. 321)

Besonderen Nachdruck legt Goethe hier also wieder auf die „individuellen Verhältnisse", und damit – da er gewissermaßen ‚sein' Generalthema wiedergefunden hat – vermag er auch wieder situationsadäquater zu argumentieren als in den Dramen. Die Verhältnisse, die er fürchtet und die eine klassische Nationalliteratur hervorbringen würden, wären demnach Verhältnisse, in denen die Individualität unterdrückt wird. Unter diesen Vorzeichen aber seien die Verhältnisse in Deutschland durchaus erfreulich. Goethe argumentiert in eigener Sache, er arbeitet schließlich an den *Lehrjahren*. „Viel zu spät kommt der Halb-Kritiker, der uns mit seinem Lämpchen vorleuchten will; der Tag ist angebrochen, und wir werden die Läden nicht wieder zumachen."

(FA I 18, S. 323) Er, der Verfasser, sei überzeugt, „daß sich auch das Publikum nicht durch einen mißlaunischen Krittler werde irre machen lassen. Man entferne ihn aus der Gesellschaft." (FA I 18, S. 324) Immer wieder finden sich in ganz unterschiedlichen Kontexten bei Goethe dieselben Konzepte, hier ist es die soziale Ausgrenzungsfigur, die mit dem Diskurs um die Französische Revolution bei Goethe wesentlich verbunden ist.

Gesellschaftstherapie durch Erzählen

Auch in den *Unterhaltungen deutscher Ausgewanderten*, die die Auseinandersetzung mit der Revolution auf ein ganz anderes literarisches Niveau heben, findet sich die Ausgrenzungsfigur wieder. Dieser Novellenzyklus ist in dem Aufsatz *Literarischer Sansculottismus* mitgemeint, wenn Goethe in eigener Sache spricht. Die *Unterhaltungen* sind ebenfalls in den *Horen* erschienen, deren Programm vorsah, dass tagespolitische Debatten keinen Raum erhalten sollten.

Die Erzählsituation der Rahmenhandlung greift auf das *Decamerone* des Giovanni Boccaccio zurück. Während dort Bewohner der Stadt Florenz vor der Pest in eine Villa oberhalb der Stadt fliehen, sind es bei Goethe Revolutionsflüchtlinge, die schließlich auf dem rechtsrheinischen Gut der Baronesse Schutz suchen. Der Rhein wird als kulturelle Grenze zwischen Deutschland und Frankreich etabliert. Mit dem ersten Satz wird bereits deutlich, dass es sich bei der Revolution um ein Ereignis handelt, das von außen eine vorgeblich intakte Kultur zerstörte:

> In jenen unglücklichen Tagen, welche für Deutschland, für Europa, ja für die übrige Welt die traurigsten Folgen hatten, als das Heer der Franken durch eine übelverwahrte Lücke in unser Vaterland einbrach, verließ eine edle Familie ihre Besitzungen in jenen Gegenden und entfloh über den Rhein, um den Bedrängnissen zu entgehen, womit alle ausgezeichneten Personen bedroht waren, denen man zum Verbrechen machte, daß sie sich ihrer Väter mit Freuden und Ehren erinnerten, und mancher Vorteile genossen, die ein wohldenkender Vater seinen Kindern und Nachkommen so gern zu verschaffen wünschte. (FA I 9, S. 995)

Der Angriff zielt also auf Erinnerung, Tradition und Vorsorge und damit über die temporale Kontinuität auf den Zusammenhang und Fortbestand der Kultur als Ganzen. Zugleich wird der universale Charakter dieser Kul-

turzerstörung darin zum Ausdruck gebracht, dass nicht nur die Angegriffe-
nen, sondern darüber hinaus die ganze „übrige Welt" darunter zu leiden
hätten. In der Rahmenhandlung führen die politischen Debatten zum Streit,
da, wie der Erzähler ausführt, in solchen Ausnahmesituationen gerade die
unangenehmen Eigenschaften der Menschen hervortreten. Exponenten der
Debatte sind der „Geheimerat", der „diejenige Partei anführte, welche dem
alten System zugetan war", und Vetter Karl, der „für die entgegengesetzte
sprach, welche von bevorstehenden Neuerungen Heilung und Belebung des
alten kranken Zustandes hoffte" (FA I 9, S. 1001). Der Streit eskaliert, nachdem der Geheimerat die Hoffnung äußert, die „Clubbisten" würden den Al-
liierten in die Hände fallen und gehängt werden. Karl kontert, „er hoffe, daß
die Guillotine auch in Deutschland eine gesegnete Ernte finden und kein
schuldiges Haupt verfehlen werde" (FA I 9, S. 1004). Der Geheimerat fährt
mit seiner Frau ab, er fühlt sich zum zweiten Mal vertrieben. Wiederum also
die Ausschlussfigur, wobei diesmal die Schuld nicht den Ausgeschlossenen,
sondern durch die Baronesse Karl zugewiesen wird. Das mag man bei heutiger Lektüre mit Gründen anders sehen (und selbst der Erzähler scheint
unparteiischer als die Baronesse).

Beachtenswert ist jedoch auch die resignative Folgerung, die für die Gestaltung politischer Gespräche gezogen wird, dass diese nämlich nur zwischen „Gleichgesinnte[n]" möglich seien, „indem der eine dasjenige sagt,
was der andere schon denkt" (FA I 9, S. 1007). Wirkliche Diskussionen scheinen im Politischen nicht möglich zu sein, ohne in Streit auszuarten und die
Gemeinschaft zu gefährden. Die Baronesse stellt dies als eine Art Naturge-
setz dar und nimmt nach diesem Vorfall die in der novellistischen Situation
bereits implizierte Gleichsetzung von Geschichte und Natur ausdrücklich
vor: „Müssen denn eure Gemüter nur so blind und unaufhaltsam wirken
und drein schlagen, wie die Weltbegebenheiten, ein Gewitter oder ein ander
Naturphänomen?" (FA I 9, S. 1006) Zur Bewältigung der gewaltträchtigen
Situation entwickelt sie ein narratives Krisenmanagement: „Laßt uns dahin
übereinkommen, daß wir, wenn wir beisammen sind, gänzlich alle Unterhaltung über das Interesse des Tages verbannen?" (FA I 9, S. 1009) Nicht zuletzt, sondern sogar in erster Linie das Erzählen selbst war durch die aktuellen Ereignisse, die gemeinschafts- und kommunikationsstörend wirkten,
verhindert worden: „Wie lange haben wir belehrende und aufmunternde
Gespräche entbehrt". (ebd.) Der alte Geistliche bietet sich an, mit der Erzähltherapie zu beginnen. Dabei muss offenbar ganz elementar angesetzt

werden, bei der Neuverständigung über das Konzept von Wirklichkeit. Es ist grundlegend zu klären, in welchem Verhältnis Fiktion und Wirklichkeit stehen und auf welche Weise das Erzählen als Krisenbewältigungsstrategie eingesetzt werden kann oder soll: mit oder ohne moralische Intention, mit oder ohne Anwendung auf die Gegenwart, also zweckfrei und autonom oder nicht. Dass zunächst zwei Gespenstergeschichten erzählt werden, zeigt, wie tiefgreifend die Verunsicherung ist. Die Zuhörer gelangen zu keinem befriedigenden Verständnis der Erzählungen. Sie sind in dieser Verunsicherung ihres Fiktionalitätsbewusstseins jedoch vorbereitet auf eine verunsichernde Wirklichkeitserfahrung, an der sich Möglichkeiten und Grenzen rationaler, empirisch-wissenschaftlicher Realitätsbewältigung zeigen: „Kaum hatte er ausgeredet, als in der Ecke des Zimmers auf einmal ein sehr starker Knall sich hören ließ." Die „gewölbte Decke" des Schreibtischs „war quer völlig durchgerissen", „ohne daß in der Luft die mindeste Veränderung zu spüren war", wie Barometer und Thermometer bestätigen (FA I 9, S. 1030). Ein Hygrometer freilich fehlt, was den Geistlichen zu der Bemerkung führt, „daß uns immer die nötigsten Instrumente abgehen, wenn wir Versuche auf Geister anstellen wollen" (FA I 9, S. 1031). Friedrich stellt schließlich die Hypothese auf, dass zum Zeitpunkt des Knalls ein aus demselben Holz vom selben Tischler verfertigter zweiter Schreibtisch auf dem Gut der Tante verbrannte. Karl hingegen lehnt jeden Erklärungsversuch ab:

> Überhaupt [...] scheint mir, daß jedes Phänomen, so wie jedes Factum an sich eigentlich das Interessante sei. Wer es erklärt oder mit andern Begebenheiten zusammenhängt, macht sich gewöhnlich eigentlich nur einen Spaß, und hat uns zum besten, wie z. B. der Naturforscher und Historienschreiber. Aber eine einzelne Handlung oder Begebenheit ist interessant, nicht weil sie erklärbar oder wahrscheinlich, sondern weil sie wahr ist. Wenn gegen Mitternacht die Flamme den Schreibtisch der Tante verzehrt hat, so ist das sonderbare Reißen des unsern zu gleicher Zeit für uns eine wahre Begebenheit, sie mag übrigens erklärbar sein und zusammenhängen mit was sie will. (FA I 9, S. 1032)

Damit verbleibt das einzelne Ereignis in seiner Singularität. Es scheint nicht möglich, von der Wahrnehmung einer Korrelation zum Beleg einer Kausalität zu gelangen, weil die entsprechenden instrumentengestützten Untersuchungsvorgänge nie zu einem Abschluss finden könnten: Irgendein Instrument fehlt immer, ironischerweise womöglich ausgerechnet das nötigste. Natur und Geschichte werden dabei in ihrer Ereignishaftigkeit gleich zweifach in Parallele gesetzt: einmal dadurch, dass die Wirkung der Französischen Revolution, der Brand auf dem Landgut der Tante, wie ein „Naturphänomen" behandelt bzw. zu solchen in Korrelation gerückt wird. Sodann durch Karl, der die Erklärungskonstrukte der „Naturforscher und Historienschreiber" gleichermaßen ablehnt, also geschichtliche Ereignisse als ebenso unerklärbar ansieht wie Naturereignisse.

Als Zwischenergebnis ist die Gesellschaft mithin bei einem radikalen Agnostizismus angelangt. Wunderbare Wirkungen unerklärlicher Ursachen werden fatalistisch hingenommen. Eine Möglichkeit, sich gegen die unbegreiflich von außen hereinbrechende Gewalt von Natur und Geschichte zu schützen oder gar zur Wehr zu setzen, scheint es nicht zu geben. So bleibt vorhanden nur die Möglichkeit der Ablenkung und Beruhigung durch weiteres Erzählen.

Auch die beiden folgenden Erzählungen aus den Memoiren des Marschalls von Bassompierre spielen auf und mit der Grenze von Wahrheit und Wahrscheinlichkeit. Indem das Motiv der Aufopferung als Entsagung eingeführt wird, leiten sie zugleich über zu der zweiten Sequenz am nächsten Tag, die durch die Baronesse initiierten moralischen Erzählungen. Die Reihenfolge des Erzählprogramms lautet also: Verunsicherung bzw. Flexibilisierung der Realitätsvorstellung als Vorbereitung moralischer Anwendung.

Das erste Ziel, die Wiederherstellung der Geselligkeit, wurde durch diese Erzählsequenz erreicht, das zweite, moralische Bildung, noch nicht. Es gelingt weder das Sicheinlassen auf die abgeschlossene Erzählung noch die Anwendung, die Verknüpfung von Erzählung und Leben. Beides steht diffus nebeneinander und greift undurchschaut ineinander. Die angemessene Rezeption einer Erzählung muss erst wieder gelernt werden (schon beim *Werther* war zu sehen, welch wichtige Bedeutung der Rezeption zukommt), aber auch das Erzählen selbst. Daher wird bei den Binnenerzählungen zunächst durchweg auf Vorlagen zurückgegriffen, zuerst aus der mündlichen, dann aus der schriftlichen Überlieferung. Dies gilt auch noch für die erste der mit dem „Ehrentitel" ‚moralische Erzählung' versehenen Geschichten, die Prokurator-Geschichte nach einer französischen Vorlage aus den *Cent Nouvelles nouvelles*. Erst die abschließende Erzählung von Ferdinand ist frei erfunden, basiert also nicht auf einer Vorlage und spielt überdies im heimatlichen Milieu. Die moralische Lehre wird hier besonders harsch und unverblümt verkündet: Ferdinand muss auf die ihm nicht gemäße, weil sein Sozialgefüge zerstörende Liebe verzichten, muss „ordentlich und fleißig" werden,

bekommt zur Belohung ein „gute[s] natürliche[s] Mädchen" und wird „umgeben von einer zahlreichen wohlgebildeten Familie" (FA I 9, S. 1079). Die
Einübung in den Verzicht in seinem Haus geschah auf eigenartige Weise:
„Selbst als Mann und Hausvater pflegte er sich manchmal etwas das ihm
Freude würde gemacht haben, zu versagen, um nur nicht aus der Übung
einer so schönen Tugend zu kommen, und seine ganze Erziehung bestand
gewissermaßen darin, daß seine Kinder sich gleichsam aus dem Stegreife
etwas mußten versagen können." Er erlaubte grundsätzlich alles, alle „Arten
und Unarten", ließ allen „eine fast unbändige Freiheit" (ebd.), nur einmal in
der Woche mussten alle auf Befehl funktionieren. Eine auf den ersten Blick
recht befremdliche Moral also, die gerade nicht im ständigen Maßhalten besteht. Wenn man sich daran erinnert, welch wichtige Rolle in Goethes Denken und in seiner Weltanschauung dem Umschlag und Wechsel zwischen
Extremzuständen zukommt, so verliert dieses Verhaltensprogramm vielleicht nicht seine Befremdlichkeit, wird aber erklärbar. Die grundlegende
Metapher Goethes für diese Struktur war eine physiologische, dem Herzschlag und Blutkreislauf entlehnt, dem Zusammenziehen und Ausdehnen
des Herzens. Über diesen unwillkürlichen Vorgang, der sich nicht steuern
lässt, soll nun Kontrolle gewonnen werden. Vielleicht war auf diesem Weg
eine Sozialdisziplinierung des Subjekts möglich.

Zunächst tritt eine Pause ein. Friedrich kommt auf der Ebene der Rahmenhandlung von einem Erkundungsritt zum abgebrannten Gut der Tante
auf der anderen Rheinseite zurück. Es findet also eine Art Abgleich der Er-
zählgemeinschaft mit der krisenhaften Realität statt. Es kann bewiesen werden – allerdings nur durch den Zufall einer stehengebliebenen Uhr; die
Kontingenz lässt sich nicht ausschalten –, dass beide Schreibtische exakt zur
selben Zeit zerstört wurden. Es wird noch einmal ausdrücklich festgehalten,
„daß wenn zwei Dinge zusammenträfen, man deswegen noch nicht auf ihren Zusammenhang schließen könne!". Aus der Korrelation kann nicht auf
Kausalität geschlossen werden, dennoch lässt man, wie es heißt, „der Einbildungskraft abermals vollkommen freien Lauf" (FA I 9, S. 1080).

Damit aber geschieht nun in der Rahmenhandlung gleich in zweifacher
Weise genau das, was zuvor in der Ferdinand-Erzählung als Moral vermittelt wurde: der Wechsel und Umschlag von Kontingenz und Steuerung, Diastole und Systole. Steuerung, Kontrolle, dafür steht die instrumentenge-
stützte Überprüfung des wunderlichen Vorfalls. Für die Kontingenz steht
das freie Spiel der Einbildungskraft bei der Verknüpfung der Ereignisse auf

den beiden Gütern. Dieses Verhältnis prägt sich nun auch in der Abfolge der beiden abschließenden Erzählungen aus: zunächst die Kontrolle – die streng moralische Ferdinand-Erzählung; dann die Entgrenzung – das freie Spiel der Einbildungskraft in der letzten Erzählung, dem *Märchen*. Denn Karl fordert von der Einbildungskraft, dass sie „nur wie eine Musik auf uns selbst spielen, uns in uns selbst bewegen" solle, „und zwar so daß wir vergessen, daß etwas außer uns sei, das diese Bewegung hervorbringt. Fahren Sie nicht fort, sagte der Alte, Ihre Anforderungen an ein Produkt der Einbildungskraft umständlicher auszuführen." Er verspricht für den Abend „ein Märchen, durch das Sie an nichts und an alles erinnert werden sollen" (FA I 9, S. 1081). Dadurch wird die Außenwelt völlig vergessen und die Rahmenhandlung nach dem *Märchen* nicht wieder aufgenommen. Ob man es nun als Verdrängung oder als gelingende Krisenbewältigung sehen mag: Die kriegerischen zeitgenössischen Ereignisse können auf sich beruhen, die Welt der Kunst wird autonom. Das *Märchen* ist durch eine eigene Überschrift vom Text der *Unterhaltungen* abgesetzt und wurde später auch häufig separat publiziert. Im *Märchen* kommt nun alles auf Deutungsprozesse an. „Es kommen viele Zeichen zusammen, [...] die mir einige Hoffnung einflößen; aber ach! ist es nicht bloß ein Wahn unsrer Natur, daß wir dann, wenn vieles Unglück zusammen trifft, uns vorbilden das Beste sei nah." (FA I 9, S. 1097) So die schöne Lilie, deren Aussage unschwer auf die Häufung des Unglücks in der Rahmenhandlung bezogen werden kann. Doch im weiteren Verlauf des *Märchens* fallen goldene Worte, die die Lehren der moralischen Erzählungen fortschreiben: „ein einzelner hilft nicht, sondern wer sich mit vielen zur rechten Stunde vereinigt. Aufschieben wollen wir und hoffen." (FA I 9, S. 1103) So der Alte angesichts des toten Jünglings. Und weiter: „Wir sind zur glücklichen Stunde beisammen, jeder verrichte sein Amt, jeder tue seine Pflicht und ein allgemeines Glück wird die einzelnen Schmerzen in sich auflösen, wie ein allgemeines Unglück einzelne Freuden verzehrt." (FA I 9, S. 1104) Rettung bringt schließlich die Schlange, die beschließt: „Mich aufzuopfern, ehe ich aufgeopfert werde" (FA I 9, S. 1105). Sie wird zur Brücke, eine neue Zeit bricht an, und alles Getrennte in der Märchenwelt wird vereinigt.

Gerade durch vorgeblich völlig autonomes, zweckfreies Erzählen stellt sich also die moralische Lehre ein. Dass diese bei aller Rätselhaftigkeit des *Märchens* am Schluss doch relativ deutlich und nicht sehr subtil hervortritt, spricht dafür, dass die erzählerische Strategie der Revolutionsbewältigung nicht eskapistisch verstanden werden darf, auch wenn die Wirklichkeit völlig vergessen wird – sondern zumindest von der Intention her so, dass die Ordnung der Gesellschaft ganz handfest und praktisch auf Grund einfacher moralischer Regeln neu fundiert werden soll. Das wäre ein ziemlich erstaunliches Ergebnis: Neubegründung der zerstörten Gemeinschaft, die doch die Kommunikation geradezu verlernt hatte. Ein phänomenaler Bildungserfolg! Bei Wilhelm Meister war auch nach vielen Jahren noch kein greifbares Resultat zu verzeichnen, und nun, wo es nicht nur um ein Individuum, sondern um eine soziale Gemeinschaft geht, ein Erfolg nach nur zwei Abenden? Ganz so sensationell wirkt die Erzähltherapie nicht. Dass in dieser kurzen Zeit nicht alle anhängigen sozialen Probleme durch das Erzählen gelöst werden können, ist evident. Evident ist aber auch, dass zumindest erste Schritte in Richtung auf die Re-Etablierung eines sozialen Minimalkonsenses zurückgelegt werden, eine Aufgabe, die mit dem abschließenden *Märchen* von den erzählten Hörern, die nicht mehr auftreten, an die wirklichen Leser und Leserinnen der *Unterhaltungen* delegiert wird. Auch Goethe betrieb in diesem Fall regelrecht empirische Rezeptionsforschung, es war offenbar ein beliebtes Gesellschaftsspiel, allegorische Deutungen zu liefern. Falls dies das Ergebnis des narrativen Krisenmanagements sein sollte, wäre die Fähigkeit zur Interpretation, zur Deutung von Erzählungen, ein entscheidender Schritt auf dem Weg zur Befriedung der Gesellschaft und zur Verarbeitung der Kriegsfolgen. Wenn das kein Beweis für die gesellschaftliche Relevanz der Literaturwissenschaft ist.

Stammtisch als Sozialtraining

Ganz im Zeichen der Krisenbewältigung steht auch das den *Unterhaltungen* chronologisch und thematisch benachbarte Epos *Herrmann und Dorothea*, in dem die Thematik ins bürgerliche Milieu geführt wird. Die *Unterhaltungen* erschienen 1795, 1796 begann Goethe mit der Ausarbeitung der Hexameter-Idylle, die 1797 in Berlin von Friedrich Vieweg verlegt wurde, der ansonsten nicht zu Goethes Verlegern zählte. Mit *Herrmann und Dorothea* jedoch landete Goethe einen Coup: Er erhandelte im Voraus das exorbitant hohe Honorar von 1000 Talern in Gold. Und zwar hinterlegte er ein versiegeltes Kuvert, in dem seine Forderung enthalten war. Hätte Vieweg weniger geboten, hätte sich der Handel zerschlagen und Goethe hätte einen anderen Verleger ge-

sucht. Goethe war in Verlegerkreisen berüchtigt für seine Geschäftstüchtig-
keit. Die Verleger erwirtschafteten mit ihm vor allem symbolisches Kapital,
denn zu verdienen gab es nach dem *Werther* nicht mehr so viel. Das Hexame-
terepos war jedoch ein Prestigeprojekt, denn eine Entsprechung zu den homerischen Epen fehlte der deutschen Literatur bislang. „In Herrmann und Dorothea habe ich, was das Material betrifft, den Deutschen einmal ihren Willen
getan und nun sind sie äußerst zufrieden", schrieb Goethe am 3. Januar 1798
an Schiller (MA 8.1, S. 485). Und in der Tat, die Deutschen waren äußerst zufrieden. Wilhelm von Humboldt schrieb eine bedeutende Rezension, und für
das 19. Jahrhundert war *Herrmann und Dorothea* eines der wichtigsten Werke
Goethes, bedeutender als *Wilhelm Meister*. Dabei ist das Verhältnis zu den
homerischen Epen *Ilias* und *Odyssee* durchaus ironischer Natur, obwohl man
nicht immer sicher sein kann, dass es sich um freiwillige Ironie handelt, wenn
die kleinbürgerliche deutsche Idylle mit der antiken Heldenwelt in Parallele
gerückt wird. Die deutsche rechtsrheinische Kleinstadt wird zu Troia, Herrmann zum deutschen Helden Arminius, der sich jedoch alles andere als hel-
denhaft verhält. Seine Braut Dorothea ist, wie es die Übersetzung ihres griechischen Namens besagt, ein Gottesgeschenk. Es könnte sein, dass Goethes
Intention ernsthafter war, als man das heute vielleicht zu seinen Gunsten zu
unterstellen bereit ist. Im 19. Jahrhundert jedenfalls wurde das Epos nicht im
mindesten ironisch gelesen, und nur in Opposition zu dieser Rezeptionstra-
dition ist es wieder genießbar und zeigt die modernen Züge seiner erschriebenen Lebensentwürfe.

Der zeitgenössische Hintergrund von *Herrmann und Dorothea* besteht in
der Flucht der linksrheinischen Deutschen vor den französischen Revolu-
tionstruppen 1796. Herrmann, der Sohn eines rechtsrheinischen Wirts,
wird mit Geschenken zu den Flüchtlingen geschickt, lernt dort Dorothea
kennen, die für die Flüchtlinge und insbesondere eine mitziehende Wöchnerin sorgt, und verliebt sich in sie. Sein Vater wünscht sich eine reiche
Schwiegertochter, was Dorothea offenbar nicht ist. Herrmann läuft ins
Freie, seine Mutter ihm nach, sie entlockt ihm das Geständnis seiner Liebe,
der Pfarrer und der Apotheker spionieren die Verhältnisse Dorotheas beim
Richter der Flüchtlinge aus. Herrmann gewinnt daraufhin Dorothea dazu,
mit ihm zu kommen. Auf Grund seiner Ungeschicklichkeit denkt sie jedoch,
sie solle als Dienstmagd für ihn arbeiten. Es kommt zu kränkenden Missver-
ständnissen, schließlich nach deren Klärung aber doch zur Verlobung.

Die Französische Revolution – oder genauer: das die Flüchtlinge betreffende Unheil – wird mit dem zwanzig Jahre zurückliegenden Stadtbrand verglichen. Dabei wird Gott in die bürgerliche Kalkulation einbezogen. Der Stadtbrand wird ganz traditionell als göttliche Strafe gedeutet, der Wiederaufbau nur indirekt als menschliche Aufbauleistung, unmittelbar aber als neue Schöpfungstat Gottes. Gott wird damit gleichsam unter eine ebenso moralische wie wirtschaftliche Verpflichtung gestellt, sein eigenes Werk nicht erneut der Zerstörung preiszugeben und die Stadt nicht wiederum zu strafen – auch hier keine Spur einer politischen Deutung der Ereignisse um die Revolution. In der Kriegssituation stellt die Berufung auf Gott einen probaten, aber heiklen Bewältigungsmechanismus dar. Die Wöchnerin, der Herrmann mit den Gaben seiner Mutter zu Hilfe kommt, benennt das „Elend" gar ausdrücklich als Voraussetzung, um Gottes Handeln wie auf einer dunklen Folie erkennen zu können: „denn nur im Elend erkennt man / Gottes Hand und Finger, der gute Menschen zum Guten / Leitet." (FA I 8, S. 817) In dieser Perspektive werden die „traurigen Zeiten" (FA I 8, S. 821) geradezu zum Garanten des Gelingens einer auf die Zukunft gerichteten Unternehmung: Hatten sich Herrmanns Eltern nach dem Stadtbrand und im Angesicht der Zerstörung verlobt, so spricht Herrmann im zweiten Gesang angesichts des Flüchtlingselends von Heirat, was von seiner Mutter besonders beifällig aufgenommen wird. Hier wie dort ist die Verlobung Zeichen eines Neuanfangs und Wiederaufbaus, einer Neubegründung der Kultur nach der Zerstörung oder zumindest Bedrohung der Gemeinschaft – und damit ein komplementär zum narrativen Bewältigungsverfahren der *Unterhaltungen* zu lesendes Programm.

In den letzten beiden Gesängen spielt das Wetter allegorisch mit. Mit dem drohenden Ausbruch eines Gewitters beginnt der achte Gesang, in dem Herrmann Dorothea in sein Elternhaus führt:

[...] denn sieh', es rückt das schwere Gewitter herüber,
Wetterleuchtend und bald verschlingend den lieblichen Vollmond.
[...]
Und mit schwankenden Lichtern, durchs Laub, überblickte der Mond sie,
Eh' er, von Wetterwolken umhüllt, im Dunkeln das Paar ließ. (FA I 8, S. 870)

Die Auflösung der Allegorie ist deutlich: Das drohende Gewitter ist der Krieg, der die Gemeinschaft des Paares gefährdet. Die Verhüllung des Lichts durch die Gewitterwolken führt zu Dorotheas Fehltritt auf der Weinbergtreppe auf dem Weg zu Herrmanns Elternhaus:

Sorglich stützte der Starke das Mädchen, das über ihn her hing.
Aber sie, unkundig des Steigs und der roheren Stufen,
Fehlte tretend; es knackte der Fuß, sie drohte zu fallen.
Eilig streckte gewandt der sinnige Jüngling den Arm aus,
Hielt empor die Geliebte; sie sank ihm leis' auf die Schulter,
Brust war gesenkt an Brust und Wang' an Wange. So stand er,
Starr wie ein Marmorbild, vom ernsten Willen gebändigt,
Drückte nicht fester sie an, er stemmte sich gegen die Schwere.
Und so fühlt' er die herrliche Last, die Wärme des Herzens,
Und den Balsam des Atems, an seinen Lippen verhauchet,
Trug mit Mannesgefühl die Heldengröße des Weibes. (ebd.)

Nicht auszudenken, was alles hätte passieren können ... Die sich ergebende
Situation ist mehrdeutig: Zum einen führt sie zu einem plötzlichen Körper-
kontakt des Paares, zum anderen erscheint in Umkehrung des eigentlichen
Kräfteverhältnisses Herrmann als der Starke, Beschützende, der Dorothea
auffängt und hält. Schließlich aber sei ein solches Straucheln vor dem Eintritt in ein Haus traditionell ein schlechtes Omen, wie Dorothea zwar in
„scherzenden Worte[n]" (FA I 8, S. 871), aber doch nicht ohne Ernsthaftig-
keit zu bedenken gibt. Welche Auswirkungen die im Gewitter verbildlichte
historische Gefahrensituation für das Zusammenleben der Menschen hat,
bleibt also vorerst ungewiss. Möglich, dass es sich bei diesem Augenblick auf
der Weinbergtreppe um eine plötzliche Erkenntnis wahrer Verhältnisse
handelt. Sie wäre nun in die flexible Ordnung eines gelingenden Zusammenlebens zu überführen, aus der die passenden sozialen Konsequenzen zu
ziehen sind.[4] Dass der Augenblick auf der Treppe so gedeutet werden darf,
kann indes keineswegs als ausgemacht gelten. Der „Geist", der bei Herrmanns Eltern den Pfarrer zu „versuchenden Worten" gegen Dorothea bewegt (FA I 8, S. 875), ihn also in eine satanische Beleuchtung rückt, sorgt
dafür, dass sich die Wolken erst so richtig zusammenziehen. Doch ihnen als
den zeitgenössischen Unbilden zu trotzen, hat Dorothea längst gelernt:

Nicht die Nacht, die breit sich bedeckt mit sinkenden Wolken,
Nicht der rollende Donner (ich hör' ihn) soll mich verhindern,
Nicht des Regens Guß, der draußen gewaltsam herabschlägt,
Noch der sausende Sturm. Das hab' ich alles ertragen

---

[4] Vgl. Karl Eibl: *Anamnesis* des „Augenblicks". Goethes poetischer Gesellschaftsentwurf in *Hermann und Dorothea*. In: Deutsche Vierteljahrsschrift für Literaturwissenschaft und Geistesgeschichte 58 (1984), S. 111–138.

Auf der traurigen Flucht, und nah' am verfolgenden Feinde.
Und ich gehe nun wieder hinaus, wie ich lange gewohnt bin,
Von dem Strudel der Zeit ergriffen, von Allem zu scheiden.
(FA I 8, S. 878)

Dorothea ist in ihrer Ehre tief gekränkt. Ihr Liebesbekenntnis – als *Opus superogatum*, nämlich mit der gleichzeitigen Bereitschaft zum Verzicht – führt gleichwohl zu der erwünschten Auflösung, die das ungeschickte Agieren der anderen Beteiligten beinahe verhindert hätte. Ob das Rezept, das der Pfarrer für die Krisensituation bereithält, das richtige ist, steht unter diesen Voraussetzungen dahin: „Fest ein Band zu knüpfen, das völlig gleiche dem alten." (FA I 8, S. 880) Es ist nicht zufällig der Pfarrer, der dieses Restaurationsprogramm verkündet, denn in einer gewaltsamen Krise, bei der durch die epischen Vergleiche stets Gott ins Spiel gebracht wird, muss es ihm als dem Vertreter der Kirche angelegen sein, die religiöse Deutungshoheit zu verteidigen. Die säkulare Variante des restaurativen Kontingenzbewältigungsprogramms verkündet Herrmann in seinen Schlussworten:

> Desto fester sei, bei der allgemeinen Erschüttrung,
> Dorothea, der Bund! Wir wollen halten und dauern,
> Fest uns halten und fest der schönen Güter Besitztum.
> Denn der Mensch, der zur schwankenden Zeit auch schwankend
>   gesinnt ist,
> Der vermehrt das Übel, und breitet es weiter und weiter;
> Aber wer fest auf dem Sinne beharrt, der bildet die Welt sich.
> [...]
> Und gedächte jeder wie ich, so stände die Macht auf
> Gegen die Macht, und wir erfreuten uns Alle des Friedens.
> (FA I 8, S. 882 f.)

Was Herrmann hier mit nationalistischem Pathos als Moral verkündet, ist wiederum ironisch zu verstehen, denn gerade nicht festes Beharren, sondern flexibles, situationsangemessenes Reagieren hat das gute Ende gesichert. Herrmann ist noch immer nicht Herr der Lage. Zwar gelingt es der Gemeinschaft, die Krisensituation zu meistern, doch um welchen Preis, ist eine Frage der Perspektive. Einerseits ist die kleinstädtische Welt weit flexibler, als das Vorurteil gegen die ‚Spießbürger' zulässt, denn sie befindet sich in einem andauernden Gespräch, das die Dinge nach allen Seiten wendet. Das ist eine Art Training für die Lösung neuer Probleme: Stammtisch als Sozialtraining. Und man wird auch von Herrmann sagen können, dass er mündig wird und eine eigene Identität und Individualität entwickelt. Was Bestandteil ‚normaler‘ Entwicklung sein sollte, ist hier eine spontane Erfahrung der eigenen Person, die sich damit als mündig erfährt, sich in die Ordnung einbringt, diese bereichert und beweglich hält. Auch im Hinblick auf menschliche Reifeprozesse wird also Entwicklung durch Ereignis ersetzt. Dies gilt für Herrmann. Aber Dorothea? Für sie handelt es sich eher um eine – und sei es freiwillige – Regression in eine dem historisch keineswegs handlungsmächtigen Mann untergeordnete Stellung, über die sie unter dem Druck der Ereignisse längst hinausgewachsen war. Ihre Individuation verläuft gegensinnig zu derjenigen Herrmanns, sie wird wieder zurückgenommen. Sie hatte ihren Reifemoment, den Herrmann auf der Treppe erlebt, schon viel früher, als sie als einzelne Kämpferin Frauen und Kinder vor der Vergewaltigung durch die Franzosen bewahrte. Davon erzählte der Richter im sechsten Gesang:

> Ja, und das schwache Geschlecht, so wie es gewöhnlich genannt wird,
> Zeigte sich tapfer und mächtig, und gegenwärtigen Geistes.
> Und so laßt mich vor allen der schönen Tat noch erwähnen,
> Die hochherzig ein Mädchen vollbrachte, die treffliche Jungfrau,
> Die auf dem großen Gehöft allein mit den Mädchen zurückblieb.
> Denn es waren die Männer auch gegen die Fremden gezogen.
> Da überfiel den Hof ein Trupp verlaufnen Gesindels,
> Plündernd, und drängte sogleich sich in die Zimmer der Frauen.
> Sie erblickten das Bild der schön erwachsenen Jungfrau
> Und die lieblichen Mädchen, noch eher Kinder zu heißen.
> Da ergriff sie wilde Begier; sie stürmten gefühllos
> Auf die zitternde Schar und aufs hochherzige Mädchen.
> Aber sie riß dem einen sogleich von der Seite den Säbel,
> Hieb ihn nieder gewaltig; er stürzt’ ihr blutend zu Füßen.
> Dann mit männlichen Streichen befreite sie tapfer die Mädchen,
> Traf noch viere der Räuber; doch die entflohen dem Tode.
> Dann verschloß sie den Hof, und harrte der Hülfe bewaffnet.
> (FA I 8, S. 851 f.)

Dies war Dorotheas Augenblick einer gelingenden Selbstwerdung, durch Herrmanns Selbstfindungs-Augenblick auf der Treppe verneint oder zumindest relativiert. Insgesamt ist daher die Gemeinschaft auf solche exorbitanten, die friedliche, kleinbürgerliche Realität gefährdenden Augenblicke ebenso angewiesen, wie sie sich zur Stabilisierung des homosozialen, also von der Gemeinschaft der Männer bestimmten Raums gegen sie absichern muss. Das letzte Wort über einen gelingenden Umgang mit potenziell be-

drohlichen Erfahrungen, über eine erfolgreiche ‚Abdichtung' des sozialen
Raums gegen Störungen von außen ist mit *Herrmann und Dorothea* noch
nicht gesprochen. Deutlich ist indes, dass die Entwicklung von Bewälti-
gungsstrategien mit der Entwicklung der Individualität zu tun hat, mit der
Lebensgeschichte, der Biographie der durch die Krisenerfahrungen gefähr-
deten Menschen. Was in den *Unterhaltungen* auf zwei Abende verdichtet
war, ist in *Herrmann und Dorothea* gar auf einen Moment, einen emphatischen Augenblick konzentriert.

Naturwissenschaft im Krieg

Lebensgeschichte, Biographie, Krisenerfahrung – diese Stichworte gelten
auch für Goethes autobiographische Auseinandersetzung mit der Französischen Revolution. Und selbst das kleinbürgerliche Idyll, das im Epos entfal-
tet wird, passt zu Goethes eigener Situation, als er Herzog Carl August auf
dem Frankreichfeldzug im ersten Koalitionskrieg gegen die französische
Revolutionsarmee von August bis Oktober 1792 begleiten musste. Dass ausgerechnet die Kriegsepisode zur autobiographischen Darstellung gelangt, ist
nicht nur ein Zugeständnis an die historische Bedeutung der Ereignisse,
sondern zugleich eine Probe aufs Exempel der Selbsterhaltungsstrategien
und Bewältigungsmechanismen in jener Situation, in der die Individualität
am stärksten gefährdet ist. Dazu bedurfte es freilich eines Abstands von
dreißig Jahren. Erst 1822 erschien *Aus meinem Leben. Zweiter Abteilung
fünfter Teil*, später in der Ausgabe letzter Hand ohne den Obertitel als *Campagne in Frankreich 1792 / Belagerung von Maynz*.

Die erste Situation, anhand derer die Kriegsgewalt geschildert wird, betrifft kurioserweise als Proviant requirierte Schafherden, was gleich als Gipfel der Grausamkeit erscheint, an die offenbar keine Gewalt gegen Menschen
heranreichen konnte: „es ist mir nicht leicht eine grausamere Szene und ein
tieferer männlicher Schmerz in allen seinen Abstufungen jemals vor Augen
und zur Seele gekommen. Die griechischen Tragödien allein haben so einfach tief Ergreifendes." (FA I 16, S. 400) Die Gewalt wird zweifach verarbeitet: Einmal durch Umlenkung auf Tiere. Die manifesteste Darstellung der
Folgen der Gewalt in der *Campagne* betrifft nicht die Menschen (sie „lagen
unbegraben"), sondern „die schwer verwundeten Tiere": „Ich sah ein Pferd
das sich in seinen eigenen, aus dem verwundeten Leibe herausgefallenen

Eingeweiden, mit den Vorderfüßen verfangen hatte und so unselig dahin hinkte." (FA I 16, S. 440) Die Gewalt wird zweitens vearbeitet durch Ästhetisierung, der Vergleich mit der Tragödie zeigt es. Dass Goethe sich dann vor Verdun in einem mit Wasser gefüllten Erdtrichter mit Farbversuchen beschäftigte (vgl. FA I 16, S. 404), ist nicht als Ignoranz gegenüber der politischen Lage und auch nicht einfach als Weltflucht zu deuten. Es steht vielmehr in Verbindung mit den dem Fürsten Reuß gegebenen Erklärungen als Begründung seiner naturwissenschaftlichen Forschungen in den 1790er Jahren: „Nun bieten [...] atmosphärische Luft, Dünste, Regen, Wasser und Erde uns immerfort abwechselnde Farbenerscheinungen, und zwar unter so verschiedenen Bedingungen und Umständen, daß man wünschen müsse solche bestimmter kennen zu lernen, sie zu sondern, unter gewisse Rubriken zu bringen, ihre nähere und fernere Verwandtschaft auszuforschen." (FA I 16, S. 406) Dabei geht es also nicht nur um Farbenlehre, die hier den augenblicklichen methodischen Ansatzpunkt der Beobachtungen bildet, sondern um die Erforschung des Lebensraums generell, jener Elemente – drei werden genannt: Luft, Wasser, Erde –, die das menschliche Leben bestimmen. Die Erkenntnis der Naturgesetze soll der Absicherung der Existenz dienen. Ganz mag der Autobiograph zwar noch nicht auf die Vorstellung einer höheren Leitung und Lenkung und auf die Berufung der „oberen Gewalten" (FA I 16, S. 422), bezeichnenderweise im Plural, verzichten. Und macht dann auch angesichts eines günstigen Zufalls die Bemerkung, „daß bei solchem Unglück, welches der Mensch dem Menschen bereitet, wie bei dem was die Natur uns zuschickt, einzelne Fälle vorkommen, die auf eine Schickung, eine günstige Vorsehung hinzudeuten scheinen." (FA I 16, S. 411) Auch autobiographisch operiert Goethe also wie im *Märchen* mit der Vorstellung eines Umschlags von Unglück in Glück. Schließlich ist es aber doch die Entdeckung des Farbphänomens, die für die Bewältigung der auch elementar bedrohlichen Situation – „Es regnete unaufhörlich, nicht ohne Windstoß, die Zeltdecke gewährte wenig Schutz" – sorgt: „Glückselig aber der, dem eine höhere Leidenschaft den Busen füllte; die Farbenerscheinung der Quelle hatte mich dieser Tage her nicht einen Augenblick verlassen, ich überdachte sie hin und wieder um sie zu bequemen Versuchen zu erheben." (FA I 16, S. 419) Insgesamt ist es nicht nur im wörtlichen, sondern auch im übertragenen ideengeschichtlichen Sinn eine „schreckliche Lage in der man sich zwischen Erde und Himmel befand" (FA I 16, S. 422). Die Tendenz ist klar: Wendung weg vom Himmel, hin zur Erde – weg von der Religion, hin zur Naturwissenschaft. In diesem Problemkontext des Versuchs der – sei es auch nachträglichen – autonomen, nicht durch Berufung auf die Transzendenz erfolgenden Sinngebung einer undurchschaubaren und unkontrollierbaren gewaltträchtigen historischen Situation ist auch das berühmte Diktum über die Kanonade von Valmy vom 20. September 1792 zu sehen: „von hier und heute geht eine neue Epoche der Weltgeschichte aus, und ihr könnt sagen, ihr seid dabei gewesen." (FA I 16, S. 436) Durch die Etablierung einer wenn auch anderen als der erwünschten geschichtlichen Ordnung, die es erlauben würde, die Revolution auf ein historisches Entwicklungsgesetz zu beziehen, wäre zumindest die bedrohliche Situation gemildert, dass „offenbar auch die Welt schon aus ihren Fugen" war (FA I 16, S. 567).

Sinnbildlich für das Bewältigungsverfahren ist die Schilderung des Kanonenfiebers. Goethe setzt sich gezielt der Gefahr aus, weil er das Kanonenfieber am eigenen Leib erleben möchte:

> Unter diesen Umständen konnt' ich [...] bald bemerken daß etwas Ungewöhnliches in mir vorgehe; ich achtete genau darauf und doch würde sich die Empfindung nur gleichnisweise mitteilen lassen. Es schien als wäre man an einem sehr heißen Orte, und zugleich von derselben Hitze völlig durchdrungen, so daß man sich mit demselben Element, in welchem man sich befindet, vollkommen gleich fühlt. Die Augen verlieren nichts an ihrer Stärke, noch Deutlichkeit; aber es ist doch als wenn die Welt einen gewissen braunrötlichen Ton hätte, der den Zustand so wie die Gegenstände noch apprehensiver macht. Von Bewegung des Blutes habe ich nichts bemerken können, sondern mir schien vielmehr alles in jener Glut verschlungen zu sein. Hieraus erhellet nun in welchem Sinne man diesen Zustand ein Fieber nennen könne. Bemerkenswert bleibt es indessen, daß jenes gräßlich Bängliche nur durch die Ohren zu uns gebracht wird; denn der Kanonen Donner, das Heulen, Pfeifen, Schmettern der Kugeln durch die Luft ist doch eigentlich Ursache an diesen Empfindungen. (FA I 16, S. 435)

Der Fokus der sensualistischen Beobachtung liegt gänzlich auf dem Individuum, dessen Empfindungen möglichst präzise protokolliert werden sollen, und nicht auf dem, was vom Himmel kommt, der Kanonade selbst, die gar nicht erst in den Blick gerät. Auch die als unabdingbar erachtete gleichnishafte Sprache unterstellt die Metaphorik strikter Kontrolle. Wenn es ein Verfahren gibt, das im Krieg, in der *Campagne*, durchgängig als Strategie des Katastrophenmanagements propagiert wird, so ist es die nüchterne wissenschaftliche Beobachtung, die durch die Erforschung naturgesetzlicher Kontinuitäten bei der Bewältigung historisch-politischer Diskontinuität

helfen soll. Zugleich ist die Naturwissenschaft im Krieg deshalb besonders
wichtig, weil es sich auch um einen Krieg mit den ‚Elementen' handelt, mit
einer feindseligen Natur, mit der man sich nur dann in Übereinstimmung
befindet, wenn man ihre Gesetze versteht und sie zu beherrschen weiß. So
zitiert Goethe den Herzog von Braunschweig mit den Worten: „Es tut mir
zwar Leid daß ich Sie in dieser unangenehmen Lage sehe, jedoch darf es mir
in dem Sinne erwünscht sein daß ich einen einsichtigen, glaubwürdigen
Mann mehr weiß, der bezeugen kann daß wir nicht vom Feinde, sondern
von den Elementen überwunden worden." (FA I 16, S. 467) Der Revolutions-
krieg wird zum Krieg gegen die Natur und gegen das Wetter. Wobei sich bei
genauerem Hinsehen eine Unterscheidung zwischen den feindseligen ‚Elementen' einerseits und der wohltätigen ‚Natur' andererseits ergibt. Naturwissenschaft wird dann zum Versuch, die Elemente zu beherrschen, indem
man sich mit den Gesetzen der Natur im Einklang verhält.

In der an die *Campagne in Frankreich* angehängten *Belagerung von
Maynz* steht der berüchtigte, häufig (und zwar meist in denunziatorischer
Absicht) zitierte Satz: „es liegt nun einmal in meiner Natur, ich will lieber
eine Ungerechtigkeit begehen als Unordnung ertragen" (FA I 16, S. 603). Um
ihn und damit Goethes Position richtig zu verstehen, muss man den Kontext berücksichtigen, in dem der Satz sich ganz anders ausnimmt, als wenn
man ihn isoliert anführt. Goethe schützt einen deutschen Revolutionssym-
pathisanten vor der Lynchjustiz, einen „unbekannten, vielleicht verbreche-
rischen Menschen", der nach der Rückeroberung von Mainz die Stadt gemeinsam mit den Franzosen verlässt. Goethe tritt also für das obrigkeitliche
Gewaltmonopol ein.

Insgesamt legt Goethe in der *Campagne* großen Wert auf die Feststellung
der Neuartigkeit, wenn nicht Einzigartigkeit seiner Bewältigungsverfahren.
Bei der Darstellung des Intermezzos bei Jacobi in Pempelfort bei Düsseldorf
schildert Goethe die Situation so, dass ihn seine alten Bekannten auf über-
holte ästhetische Positionen festlegen wollten, die er verlassen habe. Er wird,
wie bereits erwähnt, aufgefordert, *Iphigenie* zu lesen, was er ablehnt. Seine
Revolutionskomödien wiederum, *Der Groß-Cophta* und *Der Bürgergeneral*,
also seine aktuellen schriftstellerischen Produktionen, seien abgelehnt worden. Ebenfalls abgelehnt und unverstanden geblieben sei insbesondere seine
naturwissenschaftliche Beschäftigung. Diese Betonung der Fremdheit und
Isolierung in seiner Umgebung ist ein darstellerisches Mittel, um die Singularität seiner Antwort auf singuläre historische Herausforderungen zu mar-

kieren. Dass es sich dabei um eine nachträgliche Stilisierung handelt, Goethe keineswegs menschlich, ästhetisch und wissenschaftlich isoliert und ein einsamer Vorkämpfer der Moderne, sondern vielmehr in seine freundschaftlichen und kommunikativen Kontexte nach wie vor gut integriert war, lässt sich anhand eines Vergleichs der Feldpostbriefe Goethes mit der nachträglichen Darstellung in der *Campagne* nachweisen.

12

Mensch und Natur

Obwohl Goethes Selbststilisierungen ein falsches Bild vermitteln, war er nach der Rückkehr aus Italien weit weniger in das gesellschaftliche Leben Weimars integriert als zuvor. Er fühlte sich isoliert, ästhetisch gewissermaßen aus seiner geistigen Heimat vertrieben und im Exil. Zu seiner Isolierung trug aber vor allem die nicht standesgemäße Liaison mit Christiane Vulpius bei. Allerdings wurden seine Amtspflichten durch Carl August deutlich verringert, so dass die größere Entfremdung Goethes in seiner Umgebung auch eine positive Kehrseite hatte, nämlich größere Freiheit. Seine amtlichen Aufgaben bestanden fortan in der Leitung der wissenschaftlichen und künstlerischen Anstalten des Herzogtums, darunter die Universität Jena. Diese Möglichkeiten nutzte er vor allem zu naturwissenschaftlichen Forschungen, die er nach ersten Anfängen in der voritalienischen Zeit seit den 1790er Jahren meist dann besonders intensiv betrieb, wenn die Arbeit an poetischen Projekten stockte. Auch der Verunsicherung durch die zeitgeschichtliche Entwicklung versuchte Goethe durch die Hinwendung zur Natur zu begegnen. Die probate Opposition Willkür der Menschheitsgeschichte hier und Gesetzlichkeit der Natur dort erfasst indes nur eine Facette dieses komplexen Verhältnisses. Goethe suchte zwar Ordnung in der Natur, vermochte sie aber nicht immer zu finden. Sie musste in vielen Fällen der Natur erst abgerungen werden, nicht anders, wie auch die politische Ordnung gegen das drohende Chaos immer wieder neu zu erringen war. Die Natur, das waren eben auch die chaotischen Elemente, gegen die die Naturgesetze immer wieder von neuem geltend gemacht werden mussten.

Gerade der naturwissenschaftliche Teil seines Werks, der ihm selbst nicht zuletzt als Krisenbewältigung wichtig war, erscheint in Krisenzeiten der Moderne immer wieder unmittelbar aktuell. Jede Kritik der Moderne scheint sich auf Goethe berufen zu können. Die erste Renaissance erlebte Goethes Naturforschung im Zeichen der Krise und Überwindung der klassischen Newton'schen Physik bei Albert Einstein und Max Planck. Eine zweite, unrühmliche Renaissance folgte während des Nationalsozialismus, nämlich im Zuge von dessen modernitätskritischer Spielart. Goethes anti-rationalistisches und organologisches Naturbild war am ehesten für die Ideologie anschlussfähig. Eine weitere Renaissance, die Entdeckung des ‚grünen' Goethe, erfolgte seit den 1980er Jahren.[1] Angesichts der fortschreitenden Zerstörung von Natur und Umwelt durch moderne Technik scheint Goethe Vorbildcharakter für die Suche nach alternativen Möglichkeiten des Umgangs mit der Natur zu gewinnen. Die Reihe der zivilisationskritischen und aufklärungsskeptischen Inanspruchnahme Goethes als Antipode zur herrschenden Naturwissenschaft ist lang.

Goethe beschäftigte sich zum Teil über Jahrzehnte hinweg mit nahezu allen Bereichen der zeitgenössischen Naturforschung, auch mit solchen, die sich im universitären Fächerspektrum schließlich nicht durchsetzen konnten. Zu bedenken ist dabei, dass die Spezialisierung in Einzeldisziplinen zu seiner Zeit noch nicht annähernd in der Weise erfolgt war, wie sie sich seit der zweiten Hälfte des 19. Jahrhunderts vollzog. Goethe kannte sich auch keineswegs auf allen Gebieten gut aus, aber er interessierte sich für fast alles. Am bedeutsamsten für seine Lebensbeschreibung ist der schon erwähnte Eingang naturwissenschaftlicher Überlegungen in das autobiographische Korpus nach dem Abbruch von *Dichtung und Wahrheit*. Wissenschaftsgeschichte – ein wichtiges Feld seiner wissenschaftlichen Tätigkeit – wird (auto-)biographisch konzipiert, die Autobiographie bekommt umgekehrt immer stärker wissenschaftshistorische Züge. Der wissenschaftsgeschichtliche Teil von Goethes naturwissenschaftlichem Œuvre ist aus heutiger Sicht vielleicht der innovativste. Er wurde lange Zeit kaum beachtet. Erst neuerdings bildet die Wissenschaftsgeschichte der Naturwissenschaft ein expandierendes Forschungsfeld, und in diesem Kontext rücken auch Goethes einschlägige Arbeiten vermehrt ins Blickfeld. Für den biographischen Aspekt der Wissenschaftsgeschichte steht vor allem der dritte, der historische Teil der *Farbenlehre* (nach dem didaktischen und dem polemischen Teil): die *Geschichte der Farbenlehre*, die erste deutsche wissenschaftshistorische Darstellung dieses Zuschnitts überhaupt. Von der Antike bis zur Gegenwart werden alle Exponenten optischer Theorien im Rahmen biographischer Porträts vorgestellt. Zweierlei ist dabei bemerkenswert: Zum einen erfolgt

---

[1] Vgl. Adolf Muschg: Goethe als Emigrant. Auf der Suche nach dem Grünen bei einem alten Dichter. Frankfurt a. M. 1986.

die Darstellung nicht teleologisch, es wird also keine wissenschaftliche Fort-
schrittsgeschichte im Geist der Aufklärung geschrieben. Stattdessen betont
Goethe aufgrund der empirischen Befunde, dass schon gewonnene Erkenntnisse wieder in Vergessenheit gerieten, weil die Zeit für sie nicht reif gewesen
sei. Außerdem verhindere die Erkenntnis eines Irrtums nicht, dass dieser
später erneut aufkommen könne und die Menschheit insgesamt in der Wissenschaft immer wieder von vorn anfangen müsse, wenn auch immer wieder auf höheren Ebenen. Dahinter steht das Bild der Spirale, ein zentrales
Bild von Goethes Naturforschung. Ein weiterer bemerkenswerter Aspekt
von Goethes Wissenschaftsgeschichte ist die häufig zitierte Erkenntnis: „Die
Geschichte der Wissenschaft ist die Wissenschaft selbst" (FA I 25, S. 572).
Dieser Satz steht nicht in der *Geschichte der Farbenlehre*, sondern in einem
Einzelporträt eines Wissenschaftlers einer anderen für Goethe wichtigen
Disziplin, der Geologie, *Karl Wilhelm Nose* (1820). Mit diesem Diktum ist
Goethe im 19. Jahrhundert zum Wegbereiter des Historismus geworden, der
die wissenschaftlichen Gegenstände durch die Analyse ihrer Entstehung er-
klären wollte. Der Satz geht indes noch weiter, nur wird die zweite Hälfte
meist nicht mehr zitiert, obwohl sie mindestens so wichtig ist: „Die Geschichte der Wissenschaft ist die Wissenschaft selbst, die Geschichte des
Individuums, das Individuum."

Die Wissenschaft wird von Goethe subjektanalog verstanden, was den
sachlichen Grund der Einheit von Wissenschaftsgeschichte und Biographie
bzw. Autobiographie bildet. Die Erkenntnisse beider Bereiche werden aufeinander bezogen, um womöglich die Probleme des einen Bereichs durch Mo-
delle des anderen lösen zu können. Dies sind Probleme der Erkenntnis und
der Darstellung, wobei es jeweils um eine Einheit geht, die gefunden werden
soll, aber immer wieder verloren zu gehen droht – Kontinuität der Wissen-
schaftsentwicklung hier, Einheit der Lebensgeschichte dort.

Nach dem Abbruch von *Dichtung und Wahrheit* standen also Goethes
naturwissenschaftliche Forschungen auch unter diesem kompensatorischen
Aspekt, der sich am stärksten in dem autobiographischen Alternativentwurf
des *Naturwissenschaftlichen Entwicklungsgangs* ausprägt, aus dem im Kapitel
über Erdbeben und Gewitter als den Urszenen der Goethe'schen Krisenerfahrungen bereits zitiert wurde. Es handelt sich um ein nachgelassenes
Schema aus dem Jahr 1821, wohl zu einem größeren Aufsatz, den Goethe in
seiner Zeitschrift *Zur Naturwissenschaft überhaupt, besonders zur Morphologie* publizieren wollte. Er bietet einen stichwortartigen Überblick über die

Wissensgebiete, mit denen Goethe im Laufe seines Lebens in Berührung kam, häufig durch persönliche Begegnungen. Goethe betont darin den „Vorteil nicht vom Metier zu sein": „Man hat nichts Altes festzuhalten, das Neue nicht abzulehnen, noch zu beneiden." (FA I 25, S. 50) Unter anderem hebt er die Erfindung des Heißluftballons 1783 durch die Brüder Montgolfier hervor: „Die Luftballone werden entdeckt. Wie nah ich dieser Entdeckung gewesen. Einiger Verdruß es nicht selbst entdeckt zu haben." (ebd.) In Weimar experimentierte der Hofapotheker Wilhelm Heinrich Buchholz letztlich vergeblich mit Ballonen. Die Versuche waren für Goethe deshalb von so großer Bedeutung, weil er überzeugt war, die Ballone müssten in die mittlere Luftschicht als die dem Menschen zum Überblick über die Welt gemäße Sphäre aufsteigen, um schweben zu können. Diese Höhe gegen die Anziehungskraft der Erde zu erreichen, sei schwierig, zugleich aber bestehe Gefahr, weiter nach oben in lebensfeindliche Sphären zu gelangen. Um die feindlichen Elemente beherrschen zu können, darf der Mensch von sich aus seine ihm zuträgliche Sphäre, Goethe zufolge, grundsätzlich nicht verlassen. In diese Gefahr aber begeben sich die Ballonfahrer. Im *Didaktischen Theil* der *Farbenlehre* (§ 129) schreibt Goethe über deren Sinneswahrnehmungen:

> Die Luftfahrer […] wollen in ihrer höchsten Erhebung den Mond blutrot gesehen haben. Da sie sich über die irdischen Dünste emporgeschwungen haben, durch welche wir den Mond und die Sonne wohl in einer solchen Farbe sehen; so läßt sich vermuten, daß diese Erscheinung zu den pathologischen Farben gehöre. Es mögen nämlich die Sinne durch den ungewohnten Zustand dergestalt affiziert sein, daß der ganze Körper und besonders auch die Retina in eine Art von Unrührbarkeit und Unreizbarkeit verfällt. (FA I 23/1, S. 67 f.)

In der Ambivalenz zwischen Verlockung und Gefährdung wird die Ballonfahrt bei Goethe zur Allegorie für das menschliche Leben überhaupt.

„Baldige Tröstung" gegen den „Verdruß", den Heißluftballon nicht selbst entdeckt zu haben, will Goethe durch den „Glaube[n] an die Verwandtschaft magnetischer und elektrischer Phänomene" gefunden haben (FA I 25, S. 50). Sowohl der Magnetismus als auch die Elektrizität weisen den Goethe'schen Grundbegriff der Polarität auf. Die magnetische Wirkung des elektrischen Stroms wurde erst 1820 entdeckt. Der Magnetismus war für Goethe ein „Urphänomen", ein Terminus, der die Grenze der sinnlichen Wahrnehmbarkeit von Erscheinungen und damit die Grenze von Goethes anschauender Naturerkenntnis bezeichnet, die vor bloßen Abstraktionen

Halt macht. Die Elektrizität wiederum bezeichnete Goethe 1825 „unbefangen als Weltseele" (FA I 25, S. 285), als Manifestation des Weltgesetzes.

An dem Schema des *Naturwissenschaftlichen Entwicklungsgangs* wird also die eine Seite der Verknüpfung von Biographie und Naturwissenschaft sichtbar: die autobiographische Wissenschaftsgeschichte, mit Folgerungen bis in die Kosmologie. Für die andere Seite, den Eingang naturwissenschaftlicher Überlegungen in das autobiographische Korpus, hatte die *Campagne in Frankreich* Beispiele geboten. Für beide Aspekte kann ergänzend auf eine kurze Stellungnahme aus dem Jahr 1828 verwiesen werden, in der Goethe im Hinblick auf seine Naturforschung eine teleologische Entwicklungsgeschichte seiner Autorschaft als „funfzigjährige[s] Fortschreiten[]" skizziert (FA I 25, S. 82). Auch hier wird die Naturlehre autobiographisch verwertet und soll kompensatorisch für die Kontinuität der Lebensgeschichte bürgen. Im Rückblick auf seine Forschungen schreibt er nun von der „Anschauung der zwei großen Triebräder aller Natur: der Begriff von *Polarität* und von *Steigerung*, jene der Materie, insofern wie sie materiell, diese ihr dagegen, insofern wir sie geistig denken, angehörig; jene ist in immerwährendem Anziehen und Abstoßen, diese in immerstrebendem Aufsteigen" (FA I 25, S. 81). Die mit dem Bild der Spirale verbundene Steigerung kommt also als weiterer Grundbegriff zur Polarität hinzu, damit es sich beim Wechselspiel von Systole und Diastole nicht um einen Kreislauf handelt, der auf der Stelle bleibt, sondern kontinuierliche Entwicklung möglich ist.

In den letzten Abschnitten dieses kurzen Textes werden weitere für Goethe wichtige Disziplinen angesprochen, die Zoologie und die Botanik. Grundgedanke ist dabei derjenige der Kontinuität, des Zusammenhangs aller Naturerscheinungen von der anorganischen Welt bis zum Menschen. In Verbindung mit den Grundbegriffen Polarität und Steigerung führt dies zum Gedanken der Evolution, so dass es zuweilen den Anschein haben könnte, als handele es sich bei Goethe um einen Vorläufer der Evolutionstheorie Darwins. Es ging ihm indes nicht um Vererbung, sondern um den grundlegenden Gegensatz zur Revolution auch im Reich der Natur, um die aus der Spätantike stammende Vorstellung eines Zusammenhangs der Natur im Bild der Stufenleiter (‚Scala naturae') oder ‚großen Kette der Wesen'. Trotz dieser alten Tradition nahm Goethe aktiv an der wissenschaftlichen Auseinandersetzung der Zeit um 1800 teil, als in verschiedenen Disziplinen die Verzeitlichung und damit die Abkehr von statischen Klassifikationsmodellen und die Hinwendung zu dynamischen Entwicklungsmodellen an der Tagesordnung war.

Goethes früheste wissenschaftliche – nach heutigen Begriffen: pseudo-wissenschaftliche – Beschäftigung war die Mitarbeit an Lavaters Physiognomik (1776), einer riesigen Sammlung von Porträts und Charakteristiken. Geleitet war das Unternehmen von Lavaters Überzeugung der Übereinstimmung von Innen und Außen, von Charakter und Physiognomie, was im 19. und 20. Jahrhundert in der sogenannten ‚Rassenkunde' eine fatale Wirkungsgeschichte entfaltete. Goethe verhielt sich zu Lavaters Unternehmen neugierig distanziert. Doch noch im Alter nahm er an vergleichbaren, damals wissenschaftlich etablierten Forschungen Anteil, nämlich an der Kraniologie, der Schädellehre, und der daraus abgeleiteten Phrenologie (von griechisch ‚phrenos': Geist, Gemüt) des Arztes Franz Joseph Gall, der einen Zusammenhang von Schädel- und Gehirnform einerseits und Geist und Charakter andererseits unterstellte. Bestimmte Eigenschaften und Zustände wurden dabei abgrenzbaren Hirnarealen zugewiesen (wie auch heute in der Neuro- und Kognitionswissenschaft). Die Phrenologie spielte eine nicht unerhebliche Rolle bei der – wie man inzwischen weiß: falschen – Identifikation von Schillers Schädel 1826, an der sich Goethe beteiligte (und den Schädel einige Zeit zu Hause aufbewahrte).[2] Es ging Goethe um die „innere Form" als Wesensgesetz der äußeren Gestalt, eine Vorstellung, die sowohl seine botanischen als auch seine osteologischen Arbeiten prägte.

Grundlagen der morphologischen Arbeiten in Bezug auf die Osteologie, also die Knochenlehre, eignete sich Goethe außer durch das Studium von Fachliteratur vor allem in einem privaten Anatomiekurs bei dem Jenaer Mediziner Loder an. Dadurch wurde er zu seiner Entdeckung des Zwischenkieferknochens befähigt. Seine entsprechende Schrift (*Versuch aus der vergleichenden Knochenlehre daß der Zwischenknochen der obern Kinnlade dem Menschen mit den übrigen Tieren gemein sei*) blieb zunächst unpubliziert und wurde erst 1820 in den *Morphologischen Heften* gedruckt. Goethe schickte 1784 eine Prachthandschrift an die maßgeblichen wissenschaftlichen Autoritäten (Camper, Blumenbach, Soemmerring), unter denen die Frage ebenfalls diskutiert wurde. Er fand jedoch keine Resonanz, bis sein Fund unabhängig von ihm bestätigt wurde (durch Lorenz Oken zwanzig Jahre später). Die Fachwelt war nicht gewillt, die Argumente eines Außenseiters ernsthaft zu erwägen (so wurde z. B. bemängelt, sein Latein sei nicht korrekt). Die Existenz des Zwischenkieferknochens beim Menschen, der

---

[2] Vgl. Albrecht Schöne: Schillers Schädel. 2. Aufl. München 2002.

nur im Zustand der Embryonalentwicklung sichtbar ist, wurde geleugnet, denn sein Fehlen galt als Beweis für einen kategorialen Unterschied zwischen Mensch und Tier. Mit seiner Entdeckung wollte Goethe nicht die Abstammung des Menschen vom Affen oder überhaupt aus dem Tierreich beweisen, sondern auch hier den Gedanken der Kontinuität aller Naturerscheinungen.

In der zeitgenössischen Diskussion der Ontogenese von Lebewesen nahm er eine vermittelnde Position ein zwischen den Vertretern der Präformationstheorie auf der einen Seite, für die der Organismus im Keim vollständig angelegt war und sich im Wachstum lediglich entfaltete, und den Vertretern der Epigenese, die die Entwicklung eines Lebewesens als Folge von Neubildungen und Differenzierungsprozessen annahmen, gesteuert von der „Lebenskraft". Goethe führte in dieser Streitfrage erneut polare Leitbegriffe ins Feld: den statischen des Typus, der für die Stetigkeit sorgte, und den dynamischen der Metamorphose, der für die Steigerung einstehen sollte. Dieses Modell entwickelte Goethe wiederum analog seiner Idealvorstellung von der Lebensgeschichte des Subjekts. In der heutigen Biologie (etwa bei Manfred Eigen) tritt die „Lebenskraft" als universelles Bildungsgesetz auf, das die Ontogenese ‚autopoietisch' steuert. Diese Selbstorganisation des Organismus bildet eine Grundkategorie der biologischen Systemtheorie.

Goethes erste, von Shaftesbury angeregte begriffliche Fassung dieses Konzepts stammt bereits aus dem Jahr 1776, aus dem Text *Anhang aus Goethes Brieftasche*, nämlich der Begriff der „innern Form" (FA I 18, S. 174). Er war ästhetisch gemeint, aber dort schon organologisch konzipiert und beherrschte in dieser organologischen Metaphorik die Ästhetik und Poetik des 19. und 20. Jahrhunderts. Bereits das Straßburger Münster in *Von Deutscher Baukunst* hatte Goethe mit dem Komplementärbegriff zur „innern Form" als „Gestalt" bezeichnet.

Noch über den sehr vielfältigen morphologischen Arbeiten standen für Goethe seine physikalischen und optischen. Die 1810 erschienene *Farbenlehre* ist sein umfangreichstes Werk überhaupt. Die Farberscheinungen werden dort unter physikalischen (optischen), chemischen, ästhetischen, psychologischen, physiologischen und handwerklich-technischen Aspekten betrachtet. Letztlich also war es ein enzyklopädisches Projekt, das schon als solches dem spezialistischen Charakter der modernen Naturwissenschaft widerspricht und keineswegs in allen Bereichen durch die

Newton'sche Optik widerlegt ist. Das von Goethe beschriebene und für Sinnesphysiologie und Wahrnehmungspsychologie bedeutende Phänomen der Nachbilder etwa wurde durch neurophysiologische Forschungen bestätigt. Von Goethe wurde es entdeckt durch das Axiom des Zusammenwirkens objektiver und subjektiver Faktoren beim Sehen. Auch im Bereich der Beobachtungstheorie – des Zusammenhangs von Subjekt und Objekt und des Einflusses des Experimentators auf das Ergebnis (in dem Aufsatz *Der Versuch als Vermittler von Subjekt und Objekt*) – gilt Goethe in der heutigen Physik als rehabilitiert, zwar nicht in Bezug auf die Inhalte, aber in Bezug auf die wissenschaftstheoretische Einbettung. Die moderne physikalische Auffassung vom Licht als Teilchen und Wellen kann fast als Polarität im Goethe'schen Sinn verstanden werden, so dass Goethes und Newtons Farbentheorien durch die Quantenphysik versöhnt würden. Das ist nicht unplausibel, wenn man weiß, dass Niels Bohr und Werner Heisenberg von Goethe beeinflusst waren.

Mit Geologie und Mineralogie beschäftigte sich Goethe rund fünf Jahrzehnte lang, erarbeitete aber in seinen ca. 100 Texten keine eigenständige Theorie, sondern schloss sich zeitgenössischen Lehrmeinungen an, allerdings mit Ausnahmen. Die wichtigsten sind die Auffassung vom Granit als ältestem Erdgestein und die neptunistische Erdentstehungslehre, vertreten von dem Freiberger Mineralogen Abraham Gottlob Werner, die jedoch gegenüber dem Vulkanismus spätestens nach Werners Tod 1817 auf verlorenem Posten stand. Dem Neptunismus zufolge sind die Gesteine (als Erster der Granit) in erdgeschichtlicher Frühzeit durch Kristallisation und Sedimentation aus einem heißen, allmählich abkühlenden und sich zurückziehenden Urozean entstanden. Der Begriff der Kristallisation ist ein weiterer der Goethe'schen Grundbegriffe, der für die literarische Produktionsästhetik eine wichtige Rolle spielte und das spontane ‚Zusammenschießen' eines Kristalls bezeichnet, wenn die passenden Elemente zusammenkamen. Der Granit verhieß für Goethe als Grundfeste des Weltgebäudes geradezu metaphysischen Halt. Bereits 1784/85, während und aufgrund seiner Harzreisen, entstanden Aufzeichnungen über den Granit. Schon hier, also noch vor der Französischen Revolution, suchte Goethe Schutz vor Erschütterungen durch die Erforschung einer übergreifenden Naturordnung: „Ich fürchte den Vorwurf nicht daß es ein Geist des Widerspruches sein müsse der mich von Betrachtung und Schilderung des menschlichen Herzens des jüngsten mannigfaltigsten beweglichsten veränderlichsten, erschütterlichsten Teiles der

Schöpfung zu der Beobachtung des ältesten, festesten, tiefsten, unerschüt-
terlichsten Sohnes der Natur geführt hat." (FA I 25, S. 313 f.) Der sehr poetische, von Goethe nicht veröffentlichte Text trägt Züge eines kosmogoni-
schen Hymnus. Goethes bedeutendste Stellungnahme zu den geologischen
Theorien seiner Zeit findet sich indes an ganz anderem Ort, nämlich im
Roman *Wilhelm Meisters Wanderjahre*. Wissenschaft und Literatur sind für
den späten Goethe nicht kategorial getrennt.

13
Mensch und Mensch, Mensch und Sprache

Die Jahre 1794 bis 1805 bezeichnen eine besonders herausgehobene Periode der deutschen Literaturgeschichte. Während die Frühromantiker ihre Programme und Projekte formulierten und in der Philosophie der deutsche Idealismus seiner Blüte entgegenging, entwickelten Goethe und Schiller in Jena und Weimar nach einigen Jahren der Distanz eine einzigartige Arbeitsgemeinschaft. Sie war vor allem literaturpolitisch und in den *Xenien* polemisch wirksam und feierte zum Beispiel im ‚Balladenjahr' 1797 auch populäre Erfolge. Verschiedenen Zeitschriftenprojekten wie den schon mehrfach erwähnten *Horen* Schillers oder Goethes kunsttheoretischer Zeitschrift *Propyläen* war hingegen kein wirtschaftlicher Erfolg beschieden. In der Literaturgeschichtsschreibung gilt das Jahrzehnt um die Jahrhundertwende als Kernzeit der Weimarer Klassik. Mit Blick auf Goethe von klassischer Vollendung zu sprechen, fällt indes schwer, wie auch im Fall seiner italienischen Jahre. Die Neuaufnahme und Beendigung des Romans *Wilhelm Meisters Lehrjahre* sind zwar entscheidend durch die brieflichen und mündlichen Diskussionen mit Schiller bestimmt. Doch das Projekt reicht aus der voritalienischen Zeit herüber, wie umgekehrt die Vollendung des *Faust*, den Goethe erst durch Schillers Insistieren wieder aufgenommen hatte, selbst in seinem ersten Teil in die Zeit nach Schillers Tod führt. So bleiben vor allem die erwähnten lyrischen Genres, das Epos *Herrmann und Dorothea*, das Drama *Die natürliche Tochter* und ein rigider künstlerischer Klassizismus, der seinerseits durch den Kunstgeschmack von Goethes Mitarbeiter Heinrich Meyer beeinflusst war und sich in den ersten Jahrzehnten des 19. Jahrhunderts wieder lockerte. In der älteren Forschung wurde teilweise die These vertreten, Goethe habe sich unter dem dominierenden Einfluss Schillers von seinen ästhetischen Wurzeln entfernt und sich nach 1805 erst allmählich wieder von der ‚Überfremdung' lösen können.[1] Wenn

---

[1] Vgl. Hans Pyritz: Der Bund zwischen Goethe und Schiller. Zur Klärung des Problems der sogenannten Weimarer Klassik [1950]. In: Ders.: Goethe-Studien. Hrsg. von Ilse Pyritz. Köln u. a. 1962, S. 34–51.

man die noch aus der völkisch-nationalistischen Germanistik stammende
Terminologie ebenso abzieht wie das Ressentiment gegen Schiller, ist daran so
viel richtig, dass Goethes Schaffen nach Schillers Tod einen scharfen Ein-
schnitt erfuhr, in seinen Folgen der Rückkehr aus Italien nach Weimar nicht
unähnlich. Der vertraute Gesprächspartner fehlte, die sich nun wirklich zunehmend einstellende Isolierung musste mehr als durch neue Zweckgemein-
schaften wie diejenige mit dem Philologen Friedrich Wilhelm Riemer durch
ein immer weiter verzweigtes Netz von Korrespondenzen kompensiert werden. Zeitgenössische Berichte bestätigen den Eindruck einer sich verstärken-
den Distanz Goethes zu seiner Umwelt und zu seinen Mitmenschen. Was ihm
im Hinblick auf verstörende Ereignisse in Geschichte und Natur schon länger
ein Bedürfnis war – die sichernde Distanznahme –, prägt sich nun auch im
Verhältnis von Mensch und Mensch aus. Goethe beginnt immer mehr aus der
Distanz heraus zu leben, sein Leben zieht sich in die Schrift zurück, in den
brieflichen Verkehr nicht anders als in seine Werke. Um dies noch über viele
Jahre fortsetzen zu können, waren ein ausgeprägtes Rollenbewusstsein und
eine virtuose Fähigkeit des Identitätsmanagements erforderlich. Beides hatte
Goethe nicht zuletzt durch sein literarisches Werk im Hinblick auf einen pa-
radigmatischen Umgang mit der zunehmenden Anonymität der modernen
Welt entwickelt, sie wirkten nun auf sein Leben zurück. Wie früh und erfolgreich er diese Fähigkeiten erprobt hatte, zeigen etwa seine Briefe an Auguste
Gräfin zu Stolberg aus der Zeit vor Weimar. Aus unbefangener heutiger Sicht
könnte man sie als Liebesbriefe lesen, wüsste man nicht, dass Goethe die
Adressatin – die ihm als Leserin geschrieben hatte und dadurch die Korrespondenz eröffnete – nie getroffen hat und anfangs nicht einmal ihre Identität
kannte.

Seit 1823 bereitete Goethe die Edition seines Briefwechsels mit Schiller
vor, die 1828/29 schließlich erscheinen konnte. Die Edition des Briefwechsels mit dem Berliner Komponisten Carl Friedrich Zelter – die größte Korrespondenz aus Goethes späteren Jahren – kam zu Goethes Lebzeiten nicht
mehr zustande. Doch wird mit diesen beiden großen, späten Projekten
deutlich, dass die Briefwechsel für Goethe in einige derjenigen Lücken treten sollten, die durch die Aufgabe des autobiographischen Gesamtprojekts
offen geblieben waren. Bereits bei dem innovativen biographischen Sam-
melwerk *Winkelmann und sein Jahrhundert* hatten Briefe eine entscheidende
Rolle gespielt. Goethe lebte sein Leben mehr und mehr in Briefen, Leben
und Werk flossen durch die Briefe ineinander, und Goethes Briefeditionen

können, ja müssen in dieser Zeit als bedeutende Werke im emphatischen Sinn betrachtet werden. Goethe erschrieb sich sein Leben auch in Briefen,[2] und zwar zunächst und vor allem im Briefwechsel mit Schiller, sein Leben im ‚hochklassischen‘ Jahrzehnt.

In das Jahr nach Schillers Tod, 1806, fiel die Besetzung und Plünderung Weimars durch die napoleonischen Truppen, wobei die Legende es will, dass Christiane Vulpius Goethes Haus am Frauenplan vor diesem Schicksal gerettet habe. Jedenfalls heiratete er sie noch im selben Jahr nach siebzehnjährigem Zusammenleben, ein Versuch, einen Damm häuslicher Ordnung gegen die chaotischen Zeitläufte zu errichten. Insgesamt beginnt mit Schillers Tod in Goethes Leben eine auch immer wieder von Krankheiten belastete, bis 1814 reichende menschliche und künstlerische Krisenzeit. Aus ihr ragt der 1809 erschienene Roman *Die Wahlverwandtschaften* heraus, den man als Beginn von Goethes Spätwerk bezeichnen könnte. Im Jahr zuvor, beim Erfurter Fürstentag 1808, begegnete Goethe Napoleon – für ihn das Beispiel eines welthistorischen Individuums, das mit seinem mächtigen ‚Dämon‘ dem Jahrhundert seinen Stempel aufdrücken konnte. Später war Napoleons Niederlage in Russland 1813 für Goethe ein Fanal: Wenn sogar Napoleon dem Schicksal und den widrigen Umständen unterlag, wie sollte es dann einem Menschen normalen Formats möglich sein, seiner Bestimmung zu folgen und ein sinnvolles Leben zu führen? In diesen Jahren beginnt sich Goethes Weltverständnis des „Dämonischen" auszubilden, bei dem der „Dämon" die Seiten wechselt – vom Subjekt zum Objekt – und nicht mehr Kennzeichen der Lebenskraft des Individuums ist, sondern im Gegenteil die dessen Lebensbahn durchkreuzende Macht des Zufalls.[3]

Die Wahlverwandtschaften sind ein Beispiel dafür, dass Wissenschaft und Literatur bei Goethe nicht mehr kategorial getrennt sind. In Goethes beiden späten Romanen werden nicht einfach inhaltlich naturwissenschaftliche Theorien verhandelt, vielmehr ist ihre Struktur experimentell geprägt. Sie sind damit paradigmatisch für die Austauschbeziehungen zwischen Literatur und Wissen in der Moderne. Auch die anderen aus Goethes Werk

[2] Vgl. Jochen Strobel: Von der Zettelwirtschaft zum Archivroman. Goethe ediert Briefe. In: Autoren und Redaktoren als Editoren. Hrsg. von Jochen Golz und Manfred Koltes. Tübingen 2008, S. 299–314.

[3] Vgl. Paul Hankamer: Spiel der Mächte. Ein Kapitel aus Goethes Leben und Goethes Welt. Tübingen u. a. 1947.

bekannten Grundprobleme finden sich hier versammelt in einem summie-
renden Grundzug, der für ein bedeutendes künstlerisches Spät- oder Alterswerk charakteristisch ist: die Individualitätsentwicklung, die Rolle der Frau,
das Verhältnis von Individuum und Gesellschaft, das Problem der Religion,
das Bedrohlich-Elementare der Natur.

Goethe hat von den *Wahlverwandtschaften* gezielt alle Vorarbeiten vernichtet, so dass über die Entstehungsgeschichte wenig mehr bekannt ist, als
dass sie ursprünglich im Kontext der Fortsetzung des *Wilhelm Meister* standen und eine der eingelegten Novellen hätte bilden sollen. Sie wuchsen sich
aber 1807 zum Roman aus, der 1809 in zwei Bänden publiziert wurde. Goethe hat den Zugang zum Roman versperrt, der zu den hermetischsten, das
heißt geschlossensten und am schwierigsten zugänglichen Texten Goethes
zählt. Ständig geht es um Deutungsprozesse von Zeichen. Alles steht mit
allem in Beziehung, wobei die romaninternen Beziehungen und Deutungen
meist auf katastrophale Weise fehlschlagen. Auch Kommunikation scheitert: „Niemand würde viel in Gesellschaften sprechen, wenn er sich bewußt
wäre, wie oft er die andern mißversteht. […] Jedes ausgesprochene Wort er-
regt den Gegensinn." (FA I 8, S. 419) So steht es in „Ottiliens Tagebuche",
das viele Aussagen enthält, die nicht ihrer Figurenperspektive zu entsprechen scheinen. Daher ist nicht recht klar, welche Stimme hier aus ihr spricht.

Der Anfang des ersten Satzes des Romans – „Eduard – so nennen wir
einen reichen Baron im besten Mannesalter" (FA I 8, S. 271) – galt lange als
Musterbeispiel für die willkürliche Souveränität des Erzählers. Wenn sich
aber später herausstellt, dass es Eduard selbst war, der diesen Namen an-
stelle seines ursprünglichen Namens Otto angenommen hat, so wird die
Autorität des Erzählers deutlich untergraben. Er hat sein Geschäft, das er
auktorial zu führen scheint, bereits an die divergierenden Perspektiven der
Figuren abgegeben und verfügt nicht mehr über die Kontrolle, die zu besitzen er vorgibt. Die Illusion des freien performativen Sprechakts weicht dem
Eindruck der Determiniertheit und Abhängigkeit. Auch die Charakterisie-
rung Ottilies erfolgt im ersten Teil nur durch Briefe der Vorsteherin und des
Gehilfen, die jeweils divergierende Perspektiven entwickeln. Der Erzähler
verlässt seinen Standpunkt in der geschlossenen Romanwelt nicht und delegiert das Erzählen an Stimmen von außen. Analog verfährt wie erwähnt
Ottilie, wenn sie ihre Stimme in ihrem Tagebuch externalisiert. Im zweiten
Teil liefert sich umgekehrt der Erzähler mehr und mehr Ottilie aus, verfällt
ihrer Faszination ebenso wie Eduard, der Architekt und andere.

Der erste Satz des Romans geht noch weiter: „Eduard – so nennen wir einen reichen Baron im besten Mannesalter – Eduard hatte in seiner Baumschule die schönste Stunde eines Aprilnachmittags zugebracht, um frisch erhaltene Pfropfreiser auf junge Stämme zu bringen." Die Gartenkunst, die Kultivierung der Natur, ist ein wichtiges und hoch symbolisches Thema des Romans. Es gibt drei Zonen: erstens die wilde, verlockende Natur ringsum, außerhalb der Grenzen, zweitens den französischen Garten des Absolutismus, den Eduard gezielt verwildern lässt, und drittens den empfindsamen englischen Garten. Die kultivierte Natur symbolisiert die Suche nach Ordnung zwischen Absolutismus und Anarchie, und zwar im Sozialraum des Adels. Zugleich geht es um die Frage der Kultivierung der Trieb-Natur des Menschen. Der erzählte Raum der *Wahlverwandtschaften* kann als Modell der Welt gesehen werden, deren Grenzen gefährdet sind und möglichst gegen Einbrüche von außen abgedichtet werden sollen. „Nur daß wir nichts hinderndes, fremdes herein bringen" (FA I 8, S. 276), so mahnt Charlotte gleich zu Beginn. Eine Mahnung, der allerdings in Bezug auf die Einladung des Hauptmanns kein Gehör geschenkt wird, und noch bevor dieser eintrifft, tritt Mittler störend dazwischen. Er gibt bei seinem ersten Auftritt gerade keinen Rat, wie es seinem vermittelnden und konfliktlösenden Amt entspräche, sondern plädiert für das Blindekuhspiel, ein Handeln aufs Geratewohl, das die Beteiligten ihrem Geschick und dem Zufall aussetzt. Der Hauptmann, Eduards Jugendfreund Otto, kommt schließlich an und verändert die von Eduard und vor allem Charlotte gestalteten Räume. Durch Nachrichten von Ottilie aus der Pension kündigen sich bereits weitere Störungen von außen an.

Das Gespräch zwischen Eduard und Charlotte im ersten Kapitel ist zeremoniell und umständlich, voll indirekter Sprechakte und verschwiegener Absichten, Kalkül und Macht. Hier wird die ganze Problematik der Beziehung von Mensch und Mensch, der Kommunikation selbst zwischen vorgeblich Liebenden deutlich. Im Verlauf des Romans spielen Briefe und Schriftstücke eine immer größere Rolle. Die liebende Hingabe Ottilies an Eduard vollzieht sich ausgerechnet in der Kopie eines Vertragswerks, bei der sich ihre Schrift an seine angleicht. Die Sprache ist den Menschen fremd geworden, nichts scheint es mehr zu geben, was ihre Beziehungen zuverlässig fundieren könnte. Dies ist eine radikal pessimistische Stellungnahme Goethes zu der Möglichkeit persönlicher Beziehungen in der modernen Welt.

Die titelgebende Metapher der „Wahlverwandtschaften" wird nach der Übertragung in die Chemie durch eine weitere Übertragung wieder in ihren Ursprungsbereich, die Sittlichkeit, zurückgeführt. Durch diese Analogisierung, die ‚wiederholte Spiegelung', wird aber keine Eindeutigkeit erzielt, sondern weitere Verrätselung. Das naturwissenschaftliche Gleichnis suggeriert eine Eindeutigkeit und Klarheit, die nicht gegeben ist, und zwar nicht nur, weil die Rückübertragung der Metapher zum Kontrollverlust führt, sondern weil schon die naturwissenschaftliche Rede selbst nicht mehr eindeutig ist.

Die chemische Gleichnisrede findet sich im vierten Kapitel des ersten Teils. Eduard, Charlotte und der Hauptmann sitzen abends zusammen, Eduard liest vor und wird dadurch gestört, dass Charlotte mit in das Buch blickt (später bei Ottilie wird ihn dies nicht stören). Seine Begründung ist aufschlussreich:

> Wenn ich Jemand vorlese, ist es denn nicht als wenn ich ihm mündlich etwas vortrüge? Das Geschriebene, das Gedruckte tritt an die Stelle meines eigenen Sinnes, meines eigenen Herzens; und würde ich mich wohl zu reden bemühen, wenn ein Fensterchen vor meiner Stirn, vor meiner Brust angebracht wäre, so daß der, dem ich meine Gedanken einzeln zuzählen, meine Empfindungen einzeln zureichen will, immer schon lange vorher wissen könnte, wo es mit mir hinaus wollte? Wenn mir Jemand ins Buch sieht, so ist mir immer als wenn ich in zwei Stücke gerissen würde. (FA I 8, S. 299)

Im Hinblick auf Ottilies späteres Verhalten gibt das Anlass zu fragen: Verstummt sie deshalb, weil man ihr hinter die Stirn und in die Brust blicken kann und also immer weiß, worauf es mit ihr hinauswill? Diese Frage wird im Roman selbstverständlich nicht beantwortet und ist ein Beispiel für die Relevanz von Deutungsprozessen, die immer ungewiss, rätselhaft und mehrdeutig bleiben. Charlotte jedenfalls kommt nun auf die chemischen Verwandtschaften zu sprechen, von denen Eduard vorgelesen hatte. „Es ist eine Gleichnisrede, die dich verführt und verwirrt hat, sagte Eduard. Hier wird freilich nur von Erden und Mineralien gehandelt, aber der Mensch ist ein wahrer Narziß; er bespiegelt sich überall gern selbst; er legt sich als Folie der ganzen Welt unter." (FA I 8, S. 300) Der Hauptmann will ihr nun erklären, was es damit auf sich hat, „freilich nur so gut als ich es vermag, wie ich es etwa vor zehn Jahren gelernt, wie ich es gelesen habe. Ob man in der wissenschaftlichen Welt noch so darüber denkt, ob es zu den neuern Lehren paßt, wüßte ich nicht zu sagen." (ebd.) Und Eduard ergänzt: „Es ist schlimm genug, [...] daß man jetzt nichts mehr für sein ganzes Leben lernen kann. Unsre Vorfahren hielten sich an den Unterricht, den sie in ihrer Jugend empfangen; wir aber müssen jetzt alle fünf Jahre umlernen, wenn wir nicht ganz aus der Mode kommen wollen." (ebd.) Charlotte kommt es nicht so genau darauf an, die Einzelheiten will sie gerne den Gelehrten überlassen, „die übrigens, wie ich habe bemerken können, sich wohl schwerlich jemals vereinigen werden" (FA I 8, S. 301). Das ist auch poetologisch und selbstreflexiv zu lesen: Dem Roman ist seine Rezeption bereits eingeschrieben, zusammen mit der ganzen Fragwürdigkeit und Mehrdeutigkeit des Gleichnisses, das in vielerlei Hinsicht schon im Vorhinein relativiert wird. Nicht zuletzt hierin liegt die Modernität des Romans, die man aber vielleicht in fünf Jahren schon wieder ganz anders sehen wird.

Das Gleichnis wird nun im Gespräch entwickelt: „an allen Naturwesen, die wir gewahr werden, bemerken wir zuerst, daß sie einen Bezug auf sich selbst haben." (ebd.) In flüssigem Zustand streben sie dabei Kugelgestalt an. Manche Elemente vermischen sich, manche stoßen sich ab. Charlotte bezieht das auf menschliche Verhältnisse, worauf Eduard versetzt: „wie diese durch Sitten und Gesetze vereinbar sind, so gibt es auch in unserer chemischen Welt Mittelglieder, dasjenige zu verbinden, was sich einander abweist." Und der Hauptmann ergänzt: „Diejenigen Naturen, die sich beim Zusammentreffen einander schnell ergreifen und wechselseitig bestimmen, nennen wir verwandt." (FA I 8, S. 302) Gegensätze zögen sich besonders an und bildeten einen neuen Körper, und stärkere Verwandtschaften führten zu Scheidungen. Die bedeutendsten Fälle seien nun jene der Neuvereinigung über Kreuz:

> Denken Sie sich ein A, das mit einem B innig verbunden ist, durch viele Mittel und durch manche Gewalt nicht von ihm zu trennen; denken Sie sich ein C, das sich eben so zu einem D verhält; bringen Sie nun die beiden Paare in Berührung: A wird sich zu D, C zu B werfen, ohne daß man sagen kann, wer das andere zuerst verlassen, wer sich mit dem andern zuerst wieder verbunden habe. (FA I 8, S. 306)

Eduard entwirft eine Anwendung, die ganz offensichtlich falsch ist und als eine Art negative Vorausdeutung wirkt: Er sei A, Charlotte B, der Hauptmann C, Ottilie (die noch nicht da ist) D. A werde sich mit C verbinden, B mit D – also jeweils die Männer und die Frauen. Der Hauptmann hatte indes, bevor Eduard die Variablen ausfüllte, das Gleichnis bereits anders

aufgelöst, was mit Eduards Einsetzungen zu den Paaren Eduard und Ottilie
sowie Charlotte und Hauptmann führt.

Chemiegeschichtlich ist im Roman die gesamte vielschichtige und eben
auch heterogene und widersprüchliche Tradition der chemischen Verwandt-
schaftslehre präsent, einschließlich der frühneuzeitlichen protowissen-
schaftlichen Alchemie und der antiken Vorstellung einer umfassenden Sympathie zwischen Mensch und Kosmos und der Übereinstimmung von
Mikrokosmos und Makrokosmos. Die zeitgenössische Chemie übernahm
von Newtons Gravitationsgesetz, mit dem er alle Verhältnisse von Mikro-
und Makrokosmos erklären wollte, den Begriff der Anziehung und über-
formte ihn im 18. Jahrhundert bildlich mit der Vorstellung der Verwandtschaft als allgemeiner chemischer Theorie. Dabei wirkte der alte, ‚okkulte‘
Sympathiebegriff fort, da die Attraktion als einigendes geistiges Prinzip
der Natur verstanden wurde. Die chemischen Verwandtschaftsverhältnisse
wurden als stoffliche Qualitäten zu klassifizieren versucht. An der Wende
zum 19. Jahrhundert wurde nun erkannt, dass chemische Reaktionen auch
von der Masse der beteiligten Stoffe beeinflusst werden, was mit der Einführung des quantitativen Aspekts zum revolutionären Neuansatz der Chemie
beitrug. Im Roman überlagern sich tradierte und moderne Positionen, Qualität und Quantität, und relativieren einander. Die Typologie der chemischen Verwandtschaften war damals bereits überholt und wurde von
Goethe mit dem nicht minder problematischen morphologischen Konzept
von Polarität und Steigerung überformt. Die chemische ‚Revolution‘, die der
Vorstellung der Wahlverwandtschaft die theoretische Grundlage entzieht
(und die romanintern vom Hauptmann möglicherweise noch nicht rezipiert wurde), kann auch als Bezugsrahmen für die gesellschaftlichen Um-
brüche der Zeit gesehen werden. Wie in der chemischen Theorie gewinnt
auch in der Übertragung auf den sozialen Bereich die Kategorie der Quantität bzw. der Masse an Stellenwert, was sich in der steigenden Bedeutung
ökonomischer Überlegungen in menschlichen Beziehungen äußert. Die
ständische Wirtschafts- und Gesellschaftsordnung wird zur bürgerlichen,
soziale Bindungen werden verdinglicht.

Das Gleichnis lässt sich bei der Buchstäblichkeit noch weiter treiben.
Die Zeichen autonomisieren sich – alle vier Hauptfiguren heißen irgendwie
OTTo. OTT-ilie, Charl-OTTe, Eduard-OTTo, OTTo. OTTo kann mehrere
Beziehungen eingehen (was dem Charakter des Hauptmanns entspricht, der
diesen Namen in Reinform trägt). Der ‚Grundstoff‘ OTT ist zusammenge-

setzt aus den elementaren Bausteinen der Schriftzeichen, die jeweils gedoppelt erscheinen, nämlich (‚weiblicher') Bogen und (‚männlicher') Strich. Jedes Element hat zwei Anschlussstellen, und nach dieser Buchstabenlogik passen Eduard und Charlotte nicht zusammen. Die Autonomisierung der Zeichen entzieht der Autonomie und Individualität der Figuren und ihrer Beziehungen den Boden. Und hinter der elementaren Dämonie der Natur steht auch die Dämonie der Geschichte.

Wie in der Naturwissenschaft, so gibt es auch in der Liebe einen Paradigmenwechsel. Chemischer Diskurs und Geschlechterdiskurs korrespondieren; Ordnungsmuster werden instabil und führen zu einer Dynamik radikaler Verunsicherung. Im phantasierten doppelten Ehebruch überlagern sich ebenso unterschiedliche, einander ausschließende Liebeskonzeptionen, wie dies für die chemischen Diskurse in der Gleichnisrede gilt: außereheliche Liebe als Passion, asexuelle Freundschaft, bürgerliche Institution Ehe, romantische Liebe, Idealisierung. Es gibt nicht die Wahl zwischen vernünftiger Partnerschaft und romantischer Liebe, sondern eine Vermischung beider Bereiche, die sich gegenseitig stören. Eduard möchte um Mitternacht noch einmal zu Ottilie, aber er verfehlt den Weg im Schloss und steht vor der Tür seiner Frau: „eine sonderbare Verwechselung ging in seiner Seele vor" (FA I 8, S. 351). Als er ihre Zimmer betritt, denkt sie, es sei der Hauptmann.

> Wie sehnlich wünschte sie den Gatten weg: denn die Luftgestalt des Freundes schien ihr Vorwürfe zu machen. Aber das was Eduarden hätte entfernen sollen, zog ihn nur mehr an. Eine gewisse Bewegung war an ihr sichtbar. [...] In der Lampendämmerung sogleich behauptete die innre Neigung, behauptete die Einbildungskraft ihre Rechte über das Wirkliche. Eduard hielt nur Ottilien in seinen Armen; Charlotten schwebte der Hauptmann näher oder ferner vor der Seele, und so verwebten, wundersam genug, sich Abwesendes und Gegenwärtiges reizend und wonnevoll durcheinander.
>
> Und doch läßt sich die Gegenwart ihr ungeheures Recht nicht rauben. Sie brachten einen Teil der Nacht unter allerlei Gesprächen und Scherzen zu, die um desto freier waren als das Herz leider keinen Teil daran nahm. Aber als Eduard des andern Morgens an dem Busen seiner Frau erwachte, schien ihm der Tag ahndungsvoll hereinzublicken, die Sonne schien ihm ein Verbrechen zu beleuchten; er schlich sich leise von ihrer Seite, und sie fand sich, seltsam genug, allein als sie erwachte. (FA I 8, S. 352 f.)

Sinnbildlich handelt es sich um ein Schöpfungsexperiment im künstlichen Zeugungsakt. Das Ergebnis – der Sohn mit den Augen Ottilies und den Zügen des Hauptmanns – scheint die Herrschaft der Einbildungskraft über die Natur zu belegen. Doch das Produkt dieser Polarität bedeutet keine Steigerung, das Kind stirbt.

Danach scheint der Weg für die neuen Beziehungen frei, aber nun fasst Charlotte den Beschluss, dem Hauptmann zu entsagen, und Ottilie will sich dem Heiligen widmen, das sie gegen die „ungeheuren zudringenden Mächte" (FA I 8, S. 505) beschirmen soll. Rigide Moral einerseits, Religiosität andererseits sollen als Sicherungsmaßnahmen gegen die Kontingenz der modernen Welt dienen, die immer wieder als zerstörerischer und unverstandener Einbruch eines scheinbar naturhaften Verhängnisses erlebt wird. Jener Sicherungsfunktion dienen auch die versuchten Abschottungen von Räumen, die jedoch nicht gelingen. In Bezug auf den gesamten Handlungsraum wird die Bedeutung des Grenzschutzes offen thematisiert. Nach der Belästigung durch einen Bettler verweist der Hauptmann gleich eingangs auf die „ländliche Polizei" (FA I 8, S. 317) und empfiehlt die Einrichtung einer Art von Grenzstation an beiden Enden des Dorfes.

Die Maximen, die Ottilie teils nach den Äußerungen des Gehilfen in der Pensionsanstalt, teils nach davon angeregten eigenen Überlegungen in ihrem Tagebuch festhält, betonen die Bedeutung der Beschränkung auf den eigenen, vertrauten Lebensraum, mit dem der Mensch sich in Übereinstimmung befinde und der ihm nicht fremd sei:

> Von der Natur, sagte er, sollten wir nichts kennen, als was uns unmittelbar lebendig umgibt. Mit den Bäumen die um uns blühen, grünen, Frucht tragen, mit jeder Staude an der wir vorbeigehen, mit jedem Grashalm über den wir hinwandeln, haben wir ein wahres Verhältnis, sie sind unsre echten Kompatrioten. Die Vögel die auf unsern Zweigen hin und wieder hüpfen, die in unserm Laube singen, gehören uns an, […] und wir lernen ihre Sprache verstehen. Man frage sich, ob nicht ein jedes fremde, aus seiner Umgebung gerissene Geschöpf einen gewissen ängstlichen Eindruck auf uns macht, der nur durch Gewohnheit abgestumpft wird. (FA I 8, S. 451 f.)

Durch andere Umgebung werde man ein anderer Mensch: „Es wandelt niemand ungestraft unter Palmen, und die Gesinnungen ändern sich gewiß in einem Lande wo Elephanten und Tiger zu Hause sind." (ebd.)

Daraus wäre eine radikal individualistische Konsequenz zu ziehen. Zu jedem Menschen gehört eine eigene, zu ihm passende Ethik. Charlottes rigide Moral mit dem Gehorsam gegenüber den Vernunftgesetzen als höchster Stufe der Menschlichkeit zielt zwar auf eine Universalethik, kann aber die

Probleme nicht lösen. Ihr ist diese Ethik gemäß und daher natürlich, für Eduard erscheint sie angesichts seines Charakters als Tyrannei. Auch Charlotte ist nicht freier und handelt nur ihrer elementaren Natur gemäß. Es findet also nicht ein Streit zwischen Sittlichkeit und Unsittlichkeit statt, sondern eine Auseinandersetzung zwischen zwei verschiedenen Arten der Ethik: der Ethik des abstrakten sittlichen Gesetzes, das an alle Menschen identische Forderungen stellt, und einer Ethik, die der Veranlagung des einzelnen Menschen im weiteren Umfang Rechnung trägt und nicht intersubjektiv verallgemeinert wird.

Zu jedem Menschen scheint im Kontext des Romans nicht nur ein eigener Charakter und daher potenziell eine eigene Ethik zu gehören, sondern auch ein eigenes Mikroklima, in dem ihm nichts fremd ist. Trotz der dezidierten Intention der Isolierung – der Vergleich mit einem Reagenzglas liegt nahe – kann der Raum um einen Menschen nicht hermetisch abgedichtet werden. Auch in den *Wahlverwandtschaften* ist also eine autonome Entfaltung der Individualität nicht möglich, da die hierfür erforderlichen Voraussetzungen nicht geschaffen werden können. Die Beschränkung auf einen vergleichsweise engen, abgeschlossenen Raum wäre eigentlich nötig, um ein gelingendes Leben zu führen und die Zeichen der Umwelt richtig deuten zu können. Eduards scheiternde Versuche einer Lektüre von Schicksalszeichen bringen eine bei Goethe bereits vertraute Thematik ins Spiel. Dies betrifft sowohl das bei der Grundsteinlegung in die Luft geworfene und aufgefangene Glas mit den Initialen E und O – es geht später zu Bruch und wird heimlich ersetzt (vgl. FA I 8, S. 527 f.) – als auch Eduards Herausforderung des Schicksals im Krieg. Dass er verschont wurde, erweist sich keinesfalls, wie er möchte, als Zeichen dafür, dass seiner Verbindung mit Ottilie nun nichts mehr entgegenstehe, auch wenn es für einen Moment so scheint: „sie glaubten einander anzugehören; sie wechselten zum erstenmal entschiedene, freie Küsse". Das Himmelszeichen, mit dem die Illusion des Gelingens verglichen wird, trügt: „Die Hoffnung fuhr wie ein Stern, der vom Himmel fällt, über ihre Häupter weg." (FA I 8, S. 493) Unmittelbar darauf ereignet sich der tödliche Unfall mit dem Kind, und alle Illusion einer glückhaften Übereinstimmung mit der umgebenden Lebenssphäre ist dahin. Ottilie ist „[v]on allem abgesondert", der See wird als „treulose[s] unzugängliche[s] Element[ ]" bezeichnet (FA I 8, S. 494) – eine feindselige Naturauffassung. Die Natur lässt sich nicht kultivieren und zähmen. Auch dass sich Ottilie hilfesuchend und gleichsam ersatzweise an die göttliche Instanz wendet, vermag ihr bzw. dem Kind nicht mehr zu helfen: „Sie wendet sich nach oben. Kniend sinkt sie in dem Kahne nieder und hebt das erstarrte Kind mit beiden Armen über ihre unschuldige Brust [...]. Mit feuchtem Blick sieht sie empor und ruft Hülfe von daher, wo ein zartes Herz die größte Fülle zu finden hofft, wenn es überall mangelt." (FA I 8, S. 495) Zwar meint der Erzähler: „Auch wendet sie sich nicht vergebens zu den Sternen, die schon einzeln hervorzublinken anfangen. Ein sanfter Wind erhebt sich und treibt den Kahn nach den Platanen." (ebd.) Doch das ist objektive Ironie. Da das Kind bereits tot ist, nützt der Wind nichts, und das Gebet war umsonst. Genaue Aufmerksamkeit verdient auch der Kahn, der sich auf dem Teich befindet und bereits vorher immer wieder ein dubioses Eigenleben entwickelt, sich mal nicht ‚regieren' lässt, mal ‚herbeirudert' oder ‚herüberschwimmt'. Als Ottilie ihn mit dem Kind besteigt, ist nur ein Ruder zur Stelle. Der Kahn symbolisiert die Unverfügbarkeit aller den Menschen bestimmenden Ordnungen: physischer, metaphysischer und auch kultureller, denn zur Katastrophe führt nicht zuletzt die Literatur, der Umstand nämlich, dass Ottilie ihre Hand nicht frei hat, weil sie damit ein Buch hält.

Charlotte kommentiert den Tod des Kindes mit einer Berufung auf das Schicksal, die auf Goethes Bestimmung des Dämonischen in *Dichtung und Wahrheit* vorausgreift: „Es sind gewisse Dinge, die sich das Schicksal hartnäckig vornimmt. Vergebens, daß Vernunft und Tugend, Pflicht und alles Heilige sich ihm in den Weg stellen; es soll etwas geschehen was ihm recht ist, was uns nicht recht scheint; und so greift es zuletzt durch, wir mögen uns gebärden wie wir wollen." (FA I 8, S. 497) Schließlich können aber Charlotte, der Major und Eduard doch nicht umhin, der vermeintlich blinden Gewalt des Schicksals einen Sinn nach ihren Wünschen zu unterlegen und damit auch das Opfer des Kindes zu rechtfertigen. Mit einer ‚dämonischen' Kontingenz können sie sich nicht abfinden. „Doch was sag' ich! Eigentlich will das Schicksal meinen eigenen Wunsch, meinen eigenen Vorsatz, gegen die ich unbedachtsam gehandelt, wieder in den Weg bringen." (FA I 8, S. 497 f.) Der Wunsch, Schicksal zu spielen, den Charlotte hier bekundet, erweist sich als fataler Ausgriff auf eine Transzendenz, die nicht in der Verfügungsmacht der Menschen liegt und die womöglich gar nicht ‚dämonisch' in Erscheinung träte, fänden die Menschen sich mit der Kontingenz der Ereignisse und der Lebenswelt ab. Während jedoch Charlotte, der Major und Eduard ein fragwürdiges Schicksal für ihre Zwecke in Dienst nehmen und instrumentalisieren wollen, unterwirft sich Ottilie einer imaginären göttlichen Instanz. Sie muss für ihre Selbstbestrafungsphantasie einstehen, mit der sie zugleich die anderen Beteiligten strafen will, indem sie deren Pläne durchkreuzt: „Auf eine schreckliche Weise hat Gott mir die Augen geöffnet, in welchem Verbrechen ich befangen bin. Ich will es büßen; und Niemand gedenke mich von meinem Vorsatz abzubringen!" (FA I 8, S. 500) Sie sieht sich als „geweihte Person [...], die nur dadurch ein ungeheures Übel für sich und andre vielleicht aufzuwiegen vermag, wenn sie sich dem Heiligen widmet, das uns unsichtbar umgebend allein gegen die ungeheuren zudringenden Mächte beschirmen kann" (FA I 8, S. 505). Diese geradezu klassische Vorstellung des Sühneopfers steht in Goethes Werk ziemlich isoliert, wird aber gegen Ende des Romans aufgeboten, um auch diese letzte Möglichkeit einer Bewältigung von katastrophalen Ereignissen, die in eine geschlossene Lebenswelt einbrechen, zu erproben. Doch diese traditionell religiöse Lösung scheitert, Ottilie unterliegt weiterhin dem Zufall, indem sie unversehens noch einmal mit Eduard zusammentrifft, findet aber aus ihrer transzendenten Fixierung nicht wieder hinaus. „Ich bin aus meiner Bahn geschritten und ich soll nicht wieder hinein. Ein feindseliger Dämon, der Macht über mich gewonnen, scheint mich von außen zu hindern, hätte ich mich auch mit mir selbst wieder zur Einigkeit gefunden." (FA I 8, S. 514) Eine autonome Individualität kann Ottilie auch unter Berufung auf die Transzendenz nicht entwickeln, und so festigt sich die Spaltung zwischen Heiligem und Dämonischem in ihrer Transzendenzvorstellung. Mit der Sinngebung ihres Todes muss man vorsichtig sein, damit man nicht ebenfalls einer Rechtfertigung des Opfers verfällt (so wie die Romanfiguren den Tod des Kindes rechtfertigen), denn es wurde in der Forschung auch so argumentiert, dass sie ihre reine Individualität erhalten könne. Für Goethe selbst ist die Unabweisbarkeit des Todes jedoch auf jeden Fall nur dann erträglich, wenn sie *zugleich* als bedeutungsvoll, ja unverzichtbar in einem übergreifenden Zusammenhang gedeutet werden kann. Er fasst das im Bild des *Gewebes* (der Textur): eines Geflechts einander zuwiderlaufender, sich überkreuzender Fäden, die die Gestalt dessen ausmachen, was die Welt in all ihren Wechselfällen bewirkt und zugleich ‚im Innersten zusammenhält'. Es bildet bei aller Gegenstrebigkeit und Verschiedenheit des jeweils Einzelnen doch ein festes, unzerreißbares, notwendiges Ganzes. Diese Bedeutsamkeitsunterstellung bei Goethe muss man zur Kenntnis nehmen, aber man muss ihr auch bei einer intentionalistischen Interpretation nicht zwangsläufig folgen.

Ganz am Ende des Romans wird dann doch noch angedeutet, wie die Menschen mit sich und dem Weltgesetz in Übereinstimmung leben, wie sie ihre Individualität auf gleichsam vegetative Weise entfalten könnten, ohne ihren Lebensweg durch dämonisches Schicksal durchkreuzt zu sehen: im „reinen Zusammensein[ ]" von Eduard und Ottilie. „Dann waren es nicht zwei Menschen, es war nur Ein Mensch im bewußtlosen vollkommnen Behagen, mit sich selbst zufrieden und mit der Welt. [...] Das Leben war ihnen ein Rätsel, dessen Auflösung sie nur mit einander fanden." (FA I 8, S. 516) Die Ergänzung jeweils defizitärer, sich gegenseitig ergänzender Individualitäten scheint als Utopie auf, in der Idee eines naturgemäßen und auf die „fast magische Anziehungskraft" (ebd.) bestimmter Menschen aufeinander Rücksicht nehmenden Zusammenlebens: „Charakter, Individualität, Neigung, Richtung, Örtlichkeit, Umgebungen und Gewohnheiten bilden zusammen ein Ganzes, in welchem jeder Mensch, wie in einem Elemente, in einer Atmosphäre, schwimmt, worin es ihm allein bequem und behaglich ist." (ebd.) Doch schon der nächste Satz relativiert diese Utopie: „Und so finden wir die Menschen, über deren Veränderlichkeit so viele Klage geführt wird, nach vielen Jahren zu unserm Erstaunen unverändert, und nach äußern und innern unendlichen Anregungen unveränderlich." (ebd.) Wo so großer Wert auf die naturgemäße Entfaltung der Individualität gelegt wird, kann dies nur bedeuten, dass die Menschen innerlich abgestorben sind. Die „Atmosphäre", in der die Menschen sich vermeintlich behaglich, in Wahrheit aber ohne Entwicklungsmöglichkeit bewegen, erweist sich als Konservierungsmittel. Die naturwissenschaftliche Experimentalanordnung des Romans endet damit, dass die Figuren in Formalin eingelegt werden, damit keine weiteren Reaktionen aufeinander mehr erfolgen. Vollständige Kontrolle über das Experiment führt zum Tod.

Die Utopie der im Tod fortgesetzten Gemeinschaft zwischen Eduard und Ottilie wird mithin deutlich relativiert. Zwar behält das Zusammensein der Liebenden das letzte Wort im Roman, doch muss man die vom Erzähler eröffnete Aussicht auf die gemeinsame Wiederauferstehung gar nicht ironisch lesen, um feststellen zu können, dass eine entwicklungslose Liebe wie diejenige zwischen Eduard und Ottilie kein Ideal sein kann.

14
Alter als Erfindung des Lebens

Im Jahr 1814 nahm Goethe selbst die Gelegenheit wahr, zu erproben, wie sich seine Individualität in einer ihm gemäßen Atmosphäre zu entfalten vermöchte: Er reiste an Rhein und Main, was er als Rückkehr in seine Herkunftswelt verstand. Die Reaktion mit dem vertrauten Element war dann ganz anders als vorhergesehen: Er lernte Marianne von Willemer kennen, die die im Entstehen begriffene Gedichtsammlung des *West-östlichen Divans* durch eigene Beiträge bereicherte. Es war das erste und einzige Mal, dass Goethe eine literarische Partnerin fand. Eine gegenläufige Bewegung – die reale Reise in die Heimat hier, die poetische Orientfahrt dort – konnte im Dichten noch einmal zum Brennpunkt gebündelt werden. Dass diese Bündelung im Leben nicht gelang, zeigt sich nicht nur daran, dass nach 1815 ein Wiedersehen mit Marianne von Willemer allen Absichtserklärungen zum Trotz nicht mehr zustande kam. Es fällt auf, dass Goethes Briefe an seine Frau Christiane nichts davon spüren lassen, dass das neue Verhältnis der Liebe zu ihr in irgendeiner Weise abträglich geworden wäre. Auch als gealterter Liebender verstand sich Goethe virtuos auf das Rollenmanagement, zum letzten Mal in dieser Weise, denn 1816 verstarb Christiane.

Schon durch die Begegnung mit Marianne von Willemer in Frankfurt wurde die Reise für Goethe zu einem die Gleichförmigkeit des Lebens unterbrechenden und darum biographisch gestaltungsfähigen Ereignis. Es kam aber noch die Begegnung mit Sulpiz Boisserée hinzu, dessen altdeutsche Kunstsammlung in Heidelberg Goethes Kunstverständnis in entscheidender Weise bereicherte. Nun erst erschloss sich ihm wirklich die Welt der mittelalterlichen Kunst, und er nahm regen Anteil an den Plänen zur Vollendung des Kölner Doms.

Die literarische Gestaltung der Ereignishaftigkeit erfolgte diesmal jedoch nicht durch eine autobiographische Schrift im engeren literarischen Sinn, sondern durch die Hefte *Ueber Kunst und Alterthum in den Rhein und Mayn Gegenden* (1816–1832). Goethe gelang es also, das Ereignis durch Archivierung bis an sein Lebensende auf Dauer zu stellen. Das publizistische Projekt wurde ein Teil seiner Sammlungen. Goethes Leben spielte sich nicht nur im übertragenen und sinnbildlichen Sinn, sondern zunehmend wörtlich vor allem in Texten ab. In seinem Alter erfand und erschrieb sich Goethe sein Leben noch einmal neu – im und als Archiv. Damit erfand er aber im eigentlichen Sinn das, was seither als charakteristisch für ein künstlerisches Alterswerk gilt. Durch die Kanonisierung dieser Kriterien in der Rezeption kann das Alter eines künstlerisch produktiven, modernen Menschen geradezu als Erfindung Goethes gelten. Neben das kunsthistorische trat dabei in den späten 1810er und 20er Jahren noch ein weiteres, nämlich ein naturwissenschaftliches Zeitschriftenprojekt, die Hefte *Zur Morphologie*.

Was sich der Archivierung widersetzte, blieb am Weg liegen, musste aber eher aus Gründen einer emotionalen Temperierung der Erinnerungspolitik auf Distanz gehalten werden. Nicht immer ist jetzt klar, inwiefern die permanente Unbeständigkeit des Subjekts eine Inszenierung ist. Unter dem Datum des 12. Januar 1827 hält Eckermann folgende Äußerung Goethes nach einer musikalischen Abendgesellschaft fest: „Ich habe, sagte er, diesen Abend die Bemerkung gemacht, daß diese Lieder des Divans gar kein Verhältnis mehr zu mir haben. Sowohl was darin orientalisch als was darin leidenschaftlich ist, hat aufgehört in mir fortzuleben; es ist wie eine abgestreifte Schlangenhaut am Wege liegen geblieben." (FA II 12, S. 197) Der Temperierung diente in Goethes späten Lebensjahren nicht zuletzt ein hoher Weinkonsum. Soret notiert sich am 10. Juni 1823, dass Goethe in der Karlsbader Kur bis zu 22 Gläser Wein trinken konnte, ohne sich unwohl zu fühlen.[1] Ein Biograph hat nachgerechnet, dass Goethe „im Alter täglich zwei bis drei Liter Wein getrunken haben muß, bei Anlässen, bei denen gezecht wurde, noch mehr".[2]

Goethe verfuhr nun auch im Verhältnis zu sich selbst so, wie er es seit seiner Rückkehr aus Italien gegenüber seiner Umgebung gewohnt war und wie er es einen Monat vor seinem 50. Geburtstag, am 27. Juli 1799, gegenüber Schiller angekündigt hatte: „die Mauer, die ich schon um meine Existenz gezogen habe, soll nun noch ein Paar Schuhe höher aufgeführt werden." (MA 8.1, S. 727)

---

[1] Vgl.: Goethes Gespräche, Bd. III/1, S. 501.
[2] Karlheinz Schulz: Goethe. Eine Biographie in 16 Kapiteln. Stuttgart 1999, S. 432.

Mitte März 1817 legte Goethe die Direktion des Hoftheaters nieder, die er seit dessen Eröffnung 1791 innegehabt hatte. Dass (auf persönlichen Wunsch von Carl August und seiner Favoritin Caroline Jagemann) ein dressierter Pudel eine Hauptrolle übernehmen sollte, war eine zu große Zumutung für Goethes Kynophobie. In seinen letzten anderthalb Lebensjahrzehnten besuchte er nur noch selten das Theater, zog sich mehr und mehr ins Werk zurück. Dabei wurde die eine oder andere abgestreifte Haut außerhalb der Mauern begraben. Einfach „liegen geblieben" sind sie aber nicht, denn auch dort war literarisches Gelände. Die ungeweihte Begräbnisstätte des Lebens wurde zum Archiv. Die Neuerfindung des Lebens im Alter und die Erfindung des Alters spiegeln sich nicht nur in den publizistischen Projekten, in denen Goethe die Facetten seiner Existenz, seiner Rollen und Interessen versammeln konnte, sondern zeitigten eine neue Romanform.

„Ist fortzusetzen."

Goethes Altersroman *Wilhelm Meisters Wanderjahre oder die Entsagenden* setzt den Problemdiskurs der *Lehrjahre* auf mehreren Ebenen fort und nimmt zugleich all das auf und führt es weiter, was diesen Kontexten inzwischen zugewachsen war. Die Pläne zur Fortsetzung der *Lehrjahre* gehen bis vor die Jahrhundertwende zurück. Die Niederschrift begann 1807 und mündete in zwei Druckfassungen, 1821 und stark erweitert 1829. Zunächst entstanden die eingelegten Erzählungen, bereits *Die Wahlverwandtschaften* waren ja aus einer solchen hervorgegangen. Formal wird damit der Erzähltyp der *Unterhaltungen deutscher Ausgewanderten* fortgeführt, freilich auf einem deutlich erhöhten Komplexitätsniveau, das lange Zeit in seiner erzähltechnischen Modernität nicht verstanden wurde. Stattdessen sprach man von nachlassender Gestaltungskraft des alten Goethe. Einzelne Erzählungen erschienen vorab in mehreren Jahrgängen von Cottas Frauenkalender, dem *Taschenbuch für Damen*. Die Aphorismensammlungen der zweiten Fassung, *Betrachtungen im Sinne der Wanderer* und *Aus Makariens Archiv*, scheinen zunächst aus drucktechnischen Erwägungen aufgenommen worden zu sein, da statt der ursprünglich vorgesehenen zwei nun drei Bände gefüllt werden mussten. In der Weimarer Ausgabe wurden sie nach dem Vorbild Eckermanns in der Quartausgabe der „Ausgabe letzter Hand" wieder weggelassen. Diese scheinbare Beliebigkeit spielte der lange vorherrschenden Geringschätzung der Romankomposition in die Hände. Was indes in den *Lehrjahren* im Archiv der Turmgesellschaft bereits angelegt war, wird nun virtuos ausgespielt bis hin zu einer vielstimmigen Anonymisierung des Erzählens, für das kein einzelner Erzähler die Verantwortung trägt.

Am Ende der *Lehrjahre* war es keineswegs selbstverständlich gewesen, dass die Individuationsgeschichte Wilhelms würde weitererzählt werden können, da sie mit der Anerkennung der Vaterschaft an Felix eigentlich an ihr Ende gekommen war. Dass dem nicht so ist, Wilhelm der Vaterschaft noch kaum gewachsen ist und den Anforderungen seines Sohnes nicht Genüge zu leisten vermag, belegt seine erste Äußerung zu Beginn der *Wanderjahre*, mit der der Problemanschluss an den früheren Roman hergestellt wird. Auf Felix' Frage: „Wie nennt man diesen Stein, Vater?", antwortet er: „Ich weiß nicht" (FA I 10, S. 263), und es ist nicht das Einzige, was Wilhelm nicht weiß und seinem Sohn nicht erklären kann. So ist es folgerichtig, dass die Erziehung schließlich nicht mehr in der bürgerlichen Kleinfamilie stattfindet – die durch das von der Turmgesellschaft an Wilhelm ergangene Verbot, seine Frau Natalie zu sehen, ohnedies ad absurdum geführt ist –, sondern in der „Pädagogischen Provinz" institutionalisiert wird. Hier zeigt sich, dass auf die Selbstausbildung der Natur, die Innensteuerung des Individuums, nicht mehr vertraut wird.

Wilhelm und Felix treffen im Gebirge den aus den *Lehrjahren* bekannten Jarno, der sich jetzt Montan nennt, also offenbar eine neue Existenzform angenommen, einen neuen Lebenslauf begonnen hat. Das Gespräch dreht sich denn auch um die Gestaltung des Lebenslaufes sowie Möglichkeiten und Grenzen der Pädagogik, denn Wilhelm glaubte zu bemerken, „daß der Lehrer nicht durchaus wahr und aufrichtig sei". Jarno/Montan entgegnet, es sei Pflicht, „andern nur dasjenige zu sagen, was sie aufnehmen können. Der Mensch versteht nichts als was ihm gemäß ist." (FA I 10, S. 290) Um zu wirklichen Kenntnissen und Einsichten auf einem Gebiet zu gelangen, müsse man ein neues Leben beginnen, sich mit seiner ganzen Existenz in den neuen Wirkungskreis stellen. Dies kommt einer emphatischen Rechtfertigung von Einseitigkeiten gleich. Die in den *Lehrjahren* vorgenommene Verabschiedung eines umfassenden humanistischen Bildungsideals wird hier bestätigt und ins Positive gewendet, indem jeweils der ganze Mensch für eine partikulare Existenz einstehen und damit die drohende Entfremdung verhindert werden soll. An die kurze Unterredung knüpfen sich jedoch nicht nur pädagogische und identitätstheoretische Überlegungen, sondern gleich

eine ganze Zeichentheorie, die bei der Unterscheidung von ‚natürlichen'
und künstlichen, konventionellen Zeichen ansetzt:

> „Die Natur hat nur Eine Schrift, und ich brauche mich nicht mit so vielen
> Kritzeleien herumzuschleppen. Hier darf ich nicht fürchten, wie wohl ge-
> schieht, wenn ich mich lange und liebevoll mit einem Pergament abgegeben
> habe, daß ein scharfer Criticus kommt und mir versichert, das alles sei nur
> untergeschoben." – Lächelnd versetzte der Freund: „und doch wird man
> auch hier deine Lesarten streitig machen." – „Eben deswegen", sagte jener,
> „red' ich mit niemandem darüber und mag auch mit dir, eben weil ich dich
> liebe, das schlechte Zeug von öden Worten nicht weiter wechseln und be-
> trieglich austauschen." (FA I 10, S. 292)

Genau das aber, was Jarno von einem Pergament beschwört, geschieht mit
dem Roman: Der Text erweist sich als „untergeschoben", nämlich durch die
Art der Redaktion und die erzählerischen Stimmen, die nicht immer aufge-
deckt werden. In der Fortsetzung des Gesprächs bringt Jarno/Montan die
Programmatik deutlich zum Ausdruck:

> „Was der Mensch leisten soll, muß sich als ein zweites Selbst von ihm ablö-
> sen, und wie könnte das möglich sein, wäre sein erstes Selbst nicht ganz da-
> von durchdrungen?" – „Man hat aber doch eine vielseitige Bildung für vor-
> teilhaft und notwendig gehalten." – „Sie kann es auch sein zu ihrer Zeit,"
> versetzte jener; „Vielseitigkeit bereitet eigentlich nur das Element vor, worin
> der Einseitige wirken kann, dem eben jetzt genug Raum gegeben ist. Ja es ist
> jetzo die Zeit der Einseitigkeiten; wohl dem, der es begreift, für sich und
> andere in diesem Sinne wirkt. […] Mache ein Organ aus dir und erwarte,
> was für eine Stelle dir die Menschheit im allgemeinen Leben wohlmeinend
> zugestehen werde. Laß uns abbrechen! Wer es nicht glauben will, der gehe
> seinen Weg, auch der gelingt zuweilen; ich aber sage: von unten hinauf zu
> dienen, ist überall nötig. Sich auf *ein* Handwerk zu beschränken ist das
> beste. Für den geringsten Kopf wird es immer ein Handwerk, für den besse-
> ren eine Kunst, und der beste, wenn er Eins tut, tut er alles, oder, um weni-
> ger paradox zu sein, in dem Einen, was er recht tut, sieht er das Gleichnis von
> allem, was recht getan wird."
>   Dieses Gespräch, das wir nur skizzenhaft wiederliefern, verzog sich bis
> gegen Sonnenuntergang[.] (FA I 10, S. 295)

Die poetische Selbstreferentialität von Jarno/Montans Ausführungen ist zu
beachten: Auch erzählerisch ist es die „Zeit der Einseitigkeiten", mit dem
Unterschied, dass die Perspektiven immer einseitig sind, aber wechseln.
Seine Aufforderung abzubrechen wird vom Erzähler bzw. Redaktor, wer

auch immer das hier ist, sofort eingelöst, indem er sich einschaltet und zugibt, aus fremder Hand nur einzelne Teile zu berichten. Gegenüber dem Leser fingiert der Erzähler eine Souveränität, die er nicht besitzt, denn die ständigen Regiebemerkungen, mit denen er sein Redaktionsgeschäft begleitet, machen misstrauisch und sollten den Leserinnen und Lesern zur Mündigkeit verhelfen.

Die Figuren kommen auf dem Landgut des Onkels an, der eine wichtige Autorität für die meisten Romanfiguren ist. Felix, Wilhelms Sohn, den man sich bislang als vorpubertäres Kind vorgestellt hatte – schließlich steht ja seine ganze Erziehung noch bevor –, verliebt sich dort in Hersilie. Als neue Figur wird Lenardo eingeführt, den Wilhelm wieder an die Gemeinschaft der Mitglieder des Turms heranführen möchte. Im Zuge der Bemühungen um Lenardo begibt sich Wilhelm zu Makarie, einer zentralen Figur des Romans. Ihr Vertrauter ist ein Astronom. Er lädt Wilhelm auf seine Sternwarte ein. Wilhelm glaubt „zum erstenmale das hohe Himmelsgewölbe in seiner ganzen Herrlichkeit zu erblicken", doch er ist diesem Anblick nicht gewachsen, fühlt sich bedroht und hält sich „[e]rgriffen und erstaunt [...] beide Augen zu": „Das Ungeheure hört auf erhaben zu sein, es überreicht unsre Fassungskraft, es droht uns zu vernichten." (FA I 10, S. 382) Wilhelm wendet sich ab und zieht sich ins eigene Innere zurück:

> Wie kann sich der Mensch gegen das Unendliche stellen, als wenn er alle geistigen Kräfte die nach vielen Seiten hingezogen werden in seinem Innersten, Tiefsten versammelt, wenn er sich fragt: darfst du dich in der Mitte dieser ewig lebendigen Ordnung auch nur denken, sobald sich nicht gleichfalls in dir ein beharrlich Bewegtes, um einen reinen Mittelpunkt kreisend, hervortut? Und selbst wenn es dir schwer würde diesen Mittelpunkt in deinem Busen aufzufinden, so würdest du ihn daran erkennen, daß eine wohlwollende, wohltätige Wirkung von ihm ausgeht und von ihm Zeugnis gibt. (FA I 10, S. 383)

Damit wird aber die Existenz dessen postuliert, was spätestens seit dem Ende der *Lehrjahre* und dann erst recht in den *Wanderjahren* gerade in Frage steht: die Individualität als ‚tiefstes Inneres‘, als Mittelpunkt und Wesenskern, den Wilhelm als notwendig erachtet, um mit der Unendlichkeit des Kosmos umgehen zu können. Und doch zeigen seine Überlegungen, dass ihm dieses Problem nicht völlig fremd, dass er sich eines solchen Mittelpunkts keineswegs gewiss ist: „Wie oft hast du diese Gestirne leuchten gesehen und haben sie dich nicht jederzeit anders gefunden? sie aber sind immer dieselbigen und sagen immer dasselbige: wir bezeichnen, wiederholen sie, durch unsern gesetzmäßigen Gang, Tag und Stunde; frage dich auch wie verhältst du dich zu Tag und Stunde?" (ebd.) Der ewigen Ordnung des Kosmos wäre ein Individuum, dessen Wesen sich in eine Reihe diskontinuierlicher Zustände auflöste, nicht gewachsen. Wilhelm kann aber nur Rechenschaft für die „gegenwärtigen Verhältnisse[ ]" geben, derer er sich „nicht zu schämen" (ebd.) brauche, Aussagen von größerer Reichweite vermag er nicht zu treffen. Er muss sorgfältig Balance halten zwischen seinem Inneren und der Außenwelt, was so weit geht, dass optische Hilfsmittel wie Fernrohre und Brillen abgelehnt werden, da sie diese Balance stören und dem Menschen eine Raumerfahrung zumuten, der er nicht gewachsen ist.

Das Unendliche, das Wilhelm auf der Sternwarte durch das Fernrohr erblickt, ist immer eine potenzielle Bedrohung des endlichen Menschen. Es hält Glück und Gefahr zugleich bereit. Sich dagegen abzuschirmen bedeutet Sicherheit, zugleich aber auch Entsagung: Sicherheit vor der Gefahr, Entsagung des Glücks, Entsagung aber vor allem der entgrenzenden Einheitserfahrungen, die zur Konstituierung der modernen Individualität in Goethes früherem Werk gehörten, aber auch zu deren Aporien führten, die nun mit dem sittlich-weltanschaulichen Konzept der Entsagung aufgelöst werden sollen. Dabei handelt es sich keineswegs allein um Verzicht auf Liebeserfüllung, wie in einer klischeehaften Verkürzung vermutet werden könnte.

Wie die Individualität beschaffen sein müsste, die solche Erfahrungen wie die Unendlichkeit des Kosmos aushielte, lehrt ein Blick auf Makarie. Wilhelm lernt sie bei seinem ersten Besuch, unmittelbar bevor er die Sternwarte besteigt, als „eine ältliche wunderwürdige Dame" kennen, die „auf einem Lehnsessel von zwei jungen hübschen Mädchen hereingeschoben" wird (FA I 10, S. 379). Bereits im Bezirk des Onkels hatte er gehört, dass sie „als ein Schutzgeist der Familie zu betrachten sei. In krankem Verfall des Körpers, in blühender Gesundheit des Geistes, ward sie geschildert, als wenn die Stimme einer unsichtbar gewordenen Ursibylle rein göttliche Worte über die menschlichen Dinge ganz einfach ausspräche." (FA I 10, S. 325) Das Erste, was man in Makaries eigenem Bezirk über sie erfährt, ist, wie die Menschen, von denen sie spricht, in ihrer Erzählung erscheinen: „es war, als wenn sie die innere Natur eines jeden durch die ihn umgebende individuelle Maske durchschaute. Die Personen, welche Wilhelm kannte, standen wie verklärt vor seiner Seele, das einsichtige Wohlwollen der unschätzbaren Frau hatte die Schale losgelös't und den gesunden Kern veredelt und belebt."

(FA I 10, S. 379) Das, was bislang gerade in Frage stand – der Kern der Individualität –, wird durch Makarie freigelegt, ja man darf vielleicht sogar sagen: erst erzeugt, und zwar erzählerisch. Dies hängt mit ihren Eigenheiten zusammen, von denen ihre Vertraute und Gesellschafterin Angela Wilhelm erste Auskunft gibt: Makarie seien „die Verhältnisse unsres Sonnensystems von Anfang an, erst ruhend, sodann sich nach und nach entwickelnd, fernerhin sich immer deutlicher belebend, gründlich eingeboren. Erst litt sie an diesen Erscheinungen, dann vergnügte sie sich daran, und mit den Jahren wuchs das Entzücken." (FA I 10, S. 390) Der Astronom habe schließlich aus ihren Angaben und seinen Berechnungen gefolgert, „daß sie nicht sowohl das ganze Sonnensystem in sich trage, sondern daß sie sich vielmehr geistig als ein integrierender Teil darin bewege." Dies solle Wilhelm freilich für sich behalten:

> Denn sollte nicht jeder Verständige und Vernünftige, bei dem reinsten Wohlwollen, dergleichen Äußerungen für Phantasien, für übelverstandene Erinnerungen eines früher eingelernten Wissens halten und erklären? Die Familie selbst weiß nichts Näheres hievon, diese geheimen Anschauungen, die entzückenden Gesichte sind es die bei den Ihrigen als Krankheit gelten, wodurch sie augenblicklich gehindert sei an der Welt und ihren Interessen Teil zu nehmen. (FA I 10, S. 391)

Makaries exorbitante Existenz wird mithin pathologisiert. Sie scheint nicht gesellschaftsfähig, ihre archivalisch gesammelte Weisheit nicht ganz geheuer zu sein. An diesem Punkt des Romans wird man mit der Frage der Bewertung dieser eigenartigen mystischen, möglicherweise wahnhaften Auffassungen allein gelassen. Erst fast am Ende des Romans werden – vorgeblich nach einem Blatt aus ihrem Archiv – jene Erläuterungen über Makaries Wesen ergänzt. Als Teil des Sonnensystems sehe sie sich „in jenen himmlischen Kreisen mit fortgezogen, aber auf eine ganz eigene Art; sie wandelt seit ihrer Kindheit um die Sonne, und zwar, wie nun entdeckt ist, in einer Spirale, sich immer mehr vom Mittelpunkt entfernend und nach den äußeren Regionen hinkreisend." (FA I 10, S. 734) Mit dieser Spiralbewegung aber ist die von Goethe beschriebene natürliche Wachstumstendenz der Pflanzen bezeichnet, in Analogie dazu die der Individualität entsprechende Metamorphose. Es zeigt sich, dass die Mittelpunkte der Erde und des exorbitanten Individuums Makarie nicht zusammenfallen, da die Erde nicht die Mitte des Sonnensystems bildet. Makarie ist in Bezug auf ihre irdische Existenz ein exzentrisches Individuum. Der geistige ‚Spagat' zwischen dem

Licht, das ihr Inneres erfüllt, und äußeren Aufgaben – bei einer Art von innerem Wechsel von Tag und Nacht, so dass sich innere Ruhe und äußere Tätigkeit abwechseln – ist für sie ein Zustand permanenter Denormalisierung, für den sie auch selbst die Krankheitszuschreibung akzeptiert. Inzwischen wurde vom Astronomen, der sie wie ein Forschungsobjekt, einen Himmelskörper studierte, geschlossen, dass sie im Begriff sei, die Bahn des Jupiters zu verlassen „und in dem unendlichen Raum dem Saturn entgegen zu streben. Dorthin folgt ihr keine Einbildungskraft, aber wir hoffen daß eine solche Entelechie sich nicht ganz aus userm Sonnensystem entfernen, sondern wenn sie an die Grenze desselben gelangt ist, sich wieder zurücksehnen werde, um zu Gunsten unsrer Urenkel in das irdische Leben und Wohltun wieder einzuwirken." (FA I 10, S. 737)

Makarie verkörpert eine Individualität im emphatischen und exorbitanten Sinn, die sich ihrem eigenen Bewegungsgesetz, der ‚Spiraltendenz', folgend entwickelt. Sie kann daher auch als „Entelechie" bezeichnet werden. Sie unterliegt keinerlei störenden Einflüssen, das Universum ist in seiner Unendlichkeit für sie keine Bedrohung, da sie sich mit den kosmischen Gesetzen in Einklang befindet. Damit ist freilich die ideale Entfaltung einer Individualität als Utopie gekennzeichnet: Wer mit dem Universum harmoniert, wird vom irdischen Leben entfremdet. Die kosmische Harmonie erscheint in dieser Perspektive als nicht menschengerecht, die menschlichen Lebensmöglichkeiten überfordernd, und muss daher vom irdischen Blickwinkel aus pathologisiert werden.

Obwohl Makaries Leben aus einem idealen Mittelpunkt heraus dazu führt, dass sie zumindest für einen Teil der Romanwelt das ideelle Zentrum bildet und auch in anderen den Anschein dessen erzeugen kann, was nur ihr eigen ist – ein individueller Wesenskern –, ist diese Pathologisierung nicht nur im Unverständnis ihrer Familie und Umgebung greifbar, sondern auch in der Art und Weise, wie sie in den Roman eingeführt und in ihm behandelt wird. Im Auswandererbund wird sie nur im Kreis um Lenardo akzeptiert, während die aus den *Lehrjahren* bekannten Figuren Natalie, Lothario und der Abbé sie vor ihrer Abfahrt in die Neue Welt nicht aufsuchen und es durchaus unklar bleibt, ob sie je mit ihr in Verbindung gestanden haben. Wie die Individuen kein festes Zentrum mehr haben, so auch der Roman. Ihre Fähigkeiten besitzt Makarie schon seit ihrer Kindheit und Jugend, doch erst im Alter, bei körperlicher Gebrechlichkeit und offensichtlicher Behinderung, werden sie ihr zugestanden. Innere und äußere Schönheit dürfen

unter irdischen Bedingungen nicht gleichzeitig wirksam werden, Sinnlichkeit und Körperlichkeit bleiben im zeremoniellen Bezirk Makaries ausge-
sperrt (wie die Pferde – eine idiosynkratische Maßnahme, die dadurch erklärbar wird), das Individualitätsideal darf nicht vollkommen werden.
Makarie ist alt, krank und fast völlig vergeistigt, kommt also als Frau praktisch nicht in Frage. Wäre sie zu all ihren übrigen Eigenschaften auch noch
jung, sinnlich und körperlich attraktiv, so wäre das offenbar doch zu viel auf
einmal gewesen.

   Die ,irdische' Form der Individualität als diskontinuierliche Abfolge
von Selbstzuständen erscheint somit als das ,männliche', die einem quasi-
vegetativen Entwicklungsgesetz, der Spiraltendenz, folgende ,kosmische' Individualität als das ,weibliche' Modell. Das ,weibliche' Individualitätsmodell
droht stets instrumentalisiert zu werden, wie die Hoffnung auf die wohl-
tätige Wirkung Makaries für die „Urenkel" zeigt. Die im Prinzip vollkom-
menere weibliche Individualität wird der defizitären männlichen untergeordnet, die als die unter irdischen Bedingungen allein zu verwirklichende
dargestellt ist. Die männliche Position ist, obwohl unterlegen, die zentrale,
und die weibliche, obwohl überlegen, die exzentrische. Dadurch, dass sie
sich gegen den Rand des Universums bewegt, wird Makarie schon in der
Raumvorstellung des Romans marginalisiert. Dennoch kann kein Zweifel
daran bestehen, dass in diesem Fall der ,Rand' dem ,Zentrum' letztlich als
geistig und weltanschaulich überlegen gedacht wird. Die Hierarchie der Opposition zwischen ,männlicher' und ,weiblicher' Individualität wird mithin
ausbalanciert. Dies gilt auch für das Verhältnis von Spiral- und Vertikaltendenz. In Goethes Text *Über die Spiraltendenz* aus dem Jahr 1831 wird die
Spiraltendenz „als das eigentlich produzierende Lebensprinzip" bezeichnet,
das aber „vorzugsweise auf die Peripherie angewiesen" sei; die korrespondierende „vertikale Tendenz" sei „das männlich stützende Prinzip" (FA I 24,
S. 778). So sind beide Prinzipien in chiastischer Verschränkung zentral und
marginal zugleich: „keins kann von dem andern abgesondert gedacht werden, weil nur eins durch das andere lebendig wirkt." (FA I 24, S. 777) Aus
dieser irdischen Sicht erweist sich das Prinzip der Individualität, wie schon
in den *Lehrjahren*, auch hier als männliche Erfindung, der das Weibliche als
das ebenso begehrte wie gefürchtete Andere entgegengestellt wird.

   Das zweite Buch des Romans beginnt mit dem Eintritt in die Pädagogische Provinz, in der Wilhelm, wie schon erwähnt, seinen Sohn Felix ab-
gibt. Die einzelnen Bereiche der Erziehung sind dort streng getrennt auf ver-

schiedene räumliche Bezirke verteilt, wie Jarno/Montan das gefordert hatte. Weltanschaulicher Kern ist die Lehre von den „drei Ehrfurchten": vor dem, was über den Menschen, unter den Menschen und neben den Menschen ist. Eine gefilterte Form der Religion als pädagogisches Steuerungsinstrument spielt eine große Rolle, um die Erfüllung der zentralen erzieherischen Aufgaben – Sinnbildung, feste Orientierung und Komplexitätsreduktion – zu sichern. Die Religion soll mithin erzieherisch funktionalisiert werden. Dies zeigt sich bereits bei der ersten Ehrfurcht „vor dem was über uns ist", denn die Zöglinge sollen bezeugen, „daß ein Gott da droben sei, der sich in Eltern, Lehrern, Vorgesetzten abbildet und offenbart" (FA I 10, S. 420).

Die umfassende Kontrolle und Überwachung, der die Zöglinge in der Pädagogischen Provinz ausgesetzt sind, droht in einen subtilen Totalitarismus umzuschlagen. Dies wird freilich in der Durchführung und Rechtfertigung des Programms explizit negiert, indem eine harmonische Übereinstimmung mit den Gesetzen der Welt behauptet wird. Folge man diesen, so könne man auch der Individualität am meisten gerecht werden, wie Wilhelm bei seinem zweiten Aufenthalt in der Provinz am Beispiel der Kunst erläutert wird:

> Was uns aber zu strengen Forderungen, zu entschiedenen Gesetzen am meisten berechtigt, ist: daß gerade das Genie, das angeborne Talent sie am ersten begreift, ihnen den willigsten Gehorsam leistet. Nur das Halbvermögen wünschte gern seine beschränkte Besonderheit an die Stelle des unbedingten Ganzen zu setzen, und seine falschen Griffe, unter Vorwand einer unbezwinglichen Originalität und Selbstständigkeit, zu beschönigen. Das lassen wir aber nicht gelten, sondern hüten unsere Schüler vor allen Mißtritten, wodurch ein großer Teil des Lebens, ja manchmal das ganze Leben verwirrt und zerpflückt wird. (FA I 10, S. 522)

Wilhelm selbst scheint nun – entgegen seiner Auffassung in den *Lehrjahren* – im Rückblick auf seine Theatererfahrungen geneigt, mehr auf erzieherische Steuerung statt auf freie Entfaltung des Individuums zu setzen. Denn er begrüßt, dass das Theater aus der Provinz verbannt ist: „Wilhelm sah mit einem tiefen Seufzer vor sich nieder, denn alles auf einmal vergegenwärtigte sich ihm was er auf und an den Brettern genossen und gelitten hatte; er segnete die frommen Männer, welche ihren Zöglingen solche Pein zu ersparen gewußt, und aus Überzeugung und Grundsatz jene Gefahren aus ihrem Kreise gebannt." (FA I 10, S. 529 f.) Individualität erscheint aus dieser späteren Perspektive als eher defizitär, als Begrenzung und Beschränkung des erstrebten Weltbezugs.

Bei Wilhelms zweitem Besuch in der Provinz kommt es beim „Bergfest"
zu einem Disput um Fragen der Erdentstehung, die traditionell mit der
Schöpfungslehre beantwortet wurden. In dieser Tradition fühlte sich Wilhelm bislang fest verwurzelt, wie aus seiner verstörten Reaktion auf die sich
entspinnende wissenschaftliche Kontroverse hervorgeht:

> Ganz verwirrt und verdüstert ward es unserm Freund zu Mute, welcher
> noch von Alters her den Geist, der über den Wassern schwebte, und die
> hohe Flut, welche funfzehn Ellen über den höchsten Gebirgen gestanden,
> im stillen Sinne hegte, und dem unter diesen seltsamen Reden die so wohl
> geordnete, bewachsene, belebte Welt vor seiner Einbildungskraft chaotisch
> zusammenzustürzen schien. (FA I 10, S. 534 f.)

In metonymischer Verschiebung ist es natürlich weniger die Welt als sein
Weltbild, das vom Zusammenbruch bedroht ist, ganz wie bei Goethes Schilderung der Folgen des Erdbebens von Lissabon in *Dichtung und Wahrheit*. Die
Stelle zeigt geradezu musterhaft die Folgen der Auflösung traditioneller religiöser Gewissheiten, nämlich einerseits in eher geistigem Sinn durch die Zerstörung des überkommenen Weltbildes, andererseits potenziell handgreiflich
im Streit und in der Unfähigkeit zur Verständigung zwischen den konkurrierenden Parteien. Fünf Positionen werden kurz referiert: Zunächst jene, die
„unsere Erdgestaltung aus einer nach und nach sich senkend abnehmenden
Wasserbedeckung herleiten" (FA I 10, S. 533). Es handelt sich um die in der
zeitgenössischen Wissenschaft so genannten Neptunisten, für deren Lehre
Goethe große Sympathien hegte. „Andere heftiger dagegen ließen erst glühen
und schmelzen, auch durchaus ein Feuer obwalten, das […], zuletzt in's
Tiefste zurückgezogen, sich noch immer durch die ungestüm sowohl im Meer
als auf der Erde wütenden Vulkane betätigte" (ebd.) – die in der zeitgenössischen Naturwissenschaft überwiegend anerkannte Lehre der Vulkanisten. Sie
wird durch eine dritte Partei modifiziert, die behauptet, „mächtige in dem
Schoß der Erde schon völlig fertig gewordene Gebilde seien, mittelst unwider-
stehlich elastischer Gewalten, durch die Erdrinde hindurch in die Höhe getrieben und zugleich in diesem Tumulte manche Teile derselben weit über
Nachbarschaft und Ferne umher gestreut und zersplittert worden" (FA I 10,
S. 533 f.). Eine vierte Gruppe will „größere und kleinere Gebirgsstrecken
aus der Atmosphäre herunterfallen und weite breite Landschaften durch sie
bedeckt" sehen, plädiert also für die Annahme von Meteoriteneinschlägen,
die sogenannte aerolithische Theorie. Schließlich entwickeln „zwei oder drei

stille Gäste" die Theorie einer mitteleuropäischen Eiszeit, die im zeitgenössischen Kontext der Entstehung des Romans völlig neuartig war, so dass denn auch diese „guten Leute [...] mit ihrer etwas kühlen Betrachtung nicht durchdringen" konnten: „Man hielt es ungleich naturgemäßer die Erschaffung einer Welt mit kolossalem Krachen und Heben, mit wildem Toben und feurigem Schleudern vorgehen zu lassen. Da nun übrigens die Glut des Weines stark mit einwirkte, so hätte das herrliche Fest beinahe mit tödlichen Händeln abgeschlossen." (FA I 10, S. 534)

Zwei der fünf Positionen scheinen von vornherein chancenlos: die neptunistische und die glaziologische, weil sie von einer eher allmählichen, kontinuierlichen Entwicklung ausgehen und ohne die Theorie plötzlicher, gewaltsamer Veränderung oder globaler, gar kosmischer Katastrophen auskommen. Ironischerweise handelt es sich dabei um jene Positionen, für die Goethe selbst Sympathie empfand. Mit der zeitgenössisch auf völlig verlorenem Posten stehenden Eiszeittheorie hat indes die spätere wissenschaftliche Entwicklung Goethe Recht gegeben.[3]

Wie schon bei den *Wahlverwandtschaften* erweist sich der Roman bei Goethe als Medium der aktuellen wissenschaftlichen Debatte. Dies gilt auch für die nun virulente Frage, wie mit dem Meinungsstreit umgegangen werden soll. Wilhelm erwartet von Montan als dem geologischen Experten die Beilegung des Streits und die Lösung des Problems. Doch vergebens, wie dieser, von Wilhelm zur Rede gestellt, resigniert bekennen muss:

> Du tadelst mich, daß ich einem jeden in seiner Meinung nachhalf, wie sich denn für alles noch immer ein ferneres Argument auffinden läßt; ich vermehrte die Verwirrung dadurch, das ist wahr, eigentlich aber kann ich es mit diesem Geschlecht nicht mehr ernstlich nehmen. Ich habe mich durchaus überzeugt, das Liebste, und das sind doch unsre Überzeugungen, muß jeder im tiefsten Ernst bei sich selbst bewahren, jeder weiß nur für sich was er weiß und das muß er geheim halten; wie er es ausspricht, sogleich ist der Widerspruch rege, und wie er sich in Streit einläßt, kommt er in sich selbst aus dem Gleichgewicht und sein Bestes wird, wo nicht vernichtet, doch gestört. (FA I 10, S. 535)

Diese Überlegungen münden in Montans Maxime: „wenn man einmal weiß, worauf alles ankommt, hört man auf gesprächig zu sein." (ebd.) Das

---

[3] Vgl. Peter Sachtleben: Hat Goethe die Eiszeit entdeckt? In: Goethe-Jahrbuch 111 (1994), S. 299–302.

Scheitern moderner ‚Expertenkultur' wird vorweggenommen. Über Fragen, die früher durch die Religion entschieden worden waren und die sich nun durch die menschliche Vernunft und Wissenschaft (noch) nicht entscheiden lassen, soll geschwiegen werden. Sie sollen zwar Gegenstand persönlicher Überzeugung sein, im sozialen und kulturellen Raum aber auf sich beruhen. Das ‚Rezept' gegen politischen Streit hatte in den *Unterhaltungen deutscher Ausgewanderten* ganz ähnlich gelautet. Die Möglichkeit einer Diskussions- oder Streitkultur wird bei Goethe abschlägig beschieden.

Am Ende des zweiten Buchs, bevor es mit der Aphorismensammlung *Betrachtungen im Sinne der Wanderer* abgeschlossen wird, wird in Briefen Wilhelms an Natalie eine in den *Lehrjahren* unbekannte Episode aus seiner Jugend nachgeholt, eine homoerotisch grundierte Freundschaft mit einem Fischerknaben. Als dieser nach einem gemeinsamen Bad dem Fluss entstieg, „glaubt' ich meine Augen von einer dreifachen Sonne geblendet, so schön war die menschliche Gestalt von der ich nie einen Begriff gehabt" (FA I 10, S. 545). Wenig später jedoch ertrinkt dieser Junge gemeinsam mit Kameraden beim Krebsefangen, bevor Wilhelm ihn zum verabredeten Wiedersehen treffen kann. Die dilettantischen Wiederbelebungsversuche am unversehrt scheinenden Körper scheitern. Aufgrund der Wiedererinnerung an diese traumatische Erfahrung beschließt Wilhelm, Wundarzt zu werden, denn es wird die Anschauung vertreten, durch die Wiederbelebungsversuche habe man die Jungen „gewissermaßen erst ermordet; ferner hielt man dafür, daß durch einen Aderlaß vielleicht ihnen allen wäre zu helfen gewesen" (FA I 10, S. 552). Eine eigentümliche Auffassung: Die unversehrt aussehenden Kinder seien zu Tode gebracht worden, indem man ihnen ‚zu viel' an Leben zuführte. Das ertragen sie nicht, das geht über Menschenmaß, so wie Wilhelm den Anblick des Sternenhimmels nicht ertragen hatte. Die Körper hätten geöffnet werden müssen, um mittels des Aderlasses das ‚überschüssige' Leben aus den Körpern zu entfernen. Zu viel Leben bedeutet zu viel jugendliche Leidenschaft. Doch erreicht werden muss die mittlere Temperatur, die in allen Bereichen die dem Menschen einzig gemäße ist. Dieses Neben- und Ineinander von modernen, ja zukunftsweisenden wissenschaftlichen Theorien (wie in der Frage der Eiszeit) und überholten Anschauungen ist charakteristisch für Goethes Naturwissenschaft.

In den *Wanderjahren* kommt noch die besondere Pointe hinzu, dass die veraltete wissenschaftliche Anschauung in ästhetischer Hinsicht geradezu avantgardistisch ausgelegt wird. Im Schlusskapitel wird das Aderlassen nämlich noch einmal aufgegriffen. Wilhelm fährt im Kahn, ein Jüngling sprengt auf dem Pferd heran, stürzt ins Wasser und wird „[e]ntseelt scheinend" an Land gebracht. „Wilhelm griff sogleich nach der Lanzette, die Ader des Arms zu öffnen, das Blut sprang reichlich hervor und mit der schlängelnd anspielenden Welle vermischt folgte es gekreiselt dem Strome nach. Das Leben kehrte wieder." (FA I 10, S. 744) Sie erkennen sich – es ist Felix. Wilhelm hat als Wundarzt seinem Sohn das Leben gerettet. Die Verletzung des Körpers rettet das Leben, was beim Fischerknaben versäumt worden war. Der Leib wird geöffnet, damit Leidenschaften austreten können, der abgeschlossene individuelle Lebensstrom sich mit dem allgemeinen verbindet und in ihn mündet, wie hier das Blut in den Strom fließt.

Wilhelm findet also am Ende der *Wanderjahre* endlich seine berufliche Bestimmung. Eine kontinuierliche Individualitätsentfaltung findet dennoch nicht statt, und demzufolge musste eine neue Romanform entwickelt werden, die dieser Diskontinuität Rechnung trägt. Nach der den *Wanderjahren* eingeschriebenen Individualitätsideologie handelt es sich dabei um eine Art Mischung zwischen ‚männlich' und ‚weiblich' konnotierter Romanform, da die handlungsorientierte Zielstrebigkeit des Erzählens, die Vertikaltendenz, vielfach spiralig aufgebrochen ist. Mit Wilhelms Ausübung seines Wundarztberufs an seinem Sohn Felix und dessen dadurch erfolgter Rettung kommt der Roman zwar zu einem Schluss, da von einer weiteren Entwicklung des Individuums fürs Erste nicht mehr berichtet werden kann. Aber er kommt keineswegs zum Zielpunkt einer Teleologie, wie die anschließenden Aphorismen *Aus Makariens Archiv*, das angehängte Gedicht *Im ernsten Beinhaus* (auch hier findet sich das Motiv der Belebung des Toten) und die abschließende Bemerkung „Ist fortzusetzen" (FA I 10, S. 774) zeigen – selbst wenn sich die Bemerkung nur auf das Gedicht und nicht auf den Roman beziehen sollte. Nur die Erzählung selbst bildet die zunehmend losere Klammer, die die diskontinuierlichen Episoden mit der Fiktion einer Kompilation aus unterschiedlichsten Quellen und Archiven an das Individuum Wilhelm zurückbindet. Von der Entfaltung eines ‚Dämons' kann zuletzt keine Rede mehr sein. Der vermeintliche Wesenskern des Individuums erweist sich in seiner männlichen Form als leer. Nur und gerade durch formale Verletzungen kann aber auch die Erzählung zu neuem Leben erweckt werden. Der geschlossene Bildungsroman ist eine schöne Leiche wie der nicht zur Ader gelassene Körper. Die *Wanderjahre* sind vom lebensgeschichtlichen Problemgehalt und vom Niveau der zu dessen Gestaltung eingesetzten narrativen Mittel her Goethes modernster und kunstvollster Roman. Die Schlussbemerkung „Ist fortzusetzen" wurde im Grunde erst mit dem Roman der Klassischen Moderne am Beginn des 20. Jahrhunderts ernst genommen.

„Ein großer Aufwand …"

Was in den bisherigen Kapiteln dieses Buchs über Goethes Lebensentwürfe, über seine Entwürfe des Lebens in der Moderne, geschrieben wurde, ließe sich anhand des *Faust* noch einmal durchführen. Faust ist alles andere als ein vorbildliches, aber gerade in seiner Fragwürdigkeit *das* repräsentative moderne Individuum.[4] Dessen Problemgeschichte verfolgte Goethe sein ganzes Leben, so wie er sein ganzes Leben für die Arbeit an *Faust* verwandte. Die erste Arbeitsphase liegt in seiner Frankfurter Zeit vor der Übersiedelung nach Weimar. Aus diesem Textbestand fertigte das Weimarer Hoffräulein Louise von Göchhausen eine Abschrift, die der Germanist Erich Schmidt 1886 in ihrem Nachlass entdeckte und *Urfaust* nannte. Eine zweite Arbeitsphase fällt in die 1780er Jahre, beginnend in Rom, und führt zur Publikation von *Faust. Ein Fragment* 1790. Von 1797 bis 1806 wird *Faust. Der Tragödie Erster Teil* abgeschlossen und 1808 veröffentlicht. Kaum ein Interpret traut sich angesichts der jahrzehntelangen Entstehungsgeschichte noch – erst recht dann im Hinblick auf den zweiten Teil –, von einer Einheit des Dramas zu sprechen. Es scheint ein „Ragout" (FA I 7/1, S. 17) entstanden zu sein, wie es der Theaterdirektor im *Vorspiel auf dem Theater* wünschte, der Dichter aber nach seinen ästhetischen Maßstäben zurückwies. In Analogie zu *Wilhelm Meister* wäre indes diese scheinbare Zerstückelung dasjenige, was dem Drama seine Klassizität im Sinn des produktiven Weiterlebens gesichert hätte: Der ‚klassische', unversehrte Text ist der tote, der ‚verletzte' der lebendige. Aus dieser Umwertung der vermeintlichen kompositionellen Brüche lässt sich zugleich ein grundsätzlich anderer Blick auf die zahlreichen Deutungsprobleme vor allem des zweiten Teils werfen. Es wurde, zum Beispiel was den Ausgang der Wette und überhaupt Fausts Ende anbelangt, viel weltanschauliche Deutungsenergie investiert, um die Widersprüche und Brüche der Textoberfläche als bloß vermeintliche durch Einziehen tie-

---

[4] Vgl. zu diesem Zugriff auf *Faust* Karl Eibl: Das monumentale Ich. Wege zu Goethes *Faust*. Frankfurt a. M. u. a. 2000.

ferer Ebenen und Symbolstrukturen zu ,heilen'. Um im Vergleich von Text
und Körper zu bleiben, tut eine solche ideologische Heilung dem Text Gewalt an und verletzt seine fragile Struktur. Im Unterschied zu Religion, Philosophie, Politik, Wirtschaft, Naturwissenschaft etc. ist die Literatur auf
dem Reflexionsniveau des *Faust* dadurch qualifiziert, dass die Probleme der
Moderne in ihrer ganzen Komplexität offengehalten und damit zu weiterer
kultureller Bearbeitung tradiert werden. Das geht nur um den Preis dessen,
dass man sich von der als ,klassisch' verstandenen Norm eines pseudo-orga-
nischen, geschlossenen und vollendeten Kunstwerks verabschiedet.

Dem Drama vorangestellt sind drei expositorische Texte zum ersten Teil.
Schon dieser Aufwand ist bezeichnend. Am Anfang steht die *Zueignung* als
Reflexion des Dichters über das Fremdwerden seines eigenen Textes, der aus
dem ursprünglichen Entstehungskontext gelöst ist. Der Autor wird zum Leser seiner selbst. Die Situation, sich nach vielen Jahren einem früheren Projekt wieder zuzuwenden, wird auf die Frage zugespitzt, ob der Autor denn
noch der gleiche sei. Eine solche Kontinuität der Subjektentwicklung kann
auch hier nicht vorausgesetzt werden. „Fühl' ich mein Herz noch jenem
Wahn geneigt?" (FA I 7/1, S. 11) Auch das Publikum, für das der Text ursprünglich geschrieben wurde, existiert nicht mehr, die Resonanz fehlt. Der
Adressatenbezug der poetischen Rede hat sich gelockert, das Verhältnis von
Autor und Publikum hat sich anonymisiert; der Dichter fürchtet Missverständnis und Beifall von falscher Seite:

> Sie hören nicht die folgenden Gesänge,
> Die Seelen, denen ich die ersten sang;
> Zerstoben ist das freundliche Gedränge,
> Verklungen ach! der erste Widerklang.
> Mein Lied ertönt der unbekannten Menge,
> Ihr Beifall selbst macht meinem Herzen bang,
> Und was sich sonst an meinem Lied erfreuet,
> Wenn es noch lebt, irrt in der Welt zerstreuet. (ebd.)

Nach dem *Vorspiel auf dem Theater* dient der *Prolog im Himmel* im Wesentlichen dazu, den Blick auf die Erde zu lenken: „Der Himmel schließt, die
Erzengel verteilen sich." (FA I 7/1, S. 28) Das ist durchaus programmatisch
zu verstehen, denn es kommt auf die irdische Existenz Fausts als exempla-
rischen Fall moderner Individualität an.

Diese irdische Perspektive wird in Fausts Eingangsmonolog deutlich
herausgestellt. Sein Drang nach Erkenntnis dessen, „was die Welt / Im In-

nersten zusammenhält" (FA I 7/1, S. 34), ist ein Drang nach einer immanenten Sinngebung und korrespondiert mit der Suche nach einem essentiellen Individualitätskern. Wenn der Wesenskern der Welt gefunden würde, wäre aufgrund des Axioms der Entsprechung von Innen und Außen, Mikrokosmos und Makrokosmos auch die Suche nach einem Wesenskern des Individuums nicht mehr aussichtslos. Hier wird also der umgekehrte Weg eingeschlagen: Während der Roman und die Autobiographie den Weg über das Individuum nehmen, nimmt *Faust* den Weg über die Welt, zunächst über die Magie als Versuch, des Kerns habhaft zu werden. Es geht um die Verankerung der Existenz im Notwendigen. Würde sich dem Menschen der Sinn der Welt im Inneren der Natur erschließen, so wäre er nicht mehr auf eine transzendente Sinnsuche angewiesen und das im *Prolog* mit der Schöpfung verknüpfte Theodizee-Problem hätte sich erledigt. Sowohl die Schau des Makrokosmos-Zeichens im Buch des Nostradamus als auch die Beschwörung des Erdgeistes dienen dem Versuch einer weltimmanenten Sinngebung, die zugleich eine Letztbegründung geben würde – eine Quadratur des Kreises, die scheitern muss. Im Zeichen des Makrokosmos sieht Faust „[d]ie wirkende Natur vor meiner Seele liegen" (FA I 7/1, S. 35) – „Wie alles sich zum Ganzen webt, / Eins in dem andern wirkt und lebt!" –, doch es ist „ein Schauspiel nur!" (FA I 7/1, S. 36). Die Ganzheitserfahrung bleibt ästhetisch, und das reicht Faust (zu seinem Unglück) nicht. Der Erdgeist scheint ihm zunächst näher, doch als er erscheint, ruft Faust aus: „Weh! ich ertrag' dich nicht!" (FA I 7/1, S. 37) Der Erdgeist urteilt: „Du gleichst dem Geist den du begreifst, / Nicht mir!" (FA I 7/1, S. 38) Da Fausts Individualität defizitär ist, vermag er auch das Wesen der Welt nicht zu erfassen. Hier zeigt sich Goethes erkenntnistheoretisches Grundaxiom der Korrespondenz zwischen Erkennendem und Erkanntem, das sich auch in der Negation bewährt. Zu einer Positivierung der Unbegreiflichkeit der Existenz oder eben zu einer ästhetischen Lösung scheint Faust nicht in der Lage. Was also tun? Er ist das exemplarische moderne, freigesetzte Individuum, das sich auf die Suche nach der Bestimmung des Menschen machen muss. Faust ist jedoch ein ganz und gar nicht exzeptioneller, sondern in jeder Hinsicht durchschnittlicher Mensch. Oder er ist nur dadurch als Figur exzeptionell, dass an ihm schlechthin alle Möglichkeiten der Sinngebung und Identitätsfindung durchexerziert werden. Reale Individuen (auch Goethe selbst) werden immer nur ein mehr oder weniger schmales Spektrum dieser Versuche durchführen können, entweder Universität oder Hexenküche, nicht beides. Oder wenn beides, dann nicht auch noch den dritten, vierten und fünften Versuch.

Nach dem Scheitern der Totalitätskorrespondenz mit dem Erdgeist wird Faust auf sich selbst zurückgeworfen, und zwar zunächst durch den Famulus Wagner, der ihm die Beschränktheit seiner Existenz in der mittelalterlichen Studierstube vor Augen führt. Die Szenen kontrastieren hier einmal mehr nach dem Goethe'schen Strukturgesetz von Systole und Diastole, Zusammenziehung und Ausdehnung. Auf die Begrenzung folgt daher unmittelbar wieder der Umschlag in die Entgrenzung, die nun die letzte, finale Entgrenzung wäre: der Tod. Durch den Glockenklang und die Chorgesänge des Ostermorgens wird Faust im letzten Moment von seinem Suizidversuch abgehalten. Es ist jedoch nicht der christliche Glaube, der ihn von seinem Vorhaben abbringt – „Die Botschaft hör' ich wohl, allein mir fehlt der Glaube" (FA I 7/1, S. 45) –, sondern die sentimentale Erinnerung daran, was Ostern ihm einmal, in der Jugend, bedeutete: „Und unter tausend heißen Tränen / Fühlt' ich mir eine Welt entstehn." (FA I 7/1, S. 46) Ostern steht für Jugend, hier also für Fausts ersehnte zweite Jugend, eine Wiedergeburt im Sinn der Wiederherstellung eines produktiven Weltverhältnisses. Damit ist bereits eine wichtige Vorausdeutung darauf gegeben, was im Verlauf des Dramas eintreten wird: eine Verjüngung.

Beim Osterspaziergang versucht Faust die Gemeinschaft mit dem Volk zu suchen. Ein bewusstloses Aufgehen in der Natur ist ihm jedoch nicht gegeben wegen der berühmten „zwei Seelen" in seiner Brust, die sich trennen möchten. Eine strebt zur Erde, zur Natur, zur Sinnenlust, eine nach oben, zum Göttlichen und dem Geist. „O gibt es Geister in der Luft, / Die zwischen Erd' und Himmel herrschend weben, / So steiget nieder aus dem goldnen Duft / Und führt mich weg, zu neuem buntem Leben!" (FA I 7/1, S. 57) Zwischen Erde und Himmel wäre die Sphäre, die ihm gebührte, wie den Ballonfahrern. Statt aber zu schweben, muss er auf- und niederpendeln.

Nach dem Spaziergang möchte Faust den Anfang des Johannes-Evangeliums übersetzen. Nacheinander übersetzt er ‚logos' mit ‚Wort', ‚Sinn', ‚Kraft' und ‚Tat'. Es ist keineswegs so, als scheitere die Bibelübersetzung, aber eine unmittelbare und eindeutige Rede Gottes zu den Menschen findet nicht mehr statt. Und wenn es sie gäbe, wäre der Mensch ihr mutmaßlich nicht gewachsen. Sie ist nur vieldeutig zu haben. Der Mensch muss die Übersetzungsleistung des Göttlichen ins Irdische selbst vollbringen, die Aufgabe der Bedeutungserzeugung wird ihm nicht abgenommen – und vor allem: Eindeutigkeit der Zeichen gibt es nicht. Dies gilt es nicht einfach als Ungewissheit auszuhalten, sondern zugleich als Bereicherung zu empfinden.

In der zweiten Studierzimmerszene erfolgen Pakt und Wette zwischen Faust und Mephisto. Um die subjektiven Voraussetzungen zu schaffen, ist noch einmal ein Verzweiflungsausbruch Fausts notwendig, in dem er buchstäblich alles verflucht. Der Geister-Chor klagt denn auch: „Weh! weh! / Du hast sie zerstört, / Die schöne Welt, / Mit mächtiger Faust" (FA I 7/1, S. 73). Nach dem Gesetz der Korrespondenz der Sphären erfolgen Weltenschöpfung und -zerstörung jeweils im Inneren, so dass sich die Aufforderung anschließen kann: „Baue sie wieder, / In deinem Busen baue sie auf! / Neuen Lebenslauf / Beginne" (FA I 7/1, S. 74). Dies ist die zentrale Aufgabe für das moderne Individuum: immer wieder einen neuen Lebenslauf zu beginnen. Nach dem Bisherigen kann man schon vermuten, dass es nicht der letzte sein wird. Mephisto bezeichnet die Geister, die diesen Rat geben, als die Seinen – ein deutlicher Hinweis auf die produktive Kraft des Teuflischen. Bei diesem neuen Leben will der Teufel helfen. Faust will sich gezielt in den betäubenden Taumel des Sinnengenusses stürzen, das ist alles, was er sich vom Teufel erhofft: Ablenkung, Zerstreuung, je massiver, desto besser. Schließlich lässt er sich aber doch zur Wette herausfordern. Fausts neuer Lebenslauf beginnt auf Mephistos Mantel:

> Wir breiten nur den Mantel aus,
> Der soll uns durch die Lüfte tragen. […]
> Ein bißchen Feuerluft, die ich bereiten werde,
> Hebt uns behend von dieser Erde.
> Und sind wir leicht, so geht es schnell hinauf;
> Ich gratuliere dir zum neuen Lebenslauf. (FA I 7/1, S. 88)

Mephisto nimmt hier den Mund ziemlich voll: Auf seinem Mantel soll man wie die Ballonfahrer durch die mittlere Luftschicht reisen können. Das ist fürs Erste gar nicht so schlecht, und das war ja auch das, was Faust sich beim Osterspaziergang gewünscht hatte, aber es geht dann gleich wieder hinunter, und zwar im Wortsinn in den Keller: in Auerbachs Keller. Es geht in die Niederungen der Zerstreuung. Die nächste Station ist die Hexenküche, in der die Verjüngung stattfindet. In einem Zauberspiegel sieht Faust „[d]as schönste Bild von einem Weibe!" (FA I 7/1, S. 105). Es ist Helena, die im Spiegel erscheint, die schönste Frau der Welt. Diese absolute Schönheit wirkt hier noch dysfunktional und als Vorausdeutung, die erst im zweiten Teil eingelöst wird. Bei Gretchen, die Faust danach kennenlernt, ist gerade wichtig, dass sie nicht vollkommen schön ist, denn bei der enthusiastischen Liebe geht es ja nie um die Partnerin, sondern um das Selbstgefühl. Dies stellt Mephisto denn auch klar. Faust bekommt den Verjüngungstrank, möchte noch einmal in den Spiegel blicken, doch Mephisto lenkt ab: „Du siehst, mit diesem Trank im Leibe, / Bald Helenen in jedem Weibe." (FA I 7/1, S. 111)

Und genau dies tritt in der nächsten Szene, „Straße", ein. Es läuft anhand des erstbesten Mädchens, dem Faust begegnet, jenes Verhaltensprogramm ab, das bei Goethe sattsam bekannt ist und das im *Werther*, in *Clavigo* und *Stella* mit dem Problem der Unbeständigkeit des männlichen Charakters verknüpft war. Faust benutzt Gretchen zur Realisierung des Sinngebungsprogramms der Entgrenzung und Ganzheitskorrespondenz in der Liebe. Dadurch wird ihr Zimmer für ihn zum „Heiligtum": „Die Hütte wird durch dich ein Himmelreich." (FA I 7/1, S. 115 f.)

Gretchen verliebt sich ernstlich in ihn:

> Wo ich ihn nicht hab'
> Ist mir das Grab,
> Die ganze Welt
> Ist mir vergällt. (FA I 7/1, S. 146)

Goethes frühe Frauenfiguren hatten ihren Weltbezug generell nur und ganz über den geliebten Mann gewinnen können. Gretchen ist von repräsentativer Durchschnittlichkeit, was in der nächsten Gartenszene auch anhand ihrer Religiosität ausgedrückt wird. Auf ihre sprichwörtliche ‚Gretchenfrage': „Nun sag', wie hast du's mit der Religion?" (FA I 7/1, S. 148), und noch einmal: „So glaubst du nicht?" (FA I 7/1, S. 149), entgegnet er schließlich:

> Erfüll' davon dein Herz, so groß es ist,
> Und wenn du ganz in dem Gefühle selig bist,
> Nenn' es dann wie du willst,
> Nenn's Glück! Herz! Liebe! Gott!
> Ich habe keinen Namen
> Dafür! Gefühl ist alles;
> Name ist Schall und Rauch,
> Umnebelnd Himmelsglut. (ebd.)

Diese viel zitierten Verse werden landläufig kaum richtig verstanden. Faust hat angeblich keinen Namen dafür und nennt doch gleich vier: Glück, Herz, Liebe, Gott. Das aber sind keine Namen in dem Sinn, dass damit eine bestimmte Wesenheit eindeutig bezeichnet wäre. Es ist wieder wie bei der Bibelübersetzung: Die Zeichen sind kontingent, jede der synonymisch gedachten Bezeichnungen ist gleichermaßen wahr und falsch. Sprachtheoretisch ist diese Reihe so zu verstehen wie die Reihen der großen Genies und Propheten im Frühwerk Goethes. „Gefühl ist alles" meint nicht, wie man leicht glauben könnte, eine sprachlose Gefühlsreligion. Man muss vielmehr paraphrasieren: Auf das Gefühl kommt alles an. Dieses Gefühl muss aber mit einem Namen bezeichnet werden, um überhaupt zur Erscheinung zu kommen und kommunizierbar zu sein. Dann wird das Gefühl „Schall und Rauch"; gerade nicht bedeutungslos, sondern: Schall, denn es ertönt, es kommt zur Sprache, erklingt; und Rauch: es wird sichtbar. Der Rauch steht nach Goethes Farbenlehre in der Kategorie des Trüben der Atmosphäre, dem Medium, an dem die Farben beim Durchgang des Lichts erst zur Erscheinung kommen. Das Absolute wird nur auf diesem Weg den menschlichen Sinnen zugänglich.

Nach diesen Höhen der Sprachtheorie geht es hinunter in die Niederungen der Kleinbürgerkriminalität. Gretchens Mutter wird ermordet, damit Faust eine ungestörte Liebesnacht mit Gretchen verbringen kann, ihr Bruder Valentin, der ihre Ehre retten will, wird im Duell getötet, schließlich tötet Gretchen ihr Kind. Auf Kindsmord stand die Todesstrafe. Fast immer erwähnt wird in diesem Zusammenhang der Fall der Susanna Margarethe Brandt, der Goethe in Frankfurt bekannt geworden war. Kontroverser in der Beurteilung ist indes der Fall der Dienstmagd Johanna Catharina Höhn, die 1783 in Weimar hingerichtet wurde und bei der Goethe als Mitglied des Geheimen Consiliums das Todesurteil möglicherweise hätte aufheben können. Der Hinrichtung hat er nicht beigewohnt. Dies führt natürlich immer wieder zu moralischer Empörung gegen Goethe. Die andere Extremposition nehmen einige Goethe-Forscher ein, die in der Vollstreckung des Todesurteils einen Akt der Menschlichkeit sehen wollen. Denn die Alternative bei einer ,Begnadigung' hätte in gesellschaftlicher Ächtung und öffentlicher Anprangerung, buchstäblich in der Verstoßung aus jeglicher menschlicher Gemeinschaft bestanden. Die Todesstrafe sei die ,humanere' Lösung gewesen.[5] In jedem Fall kann dieser tatsächliche oder vermeintliche Skandal, im

---

[5] Vgl. René Jacques Baerlocher: Anmerkungen zur Diskussion um Goethe, Todesstrafe und Kindsmord. In: Goethe-Jahrbuch 119 (2002), S. 207–217, sowie die sich anschließende Kontroverse zwischen Baerlocher und Rüdiger Scholz in: Goethe-Jahrbuch 120 (2003), S. 324–339, und schließlich: Günter Jerouschek: Skandal um Goethe? In: Goethe-Jahrbuch 121 (2004), S. 253–260.

Licht der Darstellung in *Faust* gesehen, zum Anlass dienen, über das Verhältnis von Leben und Literatur immer wieder nachzudenken.

Faust vergnügt sich derweil mit Mephisto in der Walpurgisnacht. Am Schluss erscheint ihm Gretchen mit einem roten Schnürchen um den Hals als Vorausdeutung, Zeichen ihrer bevorstehenden Enthauptung. Mephisto will abwiegeln: „Das ist die Zauberei, du leicht verführter Tor! / Denn jedem kommt sie wie sein Liebchen vor." (FA I 7/1, S. 179) Das heißt aber auch: Jeder Mann hat ein Mädchen auf dem Gewissen wie Faust, der also auch in dieser Hinsicht Repräsentant ist. Für das Publikum eine etwas unangenehmere Vorstellung, als sich im Gelehrten wiederzuerkennen.

Am Beginn des ersten Aktes von *Faust II* hat Faust die Ereignisse vergessen, er beginnt also wieder einen neuen Lebenslauf, konnte im Schlaf in der Beständigkeit der Erde vor der Unbeständigkeit seines Lebens Heilung finden. Die Szene „Anmutige Gegend" ist wieder eine Art Prolog, bevor es zur Fahrt in die Welt geht. Im zweiten Teil zeigt sich Faust darin als repräsentatives modernes Individuum, dass er weniger denn je als konsistentes Subjekt erscheint, sondern in unterschiedlichen Rollen agiert. Der 1. Akt, „Kaiserliche Pfalz", hat zwei Hauptthemen, die schließlich miteinander verklammert werden: die moderne Ökonomie mit der Erfindung des Papiergelds als betrügerischer Manipulation zur Abwendung des Staatsbankrotts sowie das Hofkünstlertum. Beides läuft simultan ab. Die „Mummenschanz" ist Höhepunkt und Abschluss von Goethes Hoftheaterdichtung, seiner Fest- und Maskenzüge, die einen wichtigen Bestandteil der Weimarer Adelskultur bildeten. Wer sich hinter welcher Maske verbirgt – Herold, Plutus (Faust), Wagenlenker –, ist nicht ohne Weiteres auszumachen. Am Kern der Persönlichkeit ist wenig, aber viel an den Masken gelegen. Auch Mephisto verwandelt sich ständig, mehr noch als im ersten Teil. Der Wagenlenkerknabe, der ein Viergespann lenkt, auf dem Plutus sitzt, kündigt sie als Allegorien an, die er wie folgt auflöst:

> Plutus, des Reichtums Gott genannt,
> Derselbe kommt in Prunk daher,
> Der hohe Kaiser wünscht ihn sehr. (FA I 7/1, S. 234)

Und sich selber stellt er vor:

> Bin die Verschwendung, bin die Poesie.
> Bin der Poet, der sich vollendet
> Wenn er sein eignst Gut verschwendet.

> Auch ich bin unermeßlich reich
> Und schätze mich dem Plutus gleich,
> Beleb' und schmück ihm Tanz und Schmaus
> Das was ihm fehlt das teil ich aus. (ebd.)

Die Poesie ist hier einerseits noch heteronom, der Ökonomie zugeordnet, eben Hofkünstlertum, andererseits geht sie in dieser Funktionalisierung aufgrund des un-, wenn nicht anti-ökonomischen Aspekts der Selbstverschwendung bereits nicht mehr auf. Die Autonomieästhetik kündet sich an. Plutus sagt zum Knaben zunächst noch: „bist Geist von meinem Geiste" (FA I 7/1, S. 235). „Ein wahres Wort verkünd ich allen: / Mein lieber Sohn an dir hab ich Gefallen." (FA I 7/1, S. 236) Als Protegé von Macht und Reichtum gelingen der Poesie indes nur banale Kunststückchen, und sie wird von Plutus dann auch in die Freiheit entlassen:

> Nun bist du los der allzulästigen Schwere,
> Bist frei und frank, nun frisch zu deiner Sphäre!
> Hier ist sie nicht! Verworren, scheckig, wild
> Umdrängt uns hier ein fratzenhaft Gebild.
> Nur wo du klar ins holde Klare schaust,
> Dir angehörst und dir allein vertraust,
> Dorthin wo Schönes Gutes nur gefällt,
> Zur Einsamkeit! – Da schaffe deine Welt. (FA I 7/1, S. 238)

Faust (falls er sich denn hinter der Maske des Plutus befindet) tritt hier etwas aus seiner Rolle und zeigt, dass er schon über sie hinausdrängt, dass die Welt von Wirtschaft und Politik ihn nicht halten wird. Damit kann keine Sinngebung im emphatischen Sinn verbunden sein, weil es sich um eine entfremdete, maskenhafte Rollenexistenz handelt. Beim Auftritt des großen Pan (hinterher wird der Schatzmeister sagen, das sei der Kaiser gewesen), als der Maskenzug orgiastisch wird, ist die Poesie nicht mehr dabei. Das Fest gerät außer Kontrolle, es brennt, Plutus/Faust muss mit Hilfe von Magie löschen. „Verzeihst du Herr das Flammengaukelspiel?" (FA I 7/1, S. 247), fragt Faust danach den Kaiser. Faust war also mit Mephistos Hilfe Inszenator des Spiels im Spiel. Inzwischen sind dank der Erfindung des Papiergeldes die Staatsschulden beglichen. Der Kaiser ist jedoch mit der Aufführung noch nicht zufrieden, nun will er Helena und Paris sehen. Mephisto sagt, er könne Helena nicht beschwören; auf die Welt der griechischen Antike, der klassischen Schönheit, hat der nordische, christliche Teufel keinen Zugriff. Doch dies ist nun die Herausforderung: die Beschwörung der absoluten Schönheit

als Sinngebungsinstanz. Mephisto schickt Faust zu den Müttern, von denen
er Helena losbitten müsse. Der Weg dorthin, so Mephisto, führe

> Ins Unbetretene,
> Nicht zu Betretende; ein Weg ans Unerbetene
> Nicht zu Erbittende. Bist du bereit? –
> Nicht Schlösser sind, nicht Riegel wegzuschieben,
> Von Einsamkeiten wirst umhergetrieben.
> Hast du Begriff von Öd' und Einsamkeit? [...]
> Nichts wirst du sehn in ewig leerer Ferne,
> Den Schritt nicht hören den du tust,
> Nichts Festes finden wo du ruhst. (FA I 7/1, S. 255 f.)

Mephisto schickt also Faust im Wortsinn ins Nichts. Was soll er da? Und
warum die tiefgründigsten weltanschaulichen Spekulationen, die sich daran
geknüpft haben, dass Mephisto das Nichts mit dem Namen „Mütter" belegt?[6] „Versinke denn! Ich könnt auch sagen: steige! / 'S ist einerlei." (FA
I 7/1, S. 257) Wo das Nichts ist, gibt es auch keine Richtung, keinen Raum
und keine Orientierung mehr. Das Nichts soll aber paradoxerweise doch be-
völkert sein: Im „allertiefsten Grund" sehe man die Mütter, und dann: „Gestaltung, Umgestaltung, / Des ewigen Sinnes ewige Unterhaltung, / Um-
schwebt von Bildern aller Kreatur." (ebd.) Das wäre im Goethe'schen Sinn
die unmittelbare, nicht durch Erscheinung gebrochene Schau des schöpferischen Weltgesetzes. Es geht mithin im wörtlichsten Sinn um alles oder
nichts: Was für Mephisto das Nichts ist, ist für Faust eine Gelegenheit zur
Auffindung des ‚All‘, des Erringens der Totalität. Nichts und All sind im
Tiefsten identisch. Es ist dann auch nur konsequent, dass man Faust nicht
bei den Müttern sieht, denn dort gibt es nichts zu sehen, das Geschehen
spielt sich nicht in der Erscheinung und also auch nicht auf der Bühne ab.
Bei der Schöpfung der Schönheit kann man nicht zusehen. Hier wird geradezu eine Art Bilderverbot für das Absolute aufgestellt. Damit ist aber auch
im Rückblick klar: Der Herr, der im Prolog im Himmel aufgetreten ist, war
ein bloßer Theatergott.

---

[6] Neuerdings wird unter Berufung auf neurobiologische und psychologische
Befunde für eine Anspielung auf „sensomotorische Erlebnisse der vorgeburtlichen
Zeit und ersten Lebensmonate des Menschen" plädiert. Um „wirkliche Menschen zu
zeugen", müsse man mit den Müttern verkehren, aber Helena ist ja gerade nicht
wirklich. Vgl. dazu Rainer M. Holm-Hadulla: Leidenschaft – Goethes Weg zur
Kreativität. Eine Psychobiographie. Göttingen 2008, S. 18 f.

Im Rittersaal wartet inzwischen die Hofgesellschaft auf die versprochene Erscheinung. Faust kommt tatsächlich und kann Paris und Helena im „Nebel" beschwören (FA I 7/1, S. 263). Man wird dabei an eine Laterna-magica-Projektion denken dürfen. Rauch ist also erforderlich, um das Absolute zur Erscheinung zu bringen – Fausts Argument für „Schall und Rauch" aus dem ersten Teil ist noch im Ohr. Nun will Faust Helena besitzen. Es kommt zur Katastrophe. Der Astrologe klagt: „Was tust du Fauste! Fauste! – Mit Gewalt / Faßt er sie an, schon trübt sich die Gestalt." „Explosion, Faust liegt am Boden. Die Geister gehen in Dunst auf." Der erste Akt endet in „Finsternis, Tumult" (FA I 7/1, S. 268). Besitzen lässt sich die absolute Schönheit nicht – sie ist nur im „farbigen Abglanz" (FA I 7/1, S. 206) zu sehen, wie Faust eigentlich noch aus der Eingangsszene hätte wissen können. Das Problem der Integration des Schönen ins Leben ist bei allem Gaukelspiel auch ein Problem des modernen Menschen. Ästhetisch zeigt sich hier die Aporie moderner autonomer Kunst, die durch die Freilassung des Knaben Lenker ermöglicht worden war. Diese Kunst ermöglicht die Darstellung des Absoluten, aber nicht die Verfügungsgewalt darüber. Was bleibt? Interesseloses Wohlgefallen, die ästhetische Lösung Kants? Resignation und Entsagung?

Vorerst ist auf beiden dargestellten Feldern der Modernisierung – Wirtschaft und Kunst – das Fazit zwiespältig: Der Staatsbankrott ist nur aufgeschoben – das Thema Krieg und Revolution kündigt sich an, und der Umgang mit der autonomen Kunst ist gescheitert. So wird im zweiten Akt noch einmal ganz von vorn begonnen: Nach dem Goethe'schen Strukturgesetz der Spirale kehrt das Drama an den Ausgangspunkt zurück in das hochgewölbte enge, gotische Zimmer, „ehemals Faustens", wie es in der Bühnenanweisung heißt, „unverändert" (FA I 7/1, S. 269). Während Faust noch ohnmächtig auf dem Bett liegt, wird in der nächsten Szene, der Laboratoriumsszene, „ein Mensch gemacht" (FA I 7/1, S. 278). Wagner klont. Gerade diese Szene hat denn in der aktualisierenden Goethe-Deutung seit einiger Zeit wieder große Konjunktur. Auch hier findet sich wieder die für Goethe charakteristische Verbindung von Zukunftsträchtigem und Überholtem: Es ist ein Laboratorium „im Sinne des Mittelalters", wie die Bühnenanweisung lautet, mit „weitläufige[n], unbehülfliche[n] Apparate[n], zu phantastischen Zwecken" (ebd.). Wagners Programm ist indes deutlich: „wie sonst das Zeugen Mode war / Erklären wir für eitel Possen." Was die Natur „sonst organisieren ließ", so Wagner, „[d]as lassen wir kristallisieren" (FA I 7/1, S. 279). Nach der neptunistischen Erdentstehungslehre ist der Granit durch Kristallisation aus dem Urozean entstanden. Nach diesem, einem wissenschaftlich überholten Muster wird die synthetische In-vitro-Zeugung eines Menschen erprobt. In den *Wahlverwandtschaften* lief bereits ein Zeugungsexperiment ab, das den Vorrang der geistigen Schöpfung vor der körperlichen Zeugung belegen sollte. Hier ist das Klonen nun eine reine Männerphantasie – eine Frau ist zur Zeugung zunächst nicht erforderlich. Es entsteht, wie bei Goethe nicht anders zu erwarten, aus dem Trüben, das sich klärt, ein „artig Männlein" in „zierlicher Gestalt", das in der Phiole eingeschlossen ist und Wagner mit „Väterchen" (FA I 7/1, S. 280) anspricht. Dass auch ein ‚artig Weiblein' hätte entstehen können, scheint angesichts des weiteren Schicksals des Geschöpfes ausgeschlossen. Da es ein Kunstgeschöpf ist, braucht es den geschlossenen Raum, denn selbst ‚richtige' Menschen sind ja bei Goethe auf die ihnen gemäße Sphäre angewiesen. Homunkulus steht die Individualisierung noch bevor. Er ist ein Wesen, das aus reiner Potenzialität besteht, vor jeder Aktualisierung.

Faust träumt offenbar noch von Helena, was Homunkulus sehen kann, Mephisto nicht. Damit er beim Erwachen im Studierzimmer nicht vor Schreck sterbe, müsse er in eine andere Umgebung versetzt werden, und zwar zur klassischen Walpurgisnacht. Mephisto, Faust (in Mephistos Mantel) und der schwebende, leuchtende Homunkulus fliegen also als Luftfahrer an den Peneios auf die Pharsalischen Felder. Mephisto bemäkelt als Erstes die Antike: „Zwar sind auch wir von Herzen unanständig, / Doch das Antike find' ich zu lebendig; / Das müßte man mit neustem Sinn bemeistern / Und mannigfaltig modisch überkleistern." (FA I 7/1, S. 287 f.) Das modische Überkleistern dieser lebendig-unanständigen Antike ergäbe den zeitgenössischen Klassizismus, den Goethe inzwischen in seinem Alterswerk hinter sich gelassen hat.

Faust sucht Helena. Seine ersten Worte nach dem Erwachen aus dem Koma sind: „Wo ist sie?" (FA I 7/1, S. 286) Er möchte, genau wie im ersten Akt, „sehnsüchtigster Gewalt, / Ins Leben ziehn die einzigste Gestalt" (FA I 7/1, S. 300). Während Faust eine Weile von der Bühne verschwindet, um Helena von Persephone aus der Unterwelt loszubitten (was ebenso wenig dargestellt wird wie der Gang zu den Müttern), bricht ein Erdbeben aus. Das Unterste kehrt nach oben, Seismos propagiert die vulkanistische Erdentstehungslehre mit der produktiven Kraft der Zerstörung. So viel schöpferische Produktivkraft möchte Homunkulus für sich nutzen. Er fragt Anaxagoras und Thales, die beiden vorsokratischen Naturphilosophen, um Rat, wie er entstehen könne. Thales, der die Lehre vom Wasser als Urelement vertritt, empfiehlt Homunkulus, zum Meerfest zu kommen, und führt ihn zu Proteus. Dieser nimmt Homunkulus mit ins Meer, wo alles Leben beginne, er solle die Schöpfungsleiter ersteigen und sich Stufe für Stufe emporarbeiten. „Nur strebe nicht nach höheren Orden, / Denn bist du erst ein Mensch geworden, / Dann ist es völlig aus mit dir." (FA I 7/1, S. 329) Homunkulus findet gewissermaßen eine Abkürzung. Galatee, die Tochter des Meergotts Nereus, nähert sich auf ihrem Muschelwagen. Homunkulus, „von Proteus verführt", wie Thales sagt, nähert sich dem Muschelwagen, „[a]ls wär' es von Pulsen der Liebe gerührt":

> Es sind die Symptome des herrischen Sehnens,
> Mir ahnet das Ächzen beängsteten Dröhnens;
> Er wird sich zerschellen am glänzenden Thron;
> Jetzt flammt es, nun blitzt es, ergießet sich schon. (FA I 7/1, S. 334)

Homunkulus zerschellt vor Liebe am Muschelwagen der Galatee. Er entsteht und vergeht zugleich: der Zusammenfall von Individuation und sexuell konnotierter rauschhafter Auflösung in die Elemente, mit deren Feier der zweite Akt endet. Homunkulus erreicht sein Ziel ohne Umweg über das irdische Leben. Damit hat er das erreicht, was für Faust der höchste Augenblick wäre, auf den er mit Mephisto gewettet hat.

Der dritte Akt, der Helena-Akt, ist der entstehungsgeschichtlich früheste von *Faust II*, ab 1800 begonnen. Unter dem Titel *Klassisch-romantische Phantasmagorie* wurde eine erste Fassung noch zu Goethes Lebzeiten, 1827, publiziert. Es geht um eine Vereinigung des Klassischen mit dem Romantischen. Bereits die Walpurgisnacht hat gezeigt, dass mit dem Klassischen zunächst neutral das Antike gemeint ist und nicht das, was man sich heute häufig unter Klassik vorstellt. Das Romantische ist, dem Wortgebrauch der Zeit entsprechend, das Mittelalterliche, im weiteren Sinn dann auch das Moderne. Dieser Opposition lagert sich diejenige von Süd und Nord an. Der dritte Akt ist die Inszenierung des Versuchs, aus der Vereinigung der Gegensätze eine neue Kunstform zu generieren, die Rezeption der Antike wirklich fruchtbar zu machen und gleichzeitig in der Figur Helenas die Schönheit auf Dauer zu stellen. „Bewundert viel und viel gescholten Helena" (FA I 7/1, S. 335), so eröffnet sie ihren Auftrittsmonolog, mit dem sie sich vorstellt und etwas Ordnung in ihren eigenen Mythos zu bringen versucht. Die Szene ist vor dem Palast des Menelas zu Sparta. Sie ist mit ihrem Gemahl von Troia zurückgekehrt und weiß nicht, was sie erwartet – möglicherweise der Opfertod, wie im Verlauf der Eingangsszene deutlich wird. Phorkyas tritt auf, Mephistos Maske in diesem Akt. Sie stellt sich vor als Schaffnerin, also Wirtschafterin und Haushälterin, und trifft Vorbereitungen, die darauf hindeuten, dass Helena geopfert werden soll. Sie verstrickt diese in eine Debatte über die unterschiedlichen Versionen ihres Mythos, die eine plurale Existenz nahelegen: „Doch sagt man, du erschienst ein doppelhaft Gebild, / In Ilios gesehen und in Ägypten auch." Darauf Helena: „Verwirre wüsten Sinnes Aberwitz nicht gar. / Selbst jetzo, welche ich denn sei, ich weiß es nicht." (FA I 7/1, S. 347) Die troianische oder die ägyptische Helena? Was eine Ironisierung des Mythos zu sein scheint, erweist sich unversehens als dessen entschlossene Modernisierung. Eine Figur des Mythos wie Helena hat dieselben Probleme wie ein modernes Individuum: die unterschiedlichen Versionen eines Mythos hier und die konkurrierenden Rollen des Individuums dort. Phorkyas-Mephisto wirft Helena nach einer wieder anderen Version des Mythos die Liebesvereinigung mit Achill vor. Helena verliert die Übersicht, weiß nicht mehr, in welcher Version sie lebt, was Wirklichkeit ist, was Traum und Fiktion, und wie sich beide überhaupt unterscheiden ließen:

> Ich als Idol, ihm dem Idol verband ich mich.
> Es war ein Traum, so sagen ja die Worte selbst.
> Ich schwinde hin und werde selbst mir ein Idol.
> *sinkt dem Halbchor in die Arme.* (ebd.)

Das ist der Preis des Ruhms, des Lebens im Mythos, in der Literatur. Helena entzieht sich ihm durch Weltflucht. Als sie wieder zu sich kommt, kündigen sich Menelas und seine Truppen an. Aus dieser gefährlichen Situation wird Helena samt ihrem Chor in den inneren Hof von Fausts Burg entführt, „umgeben von reichen phantastischen Gebäuden des Mittelalters" (FA I 7/1, S. 357). Räumlich wird also jetzt das Programm der Integration der Antike in die nordische Moderne erprobt. Im Zwiegespräch von Faust und Helena wird diese Vereinigung sprachlich inszeniert. Helena wundert sich über die Reimsprache, die sie nicht kennt:

> HELENA
> So sage denn, wie sprech' ich auch so schön?
> FAUST
> Das ist gar leicht, es muß vom Herzen gehn.
> Und wenn die Brust von Sehnsucht überfließt,
> Man sieht sich um und fragt –

HELENA
         Wer mit genießt.
FAUST
     Nun schaut der Geist nicht vorwärts nicht zurück,
     Die Gegenwart allein –
HELENA
         Ist unser Glück.
FAUST
     Schatz ist sie, Hochgewinn, Besitz und Pfand;
     Bestätigung wer gibt sie?
HELENA
         Meine Hand. (FA I 7/1, S. 365)

Helena lernt schnell. Der Chor kommentiert das etwas degoutiert, denn nicht nur die sprachliche Vereinigung vollzieht sich so schnell. Das eine zieht das andere nach sich. Aber schließlich sei dies das Los der Frauen im Krieg, so der Chor aus leidvoller Erfahrung:

     Wer verdächt' es unsrer Fürstin
     Gönnet sie dem Herrn der Burg
     Freundliches Erzeigen.
     Denn gesteht, sämtliche sind wir
     Ja Gefangene, wie schon öfter [...].
     Fraun, gewöhnt an Männerliebe,
     Wählerinnen sind sie nicht,
     Aber Kennerinnen.
     Und wie goldlockigen Hirten,
     Vielleicht schwarzborstigen Faunen,
     Wie es bringt die Gelegenheit,
     Über die schwellenden Glieder
     Vollerteilen sie gleiches Recht.

     Nah und näher sitzen sie schon
     Aneinander gelehnet,
     Schulter an Schulter, Knie an Knie,
     Hand in Hand wiegen sie sich
     Über des Throns
     Aufgepolsterter Herrlichkeit.
     Nicht versagt sich die Majestät
     Heimlicher Freuden
     Vor den Augen des Volkes
     Übermütiges Offenbarsein. (FA I 7/1, S. 365 f.)

Es folgt ein erfüller Dialog:

HELENA
  Ich fühle mich so fern und doch so nah,
  Und sage nur zu gern: da bin ich! da!
  [...]
FAUST
  Durchgrüble nicht das einzigste Geschick
  Dasein ist Pflicht und wärs ein Augenblick. (FA I 7/1, S. 366)

Der erfüllte, höchste Augenblick, um den im ersten Teil gewettet wurde, scheint nahe. Ganz konsistent ist es nicht, wenn Faust hier von der „Pflicht" des Daseins spricht. Das klingt eher nach der Erfüllung ehelicher Pflichten als nach höchster Liebeserfüllung. Und es steht der Konjunktiv, also eine doppelte Relativierung. Trotzdem ist Mephisto offenbar alarmiert. Phorkyas tritt „heftig" ein, wie die Bühneanweisung lautet. Es sei keine Zeit für die Liebe, Truppen bedrohen die Burg. Und schon läuft die Liebe ins bekannte Gleis, das Besitzdenken greift Platz: „Nur der verdient die Gunst der Frauen, / Der kräftigst sie zu schützen weiß." (FA I 7/1, S. 367) Der Chor bekräftigt: „Wer die Schönste für sich begehrt, / Tüchtig vor allen Dingen / Seh er nach Waffen weise sich um" (FA I 7/1, S. 368). Es ist keine gute Zeit für die Integration der Schönheit in das Leben, keine gute Zeit auch für Fausts Projekt der Vereinigung von Antike und Moderne. Ein letzter Lösungsversuch wird durch die Verwandlung des Schauplatzes unternommen (auf offener Bühne), was einer Flucht aus der Zeit gleichkommt. Schon deshalb ist die Möglichkeit des Gelingens von vornherein sehr skeptisch einzuschätzen, obwohl Faust zunächst frohlockt:

  So ist es mir, so ist es dir gelungen,
  Vergangenheit sei hinter uns getan;
  O fühle dich vom höchsten Gott entsprungen,
  Der ersten Welt gehörst du einzig an. [...]
  Arkadisch frei sei unser Glück! (FA I 7/1, S. 371)

Phorkyas tritt auf und berichtet, dass Faust und Helena inzwischen einen Sohn, Euphorion, haben. Es ertönt Musik, die den Rest der Arkadien-Szene bis zum Tod des Euphorion untermalt. Phorkyas gibt eine poetologische Anweisung für die folgende Inszenierung:

  Höret allerliebste Klänge,
  Macht euch schnell von Fabeln frei,
  Eurer Götter alt Gemenge
  Laßt es hin, es ist vorbei.

Niemand will euch mehr verstehen,
Fordern wir doch höhern Zoll:
Denn es muß von Herzen gehen,
Was auf Herzen wirken soll. (FA I 7/1, S. 375 f.)

Das ist an den Chor gerichtet und wendet sich gegen die Mythologie in der Dichtung, die nun durch eine musikalische Empfindungskunst abgelöst werden soll. Die Kleinfamilie Faust, Helena, Euphorion tritt auf. Ein neues Experiment: die Institution Ehe als Versuch, das Projekt der Integration der Schönheit in das Leben dauerhaft zu gestalten. Das Idyll scheint zunächst vollkommen, doch Euphorion strebt nach oben. Seit Eckermann bekannt gegeben hat, dass Euphorion eine Wiederverkörperung des Wagenlenkerknaben aus der „Mummenschanz" sei (vgl. FA II 12, S. 370), sieht man ihn als Allegorie der Poesie. Er will nach oben, Faust und Helena warnen ihn. Es droht die bekannte Gefahr, zu hoch in eine nicht mehr menschengemäße Sphäre aufzusteigen. Doch die Poesie gerät außer Rand und Band: Sie steigt immer höher und träumt vom Krieg – eine Auflösung der Allegorie in Bezug auf romantische Dichtung ist leicht herzustellen. Euphorion reimt: „Und der Tod / Ist Gebot, / Das versteht sich nun einmal." (FA I 7/1, S. 382) Sein Schicksal erscheint dem Sprachzwang, gar dem Reimzwang unterliegend. Ihn ereilt das Ikarus-Schicksal. „Ein schöner Jüngling stürzt zu der Eltern Füßen, man glaubt in dem Toten eine bekannte Gestalt zu erblicken; doch das Körperliche verschwindet sogleich, die Aureole steigt wie ein Komet zum Himmel auf, Kleid, Mantel und Lyra bleiben liegen." (FA I 7/1, S. 383) Wiederum war es Eckermann, der auf den von Goethe geschätzten englischen Romantiker Lord Byron und dessen Tod im griechischen Freiheitskrieg als Vorbild hinwies (vgl. FA II 12, S. 250 f.). Doch die Bühnenanweisung kann allgemeiner poetologisch gelesen werden als Kommentar des Drangs, Uneindeutigkeiten, rätselhafte Stellen zu vereindeutigen und allegorisch aufzulösen. Jede und jeder erblickt eine bekannte Gestalt, das heißt, alle lösen die Allegorie des Euphorion auf eine ihnen jeweils bekannte Weise auf, stecken also, um im Bild zu bleiben, wieder einen konkreten Körper in Kleid und Mantel. Der Chor singt einen Trauergesang, dann tritt eine Pause ein und die Musik hört auf. In die Stille hinein spricht Helena zu Faust die zentralen Verse dieses Akts, deren Bedeutsamkeit dadurch unterstrichen wird, dass Goethe sie wieder und wieder umarbeitete: „Ein altes Wort bewährt sich leider auch an mir: / Daß Glück und Schönheit dauerhaft sich nicht vereint." (FA I 7/1, S. 384) Das große Experiment der Moderne zur

Gründung einer neuen, auf absolute Schönheit gegründeten Epoche ist gescheitert. Helena folgt ihrem Sohn in die Unterwelt. Phorkyas birgt Euphorions Kleid, Mantel und Lyra, die sie an Poeten verleihen möchte. Von den Resten der Vollkommenheit können die Nachgeborenen noch leben. Der antike Chor ist froh, dass es zu Ende ist. Der „alt thessalischen Vettel wüsten Geisteszwang" verwünschen sie ebenso wie „des Geklimpers vielverworrner Töne Rausch", also Musik und Verssprache (FA I 7/1, S. 385). Phorkyas bleibt am Proszenium zurück, „richtet sich riesenhaft auf, tritt aber von den Kothurnen herunter, lehnt Maske und Schleier zurück und zeigt sich als Mephistopheles, um, in so fern es nötig wäre, im Epilog das Stück zu kommentieren" (FA I 7/1, S. 389). Mephisto hat als Phorkyas das Spiel im Spiel des dritten Akts inszeniert.

Die Wolke, zu der Helenas Schleier geworden ist, hat Faust auf die zackigen Felsengipfel des Hochgebirges geführt, wo wir ihn zu Beginn des vierten Akts sehen. Der vierte Akt ist entstehungsgeschichtlich der letzte und der düsterste. Schönheit und Liebe sind verloren. Faust spricht zwar zu Beginn noch in jambischen Trimetern, dem antiken Versmaß der Helena, aber die Wolke, die ihr Schleier war, vermag er nicht mehr festzuhalten. Sie strebt nach Osten, „erhebt sich in den Äther hin, / Und zieht das Beste meines Innern mit sich fort", wie Faust sagt (FA I 7/1, S. 392). Das Beste seines Inneren ist also nicht mehr zugegen, der moderne Mensch ist nach dem gescheiterten Versuch der Antike-Aneignung für immer unvollständig, unter seinen Möglichkeiten bleibend, wofür der Zustand der modernen Welt verantwortlich gemacht wird. Und um diese geht es nun: Mephisto tritt in Siebenmeilenstiefeln auf, Signum der neuen Zeit, und gibt Faust eine Unterweisung in Erdentstehungslehre. Mephisto ist Anhänger der Vulkanisten bzw. derjenigen Variante des Vulkanismus, die besagt, dass durch vulkanische Eruptionen der Grund der Welt nach oben geschleudert wurde. Die Spitze des Gebirges war „der Grund der Hölle" (ebd.), wie er berichtet, gesprengt durch das teuflische Gas. Nun ist auf der Erde das Unterste zuoberst. Das ist eine Kritik an der modernen, nachrevolutionären Welt. Der Teufel also war bei der Weltentstehung dabei und die Oberfläche der Erde ist schon deshalb Herrschaftssphäre des Teufels, weil es sich dabei ehemals um die Hölle handelte.

Mephisto erinnert Faust an den Pakt und bietet ihm noch einmal seine Dienste und seine Gaben an, nachdem er mit der Inszenierung Arkadiens zunächst sein Pulver verschossen zu haben schien. Und es ist ja auch klar:

Das Beste ist weg. Faust begehrt aber nun „Herrschaft", „Eigentum" (FA I 7/1, S. 396). Das sinnlose Wogen des Meeres hat ihn verdrossen. Aus der dadurch erzeugten Melancholie speisen sich sein Herrschaftsstreben und seine Tätigkeit im Sinn des Landgewinnungsprojekts, dem der Rest des Dramas gewidmet ist. Es handelt sich darüber hinaus um einen Krieg gegen die Natur als feindliches Element (wie in der *Campagne in Frankreich*): „Was zur Verzweiflung mich beängstigen könnte, / Zwecklose Kraft, unbändiger Elemente! / Da wagt mein Geist sich selbst zu überfliegen, / Hier möcht' ich kämpfen, dies möchte ich besiegen." (FA I 7/1, S. 397) Wenn dies gelänge, wäre also die Arbeit, das Landgewinnungsprojekt, eine Sinngebung des modernen Individuums nach dem Verlust von Liebe und Schönheit. Durch Arbeit als Welt-Aneignung und Prägung der Welt durch das Ich würde dem Subjekt jene Dauer verliehen, die es im Inneren nicht hat.

Vor dem Krieg gegen die Elemente zieht Faust aber für den Kaiser in den Krieg. Mit Hilfe der Drei Gewaltigen und Mephistos rettet Faust noch einmal – wie schon ökonomisch im ersten Akt – die verlorene Sache des Kaisers, diesmal gegen die eigentlich überlegene Heeresmacht des Gegenkaisers. Nach gewonnener Schlacht, deren Brutalität und sinnlose Verluste ziemlich deutlich werden, setzt der Kaiser eine Art Reichsreform ins Werk. Sie wird jedoch dadurch konterkariert, dass die neu eingesetzten weltlichen Reichsfürsten sich entfernen und der geistliche bleibt: „Der Kanzler ging hinweg der Bischof ist geblieben". (FA I 7/1, S. 423) Kriegsgewinnerin ist die Kirche. Um den Papst zu besänftigen, wird der Kaiser zu einer kirchlichen Stiftung gedrängt. Der Erzbischof hat eine Doppelrolle: Er ist gleichzeitig Kanzler. Als Erzbischof legt er die Größe der Stiftung nach Gutdünken fest, als Kanzler entwirft er das Dokument. Das wird auch so auf der Bühne inszeniert: „ERZBISCHOF *hat sich beurlaubt, kehrt aber beim Ausgang um*" (FA I 7/1, S. 425) – und kommt als Kanzler zurück. Das ist das Rollenmanagement des modernen Politikers. Der Kanzler wechselt danach wieder in die Rolle des Erzbischofs und fordert auch noch den Zehnten auf das von Faust zu gewinnende Land, das es noch gar nicht gibt. Die klerikale Reaktion triumphiert in der kriegerischen Moderne.

Der fünfte Akt beginnt in offener Gegend. Um die ländlich-idyllische Gegenwelt von Philemon und Baucis ist das Deichbauprojekt in vollem Gang. Die Drei Gewaltigen verüben im Auftrag Mephistos, den Faust anwies, die Alten beiseite zu schaffen, einen Brandanschlag auf ihr Gut. Philemon und Baucis verbrennen, mit ihnen der bei ihnen eingekehrte Wanderer, eine

Figur aus Goethes Frühwerk, die gewissermaßen in das späte Drama gewandert ist und dort umkommt. Der Türmer Lynceus feiert zunächst die Möglichkeit ästhetischer Anschauung der Welt von seinem Turm, die jedoch in der modernen Welt unwiederbringlich verloren erscheint, denn er ist gezwungen, die Zerstörung mitanzusehen und zu berichten. Dies ist die Pervertierung der Situation des unbeteiligten Zuschauers oder des Dichters, der von seiner erhöhten Warte zwischen Himmel und Erde die Schönheit der Welt preisen möchte und nur mehr von Mord und Zerstörung künden kann: „Was sich sonst dem Blick empfohlen, / Mit Jahrhunderten ist hin." (FA I 7/1, S. 437) Die alte Welt ist zerstört. Ausgerechnet auf ihren Trümmern möchte Faust seinen neuen Aussichtsturm bauen. Er bereut den Auftrag, er wollte nicht den Tod, muss jedoch das Los des Schreibtischtäters erfahren.

Durch die Sorge erblindet, ist Faust dennoch zuversichtlich, das Werk vollenden zu können. Vergebens, wie Mephisto klarstellt: „In jeder Art seid ihr verloren, / Die Elemente sind mit uns verschworen, / Und auf Vernichtung läufts hinaus." (FA I 7/1, S. 445) Das wäre der Triumph des Teufels. Faust jedoch scheint in seinen letzten Worten zu frohlocken:

> Das ist der Weisheit letzter Schluß:
> Nur der verdient sich Freiheit wie das Leben,
> Der täglich sie erobern muß. [...]
> Solch ein Gewimmel möcht ich sehn,
> Auf freiem Grund mit freiem Volke stehn.
> Zum Augenblicke dürft' ich sagen:
> Verweile doch, Du bist so schön!
> Es kann die Spur von meinen Erdetagen
> Nicht in Äonen untergehn. –
> Im Vorgefühl von solchem hohen Glück
> Genieß ich jetzt den höchsten Augenblick. (FA I 7/1, S. 446)

Faust stirbt, Mephisto kommentiert: „Den letzten, schlechten, leeren Augenblick / Der Arme wünscht ihn fest zu halten." (ebd.) Was also ist es für ein Augenblick? Der höchste oder der schlechte, leere? Und wer hat die Wette gewonnen, die doch auf den Augenblick ging? Man kann Verschiedenes ins Feld führen: den Konjunktiv und dass es vorerst nur um „Vorgefühl" geht. Lassen sich Genuss und Vollendung antizipieren? Wenn er den Augenblick „jetzt" schon genießt, wo die Vollendung noch nicht da ist – bedeutet das, dass es bei der Vollendung nichts mehr zu genießen gibt? Außerdem spricht Faust im Zitat, er zitiert sich in der Imagination selbst. Je genauer man hin-

sieht und liest, desto fragwürdiger und mehrdeutiger wird die Formulierung, was kein Zufall sein dürfte. Das Entscheidende aber ist wieder die
Kippfigur, wie im Fall der Mütter: Was für Faust der höchste Augenblick
wäre, wäre für Mephisto ein leerer, weil diese Form der Totalität ihn nicht
interessiert. Aber auch für Faust scheint das nicht mehr das Entscheidende
zu sein. Er hat offenbar einen sinnvollen Lebensabschluss für sich gefunden
– bei allen Leichen, die er im Keller hat, eine einigermaßen zynische Vorstellung, die mit Blick auf die Repräsentativität der Faustfigur dem modernen
Menschen kein gutes Zeugnis ausstellt.

Mephisto fühlt sich, von den Engeln bei der Grablegungsszene homoerotisch abgelenkt, um Fausts Unsterbliches betrogen: „Ein großer Aufwand,
schmählich! ist vertan". (FA I 7/1, S. 454) So lautet *sein* persönliches Fazit
nach fast 12 000 Versen, und viele Lesergenerationen dürften in diesen Stoß-
seufzer eingestimmt haben. Vielleicht aber, wer weiß, auch Goethe selbst im
Hinblick auf den modernen Menschen. *Faust* schließt mit der Bergschluch-
tenszene, deren Symbolik viel Kopfzerbrechen bereitet hat. Fausts Unsterbliches wird trotz seines „Erdenrest[s] / Zu tragen peinlich" (FA I 7/1, S. 459)
nach oben weitergereicht. Zuvor schon hatten Engel der höheren Atmosphäre, durch Anführungszeichen als Zitat gekennzeichnet, geltend gemacht:
„Wer immer strebend sich bemüht / Den können wir erlösen." (ebd.) Das
klingt in diesem Zitat sehr offiziell. Angespielt wird hier auf die Lehre des
Origenes von der Wiederbringung aller Dinge am Ende der Zeiten, der
Rückversetzung der Welt in den Zustand vor dem Sündenfall. Das käme in
Bezug auf Faust einer Rechtfertigung der defizitären modernen Individua-
lität gleich. Allerdings würde eine solche Wiederbringung einen gar nicht
wünschenswerten Zustand wiederherstellen, denn eine entwicklungslose
Individualität ist eine tote Individualität, so viel ist am Ende von Goethes
Lebenswerk klar.

Die Schlussworte gehören dem Chorus mysticus:

> Alles Vergängliche
> Ist nur ein Gleichnis;
> Das Unzulängliche
> Hier wird's Ereignis;
> Das Unbeschreibliche
> Hier ist es getan;
> Das Ewig-Weibliche
> Zieht uns hinan. (FA I 7/1, S. 464)

Das Eigentliche ist nur ästhetisch zu fassen, denn das Absolute ist zugleich das Nichts. Wenn die Schlussszene in einem ernst zu nehmenden Himmel spielen würde, so wäre die Bühne die ganze Zeit leer. Der *Faust*-Schluss spielt im Theaterhimmel. Auch Faust war in jeder Hinsicht unzulänglich, aber nur das ist künstlerisch darstellbar und taugt als „Gleichnis". Ein solches ist auch das „Ewig-Weibliche" – Symbol für die korrespondierende Instanz, nach der das moderne Individuum zur Verankerung und Vervollständigung seines Weltbezugs immer auf der Suche war. Und als in diesem ästhetisch durchaus positiven Sinn ‚unzulängliches' Gleichnis für die Problemgeschichte des modernen Menschen erscheint auch Goethes Leben – zwar mit peinlichen Erdenresten nicht unbedingt klassisch-kanonisch, aber nur unter dieser Perspektive gibt es auf der Bühne der Literatur auch in Zukunft allerhand zu sehen.

15
Vorleben, Nachleben, Weiterleben, Selberleben: Goethes Leben und die Nachwelt

Damit sind wir in einer Spirale wieder dort angekommen, wo Wilhelm Scherer 1885 die Goetheforschung „in den Dienst einer *Frau* gestellt" sah. Während im *Faust*-Schluss das „Ewig-Weibliche" für die Steigerung sorgt, bildet es später offenbar eher das in Kauf zu nehmende „Unzulängliche". Dass jede Beschäftigung mit Goethe sich heillos oder erhellend in dessen Werk verstrickt, ist wenig überraschend. Dass auch ein modernes Leben, das von Goethe wenig oder gar nichts weiß, dieser Verstrickung unterliegt, sollte mit diesem Aufriss gezeigt werden. Wenn sich in der Rückschau Kreise schließen, ist dies ganz im Sinne der Lebensentwürfe des späten Goethe, schließlich kann die Einheit eines Lebens und einer Person erst im Nachhinein bestimmt werden. In seinem letzten Brief an Wilhelm von Humboldt vom 17. März 1832 stellte Goethe als staunenswertes Ergebnis dar, was doch nichts weiter als ein selbstverständliches Resultat eines anthropologischen Kohärenzbedürfnisses war: „Die Organe des Menschen durch Übung, Lehre, Nachdenken, Gelingen, Mißlingen, Fördernis und Widerstand und immer wieder Nachdenken, verknüpfen ohne Bewußtsein in einer freien Tätigkeit das Erworbene mit dem Angebornen, so daß es eine Einheit hervorbringt welche die Welt in Erstaunen setzt." (FA II 11, S. 550) Dabei wird die Kontingenz überspielt – die Einheit ist eine gewollte, bewusst, das heißt ästhetisch und kreativ erzeugte. „Zu jedem Tun, daher zu jedem Talent, wird ein Angebornes gefordert, das von selbst wirkt und die nötigen Anlagen unbewußt mit sich führt, deswegen auch so geradehin fortwirkt, daß, ob es gleich die Regel in sich hat, es doch zuletzt ziel- und zwecklos ablaufen kann." (FA II 11, S. 549) Der Kreis schließt sich also doch nicht von selbst, die Ziel- und Sinnlosigkeit bleibt als Drohung bestehen und die vielfältige Potenzialität des Lebens wird nicht anhand eines strikten Kausal- und Finalzusammenhangs negiert.

Eher als eine problematische „Einheit" des Lebens ist es das Weiterleben Goethes, das in Erstaunen setzt. Auf unterschiedlichen Ebenen, in verschiedenen Medien und Projekten gelang es ihm, die Probleme des Lebens noch einmal zu rekapitulieren und in die Moderne zu überführen: im Alters-roman der *Wanderjahre* sowie lebensbegleitend in *Faust*, systematisch vor allem in der „Ausgabe letzter Hand", die die Ordnung eines dichterischen Lebenswerks endgültig von der Chronologie abkoppelte und damit gleich-zeitig der Nachwelt übergab. Denn so wie wichtige Werke Goethes jeweils einschneidende Lebensschwellen (Weimar, Italien) überbrückt hatten, so überbrückte jetzt die Gesamtausgabe die Schwelle des Todes. Sie wurde mit den Nachlassbänden unmittelbar weitergeführt: *Faust II*, der vierte Band von *Dichtung und Wahrheit*, außerdem der Briefwechsel mit Zelter. Der tote Goethe entfaltete eine ungeahnte Produktivität. Der letzte Band der „Aus-gabe letzter Hand" erschien erst 1842, zehn Jahre nach Goethes Tod.

Eine besondere Pointe der Rezeptionsgeschichte ist, dass die Chronik *Goethes Leben von Tag zu Tag* nicht etwa mit seinem Tod endet; das Leben geht weiter, und man mag es fast äußerlichen Gründen zurechnen, dass mit dem fürstlichen Begräbnis die Chronik nun doch – nein, nicht endet, son-dern abbricht. „Ist fortzusetzen" – dieser Imperativ am Ende der *Wander-jahre* wird immer wieder Gehör finden. Und daher wundert es nicht, dass Goethes Nachleben weitergeht, dass er immer wieder auftritt. Sei es in den zu Unrecht vergessenen Goethe-Romanen von Toni Schwabe aus den 1920er und 30er Jahren, sei es in Thomas Manns Roman *Lotte in Weimar* (1939), sei es in Milan Kunderas *Die Unsterblichkeit* (1990) oder in Martin Walsers *Ein liebender Mann* (2008). Und man sage nicht, das sei er nicht. Es gibt etliche in der kulturellen Halbbildung kursierende Goethe-Zitate, die nicht von ihm sind, sondern zum Beispiel von Thomas Mann. Sie sind dem Kollektiv-wesen Goethe inzwischen zugewachsen. Dies aber ist, aller antiklassischen Affekte und selbst aller Ignoranz zum Trotz, Teil unserer Kultur, und zwar in so reichem Maß, dass es zuweilen als deren kollektive Personifikation gelten kann. Aber nicht mehr im Sinne eines Vorbilds. Immerhin ist dieses Kollek-tiv geräumig genug, dass jedes Individuum sein eigenes Leben leben und doch in einen historischen Spiegel blicken kann. Das aber lässt das histo-rische Substrat des Kollektivwesens, das sich zu jeder Zeit wieder in neuer Beleuchtung zeigt, nicht unberührt. Und daher wird das Bild von Goethes Leben immer wieder neu entworfen werden können und müssen. Oder mit Goethes Briefschluss an Schiller vom 21. Februar 1795: „Nächstens mehr." (MA 8.1, S. 62)

Dank

Nicht nur Goethes Werk ist das eines Kollektivwesens. Auch eine Darstellung wie die vorliegende sammelt die Ernte ein und wurde von vielen Individuen genährt, zunächst natürlich von der Forschung, der ich dankbar verpflichtet bin und die nur mit den wichtigsten Positionen in Zustimmung und Widerspruch mehr als nur punktuell zu dokumentieren den vorhandenen Rahmen gesprengt hätte. Mündigen Leserinnen und Lesern sind im Literaturverzeichnis grundlegende Wegweiser zu einer ersten Orientierung aufgestellt, ansonsten aber sollten Wissenschaftler ja nicht nur für Kolleginnen und Kollegen schreiben. Das Buch ist aus Vorlesungen hervorgegangen, die ich 2007/08 an den Universitäten Köln und Hamburg gehalten habe. Ich danke all denjenigen, die mit mir in den vergangenen Jahren an diesen beiden Orten und anderswo über Goethe gearbeitet und diskutiert, und jenen, die Teile des Manuskripts in unterschiedlichen Stadien vorab gelesen haben. Sie alle haben gesät und bei der Ernte geholfen. Namentlich nennen möchte ich Miriam Bachmann, Anne Bader, Stefan Börnchen, Sarah Lentz, Christine Löwenstein (von ihr stammt der Untertitel des Buchs), Michaela Mack, Hans-Harald Müller, Rüdiger Nutt-Kofoth, Nora Probst sowie vor allem Myriam Richter (für die Idee zum Vorsatzbild, viele gemeinsame Goethe-Projekte und Überlegungen zur Biographik, die den Stein ins Rollen brachten) und besonders Svenja Gerndt (FA II 2, S. 340,30–341,2). Ohne sie alle gäbe es dieses Buch nicht in der vorliegenden Form. Für die Bekömmlichkeit der aus der Ernte zubereiteten Speise (oder für Goethe vielleicht passender: des aus den gemeinsam gelesenen Trauben gekelterten Weins) zeichnet hingegen der Verfasser allein verantwortlich.

Hamburg, im April 2009

Literatur

Siglen

FA Johann Wolfgang Goethe: Sämtliche Werke (Abt. I). Briefe, Tagebücher und Gespräche (Abt. II). Hrsg. von Friedmar Apel u. a. 40 Bde. Frankfurt a. M. 1985–1999.

MA Johann Wolfgang Goethe: Sämtliche Werke nach Epochen seines Schaffens. Münchner Ausgabe. Hrsg. von Karl Richter. 21 Bde. München u. a. 1985–1998.

WA Goethes Werke. Hrsg. im Auftrage der Großherzogin Sophie von Sachsen. 143 Bde. in vier Abteilungen. Weimar: Böhlau 1887–1919.

GT Johann Wolfgang Goethe: Tagebücher. Historisch-kritische Ausgabe. Im Auftrag der Stiftung Weimarer Klassik und Kunstsammlungen hrsg. von Jochen Golz unter Mitarbeit von Wolfgang Albrecht, Andreas Döhler und Edith Zehm. Bd. I ff. Stuttgart u. a. 1998 ff.

In der Regel wird unter Angabe von Abteilung, Band und Seite aus der Frankfurter Ausgabe (FA) zitiert, sofern die Texte dort enthalten sind.

Bibliographien

Seifert, Siegfried: Goethe-Bibliographie 1950–1990. Unter Mitarbeit von Rosel Gutsell und Hans-Jürgen Malles. Hrsg. von der Stiftung Weimarer Klassik. Bd. 1–3. München 2000.

Goethe-Bibliographie. Literatur zum dichterischen Werk. Zusammengestellt von Helmut G. Hermann. Stuttgart 1991.

Goethe in the History of Science. Vol. I: Bibliography, 1776–1949. Vol. II: Bibliography, 1950–1990. Ed. by Frederick Amrine. New York 1995.

Goethe-Bibliographie im *Goethe-Jahrbuch* (s. Periodika).

Weimarer Goethe-Bibliographie online. http://opac.ub.uni-weimar.de/DB=4.1/ (gesehen 16. 9. 2009)

Periodika

Goethe-Jahrbuch. Im Auftrage des Vorstandes der Goethe-Gesellschaft hrsg.
    Band 89 ff. (der Gesamtfolge), 1972 ff. (GJb).
Jahrbuch des Freien Deutschen Hochstifts. Neue Folge seit 1962. 1962 ff. (JbFDH).
Jahrbuch der Österreichischen Goethe-Gesellschaft 104/105 ff., 2000/2001 ff. (vor-
    mals *Jahrbuch des Wiener Goethe-Vereins*).
Publications of the English Goethe-Society. Neue Serie 1924 ff. (PEGS).
Goethe Yearbook. Publications of the Goethe Society of North America. 1 ff., 1982 ff.
    (GYb).

Editionen

Goethes Werke. Hrsg. im Auftrage der Großherzogin Sophie von Sachsen. 143 Bde.
    in vier Abteilungen. Weimar 1887–1919.
Goethes Werke. Hamburger Ausgabe in 14 Bänden. Hrsg. von Erich Trunz u. a. 16.,
    durchges. Auflage. München 1996 (^{1}1948).
Johann Wolfgang Goethe: Sämtliche Werke nach Epochen seines Schaffens. Münch-
    ner Ausgabe. Hrsg. von Karl Richter. 21 Bde. München u. a. 1985–1998.
Johann Wolfgang Goethe: Sämtliche Werke (Abt. I). Briefe, Tagebücher und Ge-
    spräche (Abt. II). Hrsg. von Friedmar Apel u. a. 40 Bde. Frankfurt a. M. 1985–
    1999.
Der junge Goethe in seiner Zeit. Texte und Kontexte. In zwei Bänden und einer CD-
    ROM. Hrsg. von Karl Eibl, Fotis Jannidis und Marianne Willems. Frankfurt
    a. M. 1998.
Johann Wolfgang Goethe: Die Schriften zur Naturwissenschaft. Vollständige, mit
    Erläuterungen versehene Ausgabe. Im Auftrage der Deutschen Akademie der
    Naturforscher Leopoldina, hrsg. von Dorothea Kuhn und Wolf von Engelhardt.
    Weimar 1947 ff. Abt. I: Texte. 11 Bde. 1947–1970. Abt. II: Ergänzungen und Er-
    läuterungen 1959 ff.
Johann Wolfgang Goethe: Tagebücher. Historisch-kritische Ausgabe. Im Auftrag
    der Stiftung Weimarer Klassik und Kunstsammlungen hrsg. von Jochen Golz
    unter Mitarbeit von Wolfgang Albrecht, Andreas Döhler und Edith Zehm.
    Bd. I ff. Stuttgart u. a. 1998 ff.
Johann Wolfgang Goethe: Briefe. Historisch-kritische Ausgabe. Im Auftrag der
    Klassik Stiftung Weimar Goethe- und Schiller-Archiv hrsg. von Georg Kur-
    scheidt, Norbert Oellers und Elke Richter. Bd. 1 ff. Berlin 2008 ff.
Goethe. Begegnungen und Gespräche. Hrsg. von Ernst Grumach und Renate
    Grumach (Bd. I und II), von Renate Grumach (ab Bd. III). Berlin 1965 ff.
Goethes Gespräche. Eine Sammlung zeitgenössischer Berichte aus seinem Umgang.
    Auf Grund der Ausgabe und des Nachlasses von Flodoard Freiherrn von Bieder-
    mann ergänzt und hrsg. von Wolfgang Herwig. 5 Bde. Zürich u. a. 1965–1987.

Briefe an Goethe. Gesamtausgabe in Regestform. Hrsg. von Karl-Heinz Hahn (bis Bd. 5), von der Stiftung Weimarer Klassik (ab Bd. 6). Bd. 1 ff. Weimar 1980 ff.
Maisak, Petra: Johann Wolfgang Goethe. Zeichnungen. Stuttgart 1996.

Hand- und Wörterbücher, Lexika, Nachschlagewerke

Briedrzynski, Effi: Goethes Weimar. Das Lexikon der Personen und Schauplätze. Zürich [4]1999 ([1]1992).
Goethe-Handbuch in vier Bänden. Hrsg. von Bernd Witte, Theo Buck, Hans-Dietrich Dahnke, Regine Otto und Peter Schmidt. Bd. 1: Gedichte. Bd. 2: Dramen. Bd. 3: Prosaschriften. Bd. 4/1 und 4/2: Personen, Sachen, Begriffe A–K und L–Z. Stuttgart u. a. 1996–1998.
Goethe-Handbuch. Supplemente, Bd. 1: Musik und Tanz in den Bühnenwerken. Hrsg. von Gabriele Busch-Salmen unter Mitarbeit von Benedikt Jeßing. Stuttgart u. a. 2008.
Goethe-Wörterbuch. Begründet von Wolfgang Schadewaldt, hrsg. von der Berlin-Brandenburgischen Akademie der Wissenschaften, der Akademie der Wissenschaften in Göttingen und der Heidelberger Akademie der Wissenschaften. Bd. 1 ff. Stuttgart u. a. 1978 ff.
Metzler-Goethe-Lexikon. Personen – Sachen – Begriffe. Hrsg. von Benedikt Jeßing, Bernd Lutz und Inge Wild. 2., verb. Aufl. Stuttgart 2004 ([1]1999).
Wilpert, Gero von: Goethe-Lexikon. Stuttgart 1998.

Einführungen in Leben und Werk, Biographien, werkübergreifende Darstellungen

Boerner, Peter: Johann Wolfgang von Goethe. Reinbek 2008 ([1]1964).
Borchmeyer, Dieter: Goethe. Der Zeitbürger. München 1999.
Ders.: Schnellkurs Goethe. Köln 2005.
Boyle, Nicholas: Goethe. Der Dichter in seiner Zeit. Aus dem Englischen übersetzt von Holger Fliessbach. Bd. I: 1749–1790. München 1995. Bd. II: 1791–1803. München 1999.
Buck, Theo: „Der Poet, der sich vollendet". Goethes Lehr- und Wanderjahre. Köln u. a. 2008.
The Cambridge Companion to Goethe. Ed. by Lesley Sharpe. Cambridge 2002.
Conrady, Karl Otto: Goethe. Leben und Werk. Düsseldorf 2006 ([1]1982/1985).
Engelhardt, Wolf von: Goethes Weltansichten. Auch eine Biographie. Weimar 2007.
Holm-Hadulla, Rainer M.: Leidenschaft – Goethes Weg zur Kreativität. Eine Psychobiographie. Göttingen 2008.
Jeßing, Benedikt: Johann Wolfgang Goethe. Stuttgart u. a. 1995.
Matussek, Peter: Goethe zur Einführung. Hamburg 1998.

Meyer, Richard M.: Goethe. 3. verm. Aufl. 3 Bde. Berlin 1905 ([1]1895).
Müller, Günther: Kleine Goethebiographie. 3., stark überarb. Aufl. Bonn 1955 ([1]1947).
Neuhaus, Volker: „Andre verschlafen ihren Rausch, meiner steht auf dem Papiere".
    Goethes Leben in seiner Lyrik. Köln 2007.
Schulz, Karlheinz: Goethe. Eine Biographie in 16 Kapiteln. Stuttgart 1999.
Seehafer, Klaus: Mein Leben ein einzig Abenteuer. Johann Wolfgang Goethe. Bio-
    grafie. Berlin [3]1999 ([1]1998).
Steiger, Robert (ab Bd. 1) und Reimann, Angelika (ab Bd. 6): Goethes Leben von Tag
    zu Tag. Eine dokumentarische Chronik. 8 Bde. München u. a. 1982–1996.
Unser Goethe. Ein Lesebuch. Hrsg. von Eckhard Henscheid und F.W.Bernstein.
    Frankfurt a. M. 1986.
Unterberger, Rose: Die Goethe-Chronik. Frankfurt a. M. u. a. 2002.
Williams, John R.: The Life of Goethe. A Critical Biography. Oxford 1998.

Forschungsliteratur

Adler, Jeremy: „Eine fast magische Anziehungskraft". Goethes „Wahlverwandt-
    schaften" und die Chemie seiner Zeit. München 1987.
Azzouni, Safia: Kunst als praktische Wissenschaft. Goethes *Wilhelm Meisters Wan-
    derjahre* und die Hefte *Zur Morphologie*. Köln 2005.
Bahr, Ehrhard: The Novel as Archive. The Genesis, Reception, and Criticism of
    Goethe's *Wilhelm Meisters Wanderjahre*. Columbia, SC 1998.
Bausteine zu einem neuen Goethe. Hrsg. von Paolo Chiarini. Frankfurt a. M. 1987.
Blumenberg, Hans: Goethe zum Beispiel. In Verbindung mit Manfred Sommer
    hrsg. vom Hans Blumenberg-Archiv. Frankfurt a. M. u. a. 1999.
A Companion to Goethe's Faust. Parts I and II. Ed. by Paul Bishop. Rochester,
    NY 2001.
Detering, Heinrich: *Die Wahlverwandtschaften*. Goethes Roman-Experiment und
    die Wissenschaften. In: Christiana Albertina. Forschungen und Berichte aus der
    Christian-Albrechts-Universität zu Kiel 57 (2003), S.6–25.
Eibl, Karl: *Anamnesis* des „Augenblicks". Goethes poetischer Gesellschaftsentwurf
    in *Hermann und Dorothea*. In: Deutsche Vierteljahrsschrift für Literaturwissen-
    schaft und Geistesgeschichte 58 (1984), S.111–138.
Ders.: Die Entstehung der Poesie. Frankfurt a. M. u. a. 1995.
Ders.: Das monumentale Ich. Wege zu Goethes „Faust". Frankfurt a. M. u. a. 2000.
Gedichte von Johann Wolfgang Goethe. Interpretationen. Hrsg. von Bernd Witte.
    Stuttgart 1998.
Goethe im Kontext. Kunst und Humanität, Naturwissenschaft und Politik von der
    Aufklärung bis zur Restauration. Ein Symposium. Hrsg. von Wolfgang Witt-
    kowski. Tübingen 1984.
Goethe nach 1999. Positionen und Perspektiven. Hrsg. von Matthias Luserke. Göt-
    tingen 2001.

Goethes Dramen. Interpretationen. Hrsg. von Walter Hinderer. Stuttgart 1992.

Goethes Erzählwerk. Interpretationen. Hrsg. von Paul Michael Lützeler und James E. McLeod. Stuttgart 1985.

Goethe's Narrative Fiction. The Irvine Goethe Symposium. Ed. by William J. Lillyman. Berlin 1983.

Goethes Rückblick auf die Antike. Beiträge des deutsch-italienischen Kolloquiums, Rom 1998. Hrsg. von Bernd Witte und Mauro Ponzi. Berlin 1999.

Goethe und die Kunst. Hrsg. von Sabine Schulze. Stuttgart 1994.

Goethe und die Verzeitlichung der Natur. Hrsg. von Peter Matussek. München 1998.

Goethe-Gedichte. Zweiunddreißig Interpretationen. Karl Richter zum 60. Geburtstag. Hrsg. von Gerhard Sauder. München 1996.

Hankamer, Paul: Spiel der Mächte. Ein Kapitel aus Goethes Leben und Goethes Welt. Tübingen u. a. ²1947.

Hartmann, Tina: Goethes Musiktheater. Singspiele, Opern, Festspiele, ‚Faust'. Tübingen 2004.

Herwig, Henriette: „Wilhelm Meisters Wanderjahre". Geschlechterdifferenz, sozialer Wandel, historische Anthropologie. 2., durchges. Aufl. Tübingen u. a. 2002 (¹1997).

Hoffmann, Christoph: „Zeitalter der Revolutionen". Goethes *Wahlverwandtschaften* im Fokus des chemischen Paradigmenwechsels. In: Deutsche Vierteljahrsschrift für Literaturwissenschaft und Geistesgeschichte 67 (1993), S. 417–450.

Interpreting Goethe's *Faust* Today. Ed. by Jane K. Brown, Meredith Lee and Thomas P. Saine. Columbia, SC 1994.

Jacobs, Angelika: Goethe und die Renaissance. Studien zum Konnex von historischem Bewußtsein und ästhetischer Identitätskonstruktion. München 1997.

Jannidis, Fotis: Das Individuum und sein Jahrhundert. Eine Komponenten- und Funktionsanalyse des Begriffs ‚Bildung' am Beispiel von Goethes „Dichtung und Wahrheit". Tübingen 1996.

Johann Wolfgang Goethe. Neue Wege der Forschung. 2 Bde. Hrsg. von Bernd Hamacher und Rüdiger Nutt-Kofoth. Darmstadt 2007.

Der junge Goethe. Genese und Konstruktion einer Autorschaft. Hrsg. von Waltraud Wiethölter. Tübingen u. a. 2001.

Kemper, Dirk: „ineffabile". Goethe und die Individualitätsproblematik der Moderne. München 2004.

Keppler, Stefan: Grenzen des Ich. Die Verfassung des Subjekts in Goethes Romanen und Erzählungen. Berlin u. a. 2006.

Klassik und Anti-Klassik. Goethe und seine Epoche. Hrsg. von Ortrud Gutjahr und Harro Segeberg. Würzburg 2001.

Koranyi, Stephan: Autobiographik und Wissenschaft im Denken Goethes. Bonn 1984.

Meyer, Richard M.: Über den Begriff der Individualität. In: Ders.: Deutsche Charaktere. Berlin 1897, S. 43–59.

Müller, Klaus-Detlef: Den Krieg wegschreiben. *Hermann und Dorothea* und die *Unterhaltungen deutscher Ausgewanderten.* In: Ironische Propheten. Sprachbewußtsein und Humanität in der Literatur von Herder bis Heine. Studien für Jürgen Brummack zum 65. Geburtstag. Hrsg. von Markus Heilmann und Birgit Wägenbaur. Tübingen 2001, S. 85–100.

Nelles, Jürgen: Werthers Herausgeber oder die Rekonstruktion der „Geschichte des armen Werthers". Jahrbuch des Freien Deutschen Hochstifts 1996, S. 1–37.

Niggl, Günter: Das Problem der morphologischen Lebensdeutung in Goethes „Dichtung und Wahrheit". In: Goethe-Jahrbuch 116 (1999), S. 291–305.

Nutt-Kofoth, Rüdiger: Goethe-Editionen. In: Editionen zu deutschsprachigen Autoren als Spiegel der Editionsgeschichte. Hrsg. von Rüdiger Nutt-Kofoth und Bodo Plachta. Tübingen 2005, S. 95–115.

Ders.: Varianten der Selbstdarstellung und der Torso des Gesamtprojekts *Aus meinem Leben*: Goethes autobiographische Publikationen. In: Varianten – Variants – Variantes. Hrsg. von Christa Jansohn und Bodo Plachta. Tübingen 2005. S. 137–156.

Pyritz, Hans: Goethe-Studien. Hrsg. von Ilse Pyritz. Köln u. a. 1962.

Reinhardt, Hartmut: Die kleine und die große Welt. Vom Schäferspiel zur kritischen Analyse der Moderne: Goethes dramatisches Werk. Würzburg 2008.

Rohde, Carsten: Spiegeln und Schweben. Goethes autobiographisches Schreiben. Göttingen 2006.

Schärf, Christian: Goethes Ästhetik. Eine Genealogie der Schrift. Stuttgart u. a. 1994.

Schmidt, Jochen: Goethes Faust. Erster und Zweiter Teil. Grundlagen – Werk – Wirkung. München 2001 ([1]1999).

Schnur, Harald: Identität und autobiographische Darstellung in Goethes „Dichtung und Wahrheit". In: Jahrbuch des Freien Deutschen Hochstifts 1990, S. 28–93.

Schöne, Albrecht: Götterzeichen, Liebeszauber, Satanskult. Neue Einblicke in alte Goethetexte. München 1982.

Ders.: Goethes Farbentheologie. München 1987.

Ders.: Schillers Schädel. München [2]2002.

Schößler, Franziska: Goethes *Lehr-* und *Wanderjahre*: Eine Kulturgeschichte der Moderne. Tübingen u. a. 2002.

Schwamborn, Claudia: Individualität in Goethes „Wanderjahren". Paderborn 1997.

Simmel, Georg: Goethe. Leipzig 1913.

Spuren, Signaturen, Spiegelungen. Zur Goethe-Rezeption in Europa. Hrsg. von Bernhard Beutler und Anke Bosse. Köln u. a. 2000.

Unser Commercium. Goethes und Schillers Literaturpolitik. Hrsg. von Wilfried Barner, Eberhard Lämmert und Norbert Oellers. Stuttgart 1984.

Von der Natur zur Kunst zurück. Neue Beiträge zur Goethe-Forschung. Gotthart Wunberg zum 65. Geburtstag. Hrsg. von Moritz Baßler, Christoph Brecht und Dirk Niefanger. Tübingen 1997.

Wellbery, David E.: The Specular Moment. Goethe's Early Lyric and the Beginnings of Romanticism. Stanford 1996.

Westöstlicher und nordsüdlicher Divan. Goethe in interkultureller Perspektive. Hrsg. von Ortrud Gutjahr. Paderborn u. a. 2000.

Willems, Marianne: Das Problem der Individualität als Herausforderung an die Semantik im Sturm und Drang. Studien zu Goethes „Brief des Pastors zu *** an den neuen Pastor zu ***", „Götz von Berlichingen" und „Clavigo". Tübingen 1995.

Dies.: Stella. Ein Schauspiel für Liebende. Über den Zusammenhang von Liebe, Individualität und Kunstautonomie. In: Aufklärung 9 (1996), S. 39–76.

Witte, Bernd: Goethe. Das Individuum der Moderne schreiben. Hrsg. von Claas Morgenroth und Karl Solibakke. Würzburg 2007.

Wyder, Margrit: Goethes Naturmodell. Die Scala Naturae und ihre Transformationen. Köln u. a. 1998.

Register

Register der Werke Goethes

Personenregister

Kursive Nennungen beziehen sich auf die Fußnoten.

Abbildungsnachweis

Abb. 1: Klassik-Stiftung Weimar/Goethe-Nationalmuseum, Inv.-Nr. 2067
Abb. 2: linke Seite, unten Mitte: Goethe-Museum Düsseldorf;
   linke Seite, Mitte links: Klassik-Stiftung Weimar.
   Alle übrigen Aufnahmen stammen aus dem Archiv der Autorin, Effi
   Biedrzynski, und des Artemis-Verlags.
Abb. 3: Klassik-Stiftung Weimar/Goethe-Nationalmuseum, Inv.-Nr. 964
Abb. 4: Klassik-Stiftung Weimar, Goethe- und Schiller-Archiv
Abb. 5: Goethe-Museum Düsseldorf